高职高专经济类专业系列教材

工商与流通企业系列培训教材

人际沟通与交流

（第4版）

郑强国　贾　静　主　编

赵　英　高　阳　副主编

清华大学出版社

北　京

内 容 简 介

本书根据人际沟通交流活动的基本过程和规律,系统介绍了人际沟通交流的基本原理、目标、原则、形式,演讲、谈判、交际礼仪,语言沟通、非语言沟通、克服沟通障碍的基本方法与技巧,以及求职面试、跨文化沟通的基本原则和策略等知识;并通过实证案例分析教方法、讲思路,强化实践能力的培养。

本书具有知识系统、理论适中、语言简洁、案例经典、强化实践能力培养、注重应用等特点,因此本书既可作为高职高专院校工商管理、金融、财税相关专业的必修教材,同时可作为应用型大学、成人高等教育相关专业的教学用书,也可作为工商等各类企业员工在职岗位培训教材,还可作为广大中小微企业、大学生创业者的学习指导用书。

本书封面贴有清华大学出版社防伪标签,无标签者不得销售。
版权所有,侵权必究。举报: 010-62782989, beiqinquan@tup.tsinghua.edu.cn。

图书在版编目(CIP)数据

人际沟通与交流/郑强国,贾静主编. —4版. —北京:清华大学出版社,2019(2022.8重印)
(高职高专经济类专业系列教材.工商与流通企业系列培训教材)
ISBN 978-7-302-50767-3

Ⅰ.①人… Ⅱ.①郑… ②贾… Ⅲ.①人际关系学—高等职业教育—教材 Ⅳ.①C912.1

中国版本图书馆 CIP 数据核字(2018)第 177385 号

责任编辑:田在儒
封面设计:何凤霞
责任校对:袁 芳
责任印制:宋 林

出版发行:清华大学出版社
    网 址:http://www.tup.com.cn, http://www.wqbook.com
    地 址:北京清华大学学研大厦 A 座   邮 编:100084
    社 总 机:010-83470000   邮 购:010-62786544
    投稿与读者服务:010-62776969,c-service@tup.tsinghua.edu.cn
    质量反馈:010-62772015,zhiliang@tup.tsinghua.edu.cn
    课件下载:http://www.tup.com.cn,010-62770175-4278
印 装 者:三河市天利华印刷装订有限公司
经 销:全国新华书店
开 本:185mm×260mm   印 张:16   字 数:367千字
版 次:2007年4月第1版 2019年3月第4版   印 次:2022年8月第6次印刷
定 价:46.00元

产品编号:078027-02

丛书编委会

主　　任：牟惟仲

副 主 任：林　征　冀俊杰　张昌连　黑　岚　冯丽霞　王晓芳
　　　　　卢亚丽　李爱华　车亚军　张建国　钟丽娟　吴青梅

编　　委：丁玉书　马继兴　熊化珍　杨　毅　耿　燕　李淑娟
　　　　　李静玉　董　力　薄雪萍　卜小玲　张武超　葛文芳
　　　　　李克红　刘　东　梁　月　梁艳智　杨向荣　张　峰
　　　　　刘雅娟　李耀华　梁　旭　周　晖　周惠昨　王桂霞
　　　　　李静玉　周　伟　李　康　王海文　赵秀艳　张　爽

总　　编：李大军

副 总 编：郑强国　李静玉　杨　毅　黑　岚　李克红　熊化珍

PREFACE

序　言

随着我国改革开放的不断深入和扩大,我国社会主义市场经济的快速推进,中国经济生活进入了一个最为活跃的发展时期,其经济建设已经连续30多年始终保持着持续高速增长的态势。近年来,随着我国加入WTO后有关承诺条款的逐步兑现,众多外资工商企业纷纷进军中国市场;面对市场竞争的压力和动力,不仅促进我国企业加快管理体制与运营模式的整改,而且促使我国经济迅速地融入世界经济全球化的大潮中,中国经济国际化的特征日益凸显。

当前内资、外资、中外合资等各类企业在抢占市场份额、进军中国经济建设各个领域的激烈竞争中,不仅注重加强经营理念与管理方法的不断创新,更加注重企业发展的本土化策略,并对具有创新意识和掌握新专业知识的技能型人才展开了新一轮的争夺。特别需要强调,我国在经历了主要依靠廉价资源和人力打拼、所谓中游经济发展阶段,目前已经迅速向上游自主创新研发和下游市场营销发展;随着我国经济发展策略的重大转变,不但对市场化经济管理人才的需求量加大,素质要求也越来越高。

根据国家对重点省市人才需求与就业用工的调查统计,包括"市场营销"专业在内的16类专业人才市场紧俏,就业趋势明显增强。教育部根据我国经济发展对各类专业毕业生的实际需要,结合就业状况,对专业人才培养结构进行了重大调整,对专业设置、课程内容和教学方法进行了必要的整合和改造,更加注重突出实践技能的培养。其表现为:一是明确高职教育就是职业与岗位技术教育,应为社会培养具有操作技能的实用型人才;二是明确高职教育的学制,从目前学制(脱产)3年统一改为2年;三是高职教学必须单独设置专门的职业教育与岗位技术课程(即实践课程),而且要单列教学计划、安排专用教学设施,并保证1∶1的实践操作教学课时;四是高职教材的理论知识部分要适当压缩,相关专业要打通,知识要集成,要为实践教学服务。

需求促进专业建设,市场驱动人才培养。为适应市场对经济管理类专业人才多层次、多样化的需求,保证合理的人才结构,有必要开展多层次的经济管理技能培训与教育:一是加强学历教育;二是重视继续教育;三是开展有针对性的员工培训。经过大量的市场调研和认真的人才需求分析,我们组织了北京财贸职业学院、北京联合大学、北方工业大学、首钢工学院、北京城市学院、北京朝阳职工大学、北京西城经济科学大学、北京石景山社区学院、北京宣武红旗大学、黑龙江商务技术学院、吉林工程技术师范学院、黑龙江工商职业技术学院、海南职业技术学院等30多所高职高专院校的专家教授和北京西单商场等多家工商与流通企业的业务经理，在多次研讨和深入企业实际调查的基础上，共同编写了这套适用于高职高专经济管理类专业教学的经济管理系列教材。

教材建设是高职高专教育教学改革重要的组成部分，也是体现职业技能培养特色的关键。本系列教材的编写，根据学科发展需要、教学改革需要、专业设置和课程改造需要，尤其是市场对人才素质的需要；结合教育部教育教学改革精神、结合国家正在启动的大学生就业工程，面向社会、面向市场、面向经济建设、面向用人单位的具体工作岗位，不仅凝聚了一大批专家、教授多年教学实践总结和最新科研成果及企业家丰富的实战经验，也反映了企业用工岗位的真实需求。

由于本套教材具有理论前沿性和实践操作性，注重实际应用和操作技能的训练与培养，适应国家经济发展新形势的需要。因此，既可作为高等职业教育经济管理类专业教学的必修教材，又可作为工商与流通企业在职员工的培训教材。

李大军

2019年1月

FOREWORD

第4版前言

2015年3月，经国务院授权，国家发展和改革委员会、外交部、商务部联合发布了《推动共建丝绸之路经济带和21世纪海上丝绸之路的愿景与行动》。根据我国"一带一路、互联互通"总体经济发展的实施，随着我国改革开放和社会主义市场经济的加速推进，我国市场国际化的特征越发凸显。经济发展虽然需要科学技术的支撑、市场经济虽然强调竞争，但是更需要注重挖掘人的潜力、发挥人的潜能，更要讲究合作；经济发展与社会和谐已成为当今世界公认的主题，而成功的根基又取决于更大范围的人际沟通与交流。

美国著名学府普林斯顿大学对一万份人事档案进行分析，结果发现："智慧、专业、技术、经验"只占成功因素的25%，其余75%取决于良好的人际沟通。哈佛大学就业指导小组调查结果也显示，在500名被解雇的职员中，因人际沟通不良导致工作不称职而被解雇的占82%，这些数据都说明人际沟通能力的重要性。

高科技的发展驱使社会分工越来越精细，使国际社会逐渐演变成"千人糕"的社会，国际市场呈现出谁也离不开谁的互为服务状态，而经济要发展、事业要获得进取，就必须注重规模经营效益、就必须注重加强团队合作、就必须注重加强人际沟通与交流。

人际沟通与交流是根据教育部加强职业教育教学改革的精神，结合国家各级政府正在启动实施的就业工程，针对高职高专学生的特点和实际需要所增设的一门创新课程。这门课程不仅把公共关系、现代礼仪、心理学、人际沟通、商务交流等知识融为一体，而且包括极深刻的内涵：体现在强化团队意识、树立企业形象、提高市场竞争力、培养优秀外向型管理人才，而这也是"当今人"求生存、寻发展的一项重要社会实践。

交流有利于拉近人与人之间的距离，沟通有助于增进员工的相互理解，也有助于增强团队的融合与凝聚力，交际能力是当今社会成功人士最基本、最重要的素质之一。然而，当今社会却是"网络开放了世界、封闭了人"，经营、就业等竞争的加剧使得人群之间越来越隔离，建立良好的人际关系是生存和发展的必要条件，经济发展呼唤人际沟通，社会和谐要求人际交流，为此许多院校注意到这一社会实际问题，并创新地增加了这门实用课程，本书的出版对帮助学生进入社会、学会做人做事、就业创业具有特殊意义。

本书自出版以来，因为写作质量高、强化实践、突出实践操作技能培养，深受全国各类高校广大师生的欢迎，目前已经第3版第8次重印；此次再版，作者根据读者建议，审慎地对原教材进行了较大修改，更新案例，增补知识，使其更贴近社会人文生活、更符合经济发展现状、更好地为国家经济建设与职业教育教学实践服务。

本书作为高职高专创新课程的特色教材，严格按照教育部"加强职业教育，突出实践技能培养"的要求，针对职业教育培养目标和高职学生的教育要求及学习特点，既注重系统理论知识介绍，又突出实际训练和实践能力培养提高，力求做到"课堂讲练结合，重在掌握；课后学以致用，注重应用实效"，对帮助学生毕业后走上社会就业、寻求职业岗位工作发展具有特殊意义。

全书共10章，以学习者应用能力培养为主线，根据人际沟通交流活动的基本过程和规律，以技能训练方式结合知识要点循序渐进地进行讲解。内容包括：人际沟通交流的基本原理、目标、原则、形式、演讲、谈判、交际礼仪，语言沟通、非语言沟通、克服沟通障碍的基本方法与技巧，以及求职面试与跨文化沟通的基本原则和策略等知识；结合实证案例分析教方法、讲思路，强化实践能力的培养。

由于本书融入了人际沟通与交流的最新实践教学理念，具有知识系统、理论适中、语言简洁、案例经典、强化实践能力培养、注重应用等特点，因此本书既可作为高职高专院校工商管理、金融、财税相关专业的必修教材，同时可作为应用型大学、成人高等教育相关专业的教学用书，也可作为工商等各类企业员工在职岗位培训教材，还可作为广大中小微企业、大学生创业者的学习指导用书。

本书由李大军筹划并具体组织编写，郑强国和贾静主编，郑强国统改稿，赵英、高阳为副主编；由具有丰富教学实践经验的许玲教授审定。具体分工如下：第一章和第二章由赵英编写，第三章和第四章由郑强国编写，第五章和第十章由高阳编写，第六章由王佳编写，第七章由李文英编写，第八章和第九章由贾静编写，附录由孟详越编写；李晓新负责全书文字修改、版式调整和教学课件制作。

在本书第4版改写过程中，我们参阅和借鉴了大量国内外有关人际沟通与交流的最新书刊和网站资料，并得到有关专家教授及企业家的具体指导，本书第1版主编、首钢工学院许玲教授对本书的出版给予了大力支持，在此一并致谢。为配合本书发行，我们提供配套电子课件，读者可以从清华大学出版社网站（www.tup.com.cn）免费下载使用。由于编者水平有限，书中难免存在疏漏和不足，恳请同行和读者予以批评、指正。

编　者

2019年1月

目 录

第一章　沟通的基本原理 ………………………………………………………… 1

   第一节　沟通的一般原理 ………………………………………………… 2
      一、沟通的内涵及重要性 ……………………………………………… 2
      二、沟通的过程 ………………………………………………………… 4
   第二节　沟通的目标、原则及基本内容 ………………………………… 8
      一、沟通的目标 ………………………………………………………… 8
      二、沟通的原则——"7C"原则 ……………………………………… 8
      三、沟通的基本内容 ………………………………………………… 10
   第三节　沟通的形式 …………………………………………………… 15
      一、语言沟通和非语言沟通 ………………………………………… 15
      二、人际沟通、人机沟通和组织沟通 ……………………………… 16
      三、内部沟通和外部沟通 …………………………………………… 16
      四、正式沟通和非正式沟通 ………………………………………… 17
      五、纵向信息沟通、横向信息沟通和斜向信息沟通 ……………… 17
      六、同文化沟通和跨文化沟通 ……………………………………… 18
   本章小结 ………………………………………………………………… 21
   复习思考题 ……………………………………………………………… 21
   案例分析 ………………………………………………………………… 21
   实践课程 ………………………………………………………………… 22

第二章　语言与非语言沟通 ……………………………………………………… 24

   第一节　语言沟通 ……………………………………………………… 25
      一、语言沟通的形式 ………………………………………………… 25
      二、语言沟通的原则 ………………………………………………… 26
      三、语言沟通的技巧 ………………………………………………… 28

第二节 非语言沟通 ………………………………………………………… 32
  一、非语言沟通的特点与功能 ……………………………………………… 32
  二、非语言沟通的类型 ……………………………………………………… 33
  三、正确解读和运用非语言 ………………………………………………… 39
本章小结 ……………………………………………………………………… 45
复习思考题 …………………………………………………………………… 45
案例分析 ……………………………………………………………………… 45
实践课程 ……………………………………………………………………… 46

第三章 人际沟通的基本原则 …………………………………………… 48

第一节 人际沟通原则的内涵和意义 ……………………………………… 49
  一、人际沟通原则的内涵 …………………………………………………… 49
  二、坚持人际沟通原则的意义 ……………………………………………… 50
第二节 人际交往的主要原则 ……………………………………………… 51
  一、互相尊重原则 …………………………………………………………… 51
  二、诚实守信原则 …………………………………………………………… 55
  三、平等待人原则 …………………………………………………………… 59
  四、宽容谦让原则 …………………………………………………………… 60
  五、主动沟通原则 …………………………………………………………… 64
  六、互利双赢原则 …………………………………………………………… 66
  七、适度距离原则 …………………………………………………………… 69
  八、择善而交原则 …………………………………………………………… 71
本章小结 ……………………………………………………………………… 72
复习思考题 …………………………………………………………………… 72
案例分析 ……………………………………………………………………… 72
实践课程 ……………………………………………………………………… 73

第四章 影响沟通的主要障碍及克服技巧 …………………………… 74

第一节 沟通障碍概述 ……………………………………………………… 75
  一、沟通中个体的信息接受过程 …………………………………………… 75
  二、个体行为对沟通的影响 ………………………………………………… 75
  三、影响沟通的主要因素 …………………………………………………… 77
第二节 沟通中的心理障碍 ………………………………………………… 77
  一、嫉妒心理障碍 …………………………………………………………… 78
  二、羞怯心理障碍 …………………………………………………………… 79
  三、自卑心理障碍 …………………………………………………………… 81
  四、恐惧心理障碍 …………………………………………………………… 83
  五、猜疑心理障碍 …………………………………………………………… 85

六、孤僻心理障碍 ·· 87
第三节　沟通中的其他障碍 ·· 88
　　　一、语言障碍 ·· 88
　　　二、不同国家、不同地区的习俗障碍 ·· 90
　　　三、环境障碍 ·· 91
本章小结 ·· 92
复习思考题 ·· 92
案例分析 ·· 92
实践课程 ·· 93
阅读材料 ·· 93

第五章　沟通技巧 ·· 95

第一节　倾听与交谈 ·· 95
　　　一、倾听技巧 ·· 95
　　　二、交谈技巧 ·· 99
第二节　其他技巧 ·· 102
　　　一、真诚地表露出对对方感兴趣 ··· 102
　　　二、记住对方的名字 ·· 102
　　　三、对人要笑口常开 ·· 103
　　　四、慷慨地赞美对方 ·· 104
　　　五、拒绝的技巧 ·· 104
　　　六、发问的技巧 ·· 105
　　　七、批评的技巧 ·· 106
　　　八、学会自我克制 ··· 108
本章小结 ·· 109
复习思考题 ·· 109
实践课程 ·· 110
阅读材料 ·· 111

第六章　几种基本人际关系沟通 ·· 114

第一节　实现与上级的有效沟通 ··· 115
　　　一、与上级沟通的十个原则 ··· 116
　　　二、与上级沟通的几个技巧 ··· 118
第二节　实现与下级的有效沟通 ··· 122
　　　一、与下级成功沟通的六个原则 ··· 123
　　　二、与下级沟通的七个技巧 ··· 126
第三节　实现与同级的有效沟通 ··· 130
　　　一、与同事有效沟通的五个原则 ··· 131

二、与同事沟通的几个技巧 …………………………………… 132
　本章小结 ……………………………………………………………… 138
　复习思考题 …………………………………………………………… 138
　案例分析 ……………………………………………………………… 138
　实践课程 ……………………………………………………………… 140

第七章　演讲与谈判技巧 …………………………………………… 141

　第一节　演讲 ………………………………………………………… 142
　　一、演讲的含义及作用 ………………………………………… 142
　　二、演讲的准备 ………………………………………………… 143
　　三、演讲的心理准备和上台演讲 ……………………………… 146
　　四、培养演讲才能的方法 ……………………………………… 149
　　五、如何克服演讲中的障碍 …………………………………… 151
　第二节　谈判及技巧 ………………………………………………… 152
　　一、谈判概念 …………………………………………………… 152
　　二、谈判的基本作用 …………………………………………… 153
　　三、谈判的过程 ………………………………………………… 154
　　四、谈判的策略与技巧 ………………………………………… 159
　本章小结 ……………………………………………………………… 162
　复习思考题 …………………………………………………………… 162
　案例分析 ……………………………………………………………… 163
　实践课程 ……………………………………………………………… 164

第八章　沟通礼仪 ……………………………………………………… 165

　第一节　礼仪的概述 ………………………………………………… 166
　　一、礼仪的起源与发展 ………………………………………… 166
　　二、礼仪的概念 ………………………………………………… 168
　　三、礼仪的新特点 ……………………………………………… 169
　第二节　礼仪的原则与作用 ………………………………………… 170
　　一、礼仪的基本原则 …………………………………………… 170
　　二、礼仪的地位与作用 ………………………………………… 171
　第三节　仪表仪容 …………………………………………………… 172
　　一、仪表与风度 ………………………………………………… 172
　　二、仪容 ………………………………………………………… 175
　第四节　服装服饰 …………………………………………………… 176
　　一、服饰概述 …………………………………………………… 176
　　二、服饰穿戴的基本原则 ……………………………………… 178
　　三、男士着装礼仪 ……………………………………………… 179

四、女士着装礼仪 ·· 180
　第五节　人际交往礼仪 ·· 182
　　一、相见时的礼仪 ·· 182
　　二、交谈与聆听中的礼仪 ·· 184
　　三、打电话的礼仪 ·· 185
　　四、发短信（微信）的礼仪 ·· 186
　　五、发电子邮件的礼仪 ·· 187
　　六、拒绝与道歉的礼仪 ·· 187
　本章小结 ·· 188
　复习思考题 ·· 189
　案例分析 ·· 189
　实践课程 ·· 190

第九章　求职应聘 ·· 191

　第一节　自荐材料的准备 ·· 194
　　一、求职信 ·· 194
　　二、个人简历 ·· 197
　第二节　应聘者的心理准备 ·· 200
　　一、必要的心理准备 ·· 200
　　二、角色转换的准备 ·· 200
　第三节　应聘者的应试准备 ·· 202
　　一、笔试准备 ·· 202
　　二、面试准备 ·· 203
　　三、网络应聘 ·· 206
　本章小结 ·· 209
　复习思考题 ·· 210
　案例分析 ·· 210
　实践课程 ·· 211

第十章　跨文化沟通 ·· 213

　第一节　文化与文化差异 ·· 214
　　一、文化含义 ·· 214
　　二、文化的差异性 ·· 214
　第二节　文化差异对跨文化沟通的影响 ·································· 215
　　一、跨文化沟通的含义 ·· 215
　　二、跨文化沟通的意义 ·· 216
　　三、文化差异的影响 ·· 216

第三节　主要区域文化简介 ·················· 221
　　一、美国人的文化习俗 ···················· 221
　　二、欧洲主要国家的文化习俗 ············· 222
　　三、亚洲主要国家的文化习俗 ············· 225
第四节　跨文化沟通的基本原则和策略 ······· 228
　　一、跨文化沟通的基本原则 ··············· 228
　　二、跨文化沟通的总体策略 ··············· 228
　　三、锻造跨文化沟通能力 ················· 229
本章小结 ······································· 230
复习思考题 ····································· 231
案例分析 ······································· 231
实践课程 ······································· 231

参考文献 ··································· 233
附录 ······································· 235

CHAPTER 1 第一章

沟通的基本原理

🔑 **学习目标**

（1）全面、深入理解沟通的全过程和各种影响因素。
（2）充分认识有效沟通的重要性、难度和复杂性，领会沟通的基本原则和技巧。

🔑 **技能要求**

（1）掌握沟通基本原理，发现自身存在的沟通缺陷、克服不足。
（2）改善和提高沟通能力。

> **误解带来的麻烦**
>
> 李涛在一家食品加工厂的包装车间当管理人员，王炜是车间里贴标签的工人。王炜刚犯了一个严重错误，包装流水线上的产品换了，他却没有换上相应的标签，于是李涛找王炜谈话。
>
> 李涛：你怎么可能让这种事情发生？我早就跟你说了，而且要你特别当心。
>
> 王炜：当时我以为要换流水线上的产品，打包工会告诉我，可他什么也没跟我说。
>
> 李涛：这不是我当时的意见，我说"打包者"，指的是打包机，当产品换线时，它的红灯就亮了。
>
> 王炜：我想我大概误解了你的意思。不管怎么说，那天你跟我说这件事时，我为母亲急得要命，她正在医院里动手术，我真没想到，贴标签会惹下那么大的麻烦。
>
> 李涛传达给王炜的信息不清楚是什么原因引起的？李涛在当时应怎样做才能保证传达的信息准确到位？
>
> 每天我们的许多烦恼和问题皆是因为人与人的沟通过程中某个环节出了这样或那样的问题。也许更让我们费解的是，沟通不就是简单的对话吗，为什么还会惹出这么多麻烦？

怎样才能有效地沟通呢？英国大文豪萧伯纳说过："假如你有一个苹果，我也有一个苹果，而我们彼此交换，那么，你我仍然是各有一个苹果；如果你有一种思想，我也有一种思想，而我们彼此交换这些思想，那么我们每个人将各有两种思想。"这段话就生动地说明了沟通的作用。

第一节 沟通的一般原理

一、沟通的内涵及重要性

（一）沟通的内涵

谈到沟通，人们通常认为它是一个应用非常普遍的词语，因为人们每天的生活和工作都离不开沟通。所谓沟通，就是指人与人之间通过语言、文字、符号或类似的表现形式，进行信息、知识与情报等交流的行为及过程。为了生活、工作、学习的顺利进行，人们每天要面对不同的人、针对不同的事进行各种各样的沟通。

从一般意义上讲，沟通就是发送者凭借一定渠道（亦称媒介或通道）将信息发送给既定对象（接受者），并寻求反馈以达到相互理解的过程。具体包含以下 4 点。

1. 沟通首先是信息的传递

沟通包含着信息的传递，如果信息没有传递到既定对象，那么也就没有发生沟通。

沟通的信息包罗万象。在沟通过程中，我们不仅传递信息，而且表达着赞赏或不快等情感，提出自己的意见和观点。所以，沟通的信息可分为以下两种。

1）语言信息

语言信息是建立在语言文字基础上的，它包括口头语言信息和书面语言信息，两者所表达的都是一种事实或个人态度。口头信息沟通是沟通形式中最直接的方式，它的优点是快速传递和即时反馈。书面语言信息则具有有形展示、长期保存、可作法律依据等优势，在表达上书面语言比口头语言更周密，逻辑性更强，且条理清楚，还有利于信息的复制和大面积传播。

2）非语言信息

非语言信息是指通过某些媒介而非讲话或文字来传递信息，包括副语言信息和身体语言信息等。语言在沟通中只起到了方向性或规定性作用，而非语言信息才准确地反映出话语的真正思想和感情。同样一句话，用不同的语速、语调、音高、面部表情和体态动作可以反映信息传递者不同的思想和感情。非语言信息在沟通中可以起到支持、修饰或否定语言信息的作用，有时可以直接代替语言信息，甚至表达出语言难以表达的情感内容。

2. 沟通的信息要能够被理解

沟通过程中，发送者首先要把传送的信息"编码"成符号，接受者则进行相反的"解码过程"。如果信息接受者对信息类型的理解与发送者不一致，就会导致沟通障碍和信息失真。

信息经过传递后，接受者所感知和理解的信息意义与发送者的初衷完全一致时，才达到了完美沟通的目的。

3. 有效的沟通是准确地理解信息的含义

许多人认为，有效沟通就是使别人接受自己的观点，或与自己达成一致的看法，或双方达成一致意见。其实，这种观点存在着认识上的误区。在沟通中你可以明确地理解对方所说的意思，但不一定同意对方的看法。如在一起车祸赔偿谈判中，受伤害一方要求责任方赔偿车辆损失、住院费、手术费、误工费等共计 20 余万元，责任方理解了对方提出的条件，但不完全接受。虽然双方没有达成一致,但责任方已理解了对方所表达的意思,这就是有效的沟通。

4．沟通是一个双向与互动的反馈和理解过程

我们每天都在进行沟通,但并不表明我们是一个成功的沟通者。沟通不是一个纯粹单向的个体行为,而是一个双向互动的活动。例如你已经告诉对方你所要表达的信息,但这并不意味着对方已经与你沟通了。因为沟通的目的不在于行为本身,而在于结果。如果对方并未对你发出的信息做出反馈,那么就没有达成有效沟通。

（二）沟通的重要性

美国石油大王洛克菲勒说:"假如人际沟通能力也是同糖或咖啡一样的商品,我愿意付出比太阳底下任何东西都珍贵的价格来购买这种能力。"由此可见沟通的重要性——成功者都是懂人际沟通并珍视人际沟通的人。

1．职业工作需要沟通

各行各业,无论是会计、社会工作者、工程师,还是医生、护士、教师、推销员,沟通的技能非常重要。整体护理活动的实践表明,护士需要70%的时间用于与患者沟通,剩下30%左右的时间用于分析问题和处理相关事务。

2．社会活动需要沟通

人们在社会生活中相互依存,居家、出行、学习、工作、社交每时每刻都离不开与他人沟通。但是,沟通本身也不是非常容易的事。比如,要向他人表达一个意思,始终说不清楚;要为他人办一件好事,但有可能弄巧成拙;本来想与他人解除原有的隔阂,但因方法不妥,可能把关系弄得更僵。所以说,现实的社会实践活动需要有一定的沟通能力。

3．沟通是个人身心健康的保证

与家人的良好沟通能使你享受天伦之乐;与恋人的良好沟通能使你品尝到爱情的甘甜;在孤独时,与朋友沟通会使你得到安慰;在忧愁时,与别人沟通会使你得到快乐。

总之,沟通是人们分享信息、思想和情感的过程。这种过程不仅包括口头语言和书面语言,而且包括形体语言、个人习惯和方式、物质环境,即赋予信息含义的任何东西。

小贴士

触龙进谏

在战国时代,赵惠文王死了,孝成王年幼,由母亲赵太后掌权。秦国乘机攻赵,赵国向齐国求援。齐国说,一定要让长安君到齐国做人质,齐国才能发兵救赵。长安君是赵太后宠爱的小儿子,太后不让去,大臣们劝谏,赵太后生气了,说:"再有让长安君去齐国的人,我一定往他脸上吐唾沫!"

左师触龙偏在这时候求见赵太后,赵太后怒气冲冲地等着他。触龙慢慢走到太后面前,说:"臣的脚有毛病,不能快跑,请原谅。很久没有来见您,但我常挂念着太后的身体,今天特意来看看您。"太后说:"我也是靠着车子代步的。"触龙说:"每天饮食大概没有减少吧?"太后说:"用些粥罢了。"这样拉着家常,太后脸色缓和了许多。

> 触龙说:"我的儿子年小才疏,我年老了,很疼爱他,希望能让他当个王宫的卫士。我冒死禀告太后。"太后说:"可以。多大了?"触龙说:"十五岁,希望在我死之前把他托付给您。"太后问:"男人也疼爱自己的小儿子吗?"触龙说:"比女人还厉害。"
>
> 太后笑着说:"女人才是最厉害的。"这时,触龙慢慢把话题转向长安君,对太后说,"父母疼爱儿子就要替他长远打算。如果您真正疼爱长安君,就应让他为国建立功勋,否则一旦'山陵崩'(婉言太后逝世),长安君靠什么在赵国立足呢?"太后听了,说:"好,长安君就听凭你安排吧。"于是为长安君准备了上百辆车子,到齐国做人质。齐国于是派兵救赵。
>
> 触龙很懂得沟通的方式和方法。他谦和、善解人意,在整个谈话过程中,尽量避免与太后正面冲突。他站在太后的角度想问题,让自己的意见变成太后自己的看法。他没有教太后需要做什么,而是帮助太后自己去发现。最终使看似没有商量余地的太后接受了自己的意见。

二、沟通的过程

沟通的过程包括信息策划、信息编码、信息传输、信息解码、信息反馈和沟通干扰。发送者与接受者之间的沟通过程如图 1-1 所示。

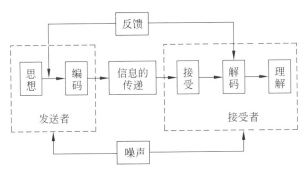

图 1-1 沟通的过程

(一)信息策划

1. 信息策划的重要性

信息是沟通的基础。在头脑中形成清晰、完整、有条理的信息是良好沟通的开始。信息策划就是对信息进行收集、整理、分析的过程,信息策划过程反映着信息发出者的逻辑思维能力的高低和信息量的多少。很多人在沟通过程中或之后经常会感到"我都不知道自己说了什么",这种情况多半是由于信息质量不高造成的。

按照信息能否被很容易地理解和掌握,可以将其分为明示信息和默示信息。明示信息是指那些很容易被理解和掌握的信息,如火可以灼伤人的身体,这一信息即使几岁的孩子也很容易理解和掌握。默示信息则是指不容易被理解和掌握的信息,如一个熟练的厨师可以很清楚地向别人讲解和展示一道菜的做法,而初学者往往感到很难掌握。

一般来说,信息越明确、标准化程度越高,其明示程度越强,越有利于沟通。

2．信息策划的步骤

要想成为一个具备良好沟通能力的人,首先就必须提高信息策划能力。信息策划包括：确定信息范围、收集信息、信息评估、信息整理和分析。

1）确定信息范围

确定信息范围是信息策划的第一步,也是决定信息策划质量的关键一步。确定信息范围的实质是确定信息策划的目的,对要获得的信息的性质、质量和内容进行初步的判断,从而确定收集信息的范围。

2）收集信息

根据确定的信息范围搜集符合要求的信息以备整理、分析。一位专家专门对美国罗斯福、杜鲁门和艾森豪威尔总统的信息收集习惯做过研究,他说,真正帮助总统分清问题利弊的并不是普通、综合性的信息,不是摘要、概要等经过咀嚼的信息,而是一些琐碎的但同时包含了大量实在细节的信息,这些信息在他们的头脑中拼装起来,显示出要处理的事件底层的东西。为了寻找答案,他们必须尽可能广泛地接触与总统有关的信息的片断,各种观点,甚至闲谈。他们必须是自己情报中心的总指挥。

3）信息评估

信息评估是指对信息数据的真伪、准确与否等方面进行的评估。信息评估质量的高低直接影响信息策划结果的有效性。

4）信息整理和分析

信息整理和分析是对收集到的合格信息进行加工、整理,其目的是从中获得一些有价值的结论。

(二) 信息编码

1．信息编码就是将信息以某种形式表达出来

信息沟通过程是从信息的发出开始的。发出者具有某种意思和想法,信息要纳入一定的形式之中才能予以传送,这称为编码。编码最常用的是口头语言和书面语言,除此之外还要借助于面部表情、声调、手势等身体语言和动作语言等(这些被称为非语言沟通)。

2．信息编码在两个方面对沟通效果产生重要影响

一方面,编码方式会影响到信息占用信息载体的容量,如书籍的字数、计算机文件的字节数等。一般来说占用信息载体的容量越少,越有利于提高沟通的效果。如要实现视频文件的网上适时传输和播放,一是要提高网络信息传输速度；二是要利用数据压缩技术降低信息占用信息载体的容量。

另一方面,编码方式会影响到信息还原的质量,因为任何一种编码方式都会导致信息的损失,即失真,从而影响信息的接收者(包括信息的最初提供者)对信息的接收。

3．信息沟通形式

根据信息编码符号的不同,信息沟通分为口头沟通、书面沟通及非语言沟通等形式。非语言沟通补充和支持了语言沟通,但有时非语言沟通也可能弱化或抵消语言沟通,如言行不一致的做法,势必冲淡语言沟通的效果。另外在使用口头或书面语言来编码时,由于发送者自身语言表达能力的限制、语意模糊不清,或者有意过滤信息(如报喜不报忧)等原

因,往往会造成信息沟通的障碍。

小贴士

> **秀才买柴**
>
> 有一个秀才去买柴,他对卖柴的人说:"荷薪者过来!"卖柴的人听不懂"荷薪者"(担材的人)三个字,但是听得懂"过来"两个字,于是把柴担到秀才前面。秀才问他:"其价如何?"卖柴的人听不太懂这句话,但是听得懂"价"这个字,于是就告诉秀才价钱。秀才接着说:"外实而内虚,烟多而焰少,请损之。(你的木材外表是干的,里头却是湿的,燃烧起来,会浓烟多而火焰小,请减些价钱吧。)"卖柴的人因为听不懂秀才的话,于是担着柴就走了。
>
> 用对方听得懂的语言进行沟通,是沟通成功的保障。尽量少用专业术语,因为通俗性的语言容易为人们所理解和接受。此外,实际沟通中,太深奥的学术用语也不可多用,除非你是一个学者正在讨论学术问题。满口新名词,即使运用得当,也是不太好的。滥用学术用语,听不懂的人不知你在说些什么,而且会以为你有意在他面前夸耀你的才华;听得懂的人则觉得你近乎浅薄。在不知对方的文化程度时,用什么字眼也要小心。有些人不管对方懂不懂,就随便在话中夹杂外国语和外来语,这也是要多加注意的。

(三)信息传输

信息传输,即通过一定的传输媒介将信息从一个主体传递到另一个主体。

传送信息可以通过一席谈话、一次演讲、一封信函、一份报纸、一个电视节目等来实现。不同的沟通渠道适用于传递不同的信息。如大楼着火,需要电话紧急传输信息,用书面方式传递这一信息显然就不合适。

沟通过程有时需要使用两条甚至更多方式的沟通渠道。如对员工工作绩效的评价,管理者在做了口头评估之后可以再提供一份书面材料。再如面对面交谈,实际上同时使用口头表达与身体语言两种表达方式。

在通信技术迅速发展的今天,一条沟通渠道常可同时传送多种形式的信息,如电视电话会议和其他多媒体技术可把语言、文字、图像、数字等融合在一起传送,大大便利了复杂信息的传递。但也应当看到,信息传递中的障碍也是经常出现的,如沟通渠道选择不当,或者沟通渠道超载,以及沟通手段出现问题,都可能导致信息传递中断、失真或无法传递至接收者。因此有效的沟通离不开可靠的信息传递渠道。

信息传输过程通常会造成信息损耗,如在古代社会,各种书籍主要是通过手抄的形式来传播的,手写字体不像现在的印刷体那样统一、易于辨认,而且当时的书写材料很容易损坏,因此,在文献的传承过程中就会出现遗漏和错误。再如在面对面的口头沟通中,信息传输的媒介是声音、音量、音调、语速、距离、环境等都会影响沟通的效果。

(四)信息解码

解码,即将收到的信息符号理解、恢复为思想,然后用自己的思维方式去理解这一信息。信息解码包含两个层次,一是还原为信息发出者的信息表达方式;二是正确理解信息的真实含义。如电报是采用莫尔斯电码传输的,发报人首先要把电报内容翻译成莫尔斯电码,收报人则要把收到的莫尔斯电码还原为原来的电报内容,这是技术上的解码过程。阅读电报的人还面临着正确理解电报内容的问题。对于同样的文字内容,不同的人往往会有不同的理解,这属于解码方式上的差异。

只有当信息接收者对信息的理解与信息发送者传递的信息含义相同或近似时,才可能进行正确的信息沟通。缺乏共同语言、先入为主和心理恐惧等,都可能导致接收者对信息的错误理解。

在沟通过程中,由于不同个人、不同组织的解码方式不同会直接影响到沟通的效果。20世纪50年代,美国在出兵朝鲜之前曾经刺探过中国政府对美国出兵朝鲜的态度,而中国政府的回应是"中国要管",对于这样四个字,美国政府认为存在多种含义,军事干预只是其中的一种。而事后中国有关人士的解释是"中国要管"就是"中国要出兵"。以至于美国有人说,在错误的时间、错误的地点打了一场错误的战争。

小贴士

> **狮子与老虎的争斗**
>
> 狮子和老虎之间爆发了一场激烈的冲突,最后两败俱伤。狮子快要断气时,对老虎说:"如果不是你非要抢我的地盘,我们也不会弄成现在这样。"伤痕累累的老虎吃惊地说:"我从未想过要抢你的地盘,我一直以为是你要侵略我。"
>
> 同样是信息的传递,由于解码的差异导致不同的理解,狮子和老虎都对之前彼此的行为进行了错误的信息解码,从而导致两败俱伤的结果。

(五)信息反馈

前面讲过,信息传递并不是沟通最重要的目的,沟通的核心在于理解、说服和采取行动。信息接收者在获得信息后或根据信息采取行动后会根据自己的理解、感受和经验提出自己的看法和建议,这就是信息反馈。

信息反馈在连续的沟通中具有非常重要的作用,它既是对上一次沟通结果进行评价的重要依据,也是进一步改进沟通效果的重要参考资料。

(六)沟通干扰

人们在沟通过程中都可能面临一些干扰因素。这些干扰因素可能来自沟通本身,也可能来自外部环境。

沟通者之间的干扰有些是故意的,有些则是非故意的。如沟通者的语言表达能力比较差,语言不流畅或者不自觉地频繁出现一些干扰对方注意力的身体姿势、表情、眼神,这些都属于非故意的干扰。有些时候,沟通一方为达到自己的目的会故意给对方制造沟通障碍,如故意把某些内容说得含混不清,用身体语言分散对方的注意力等。

外部环境的干扰则比较常见,如沟通场所的噪音、强光、行人等,对沟通双方都可能产生干扰。信息传输工具的质量也会对沟通效果产生影响,如通信信号不够清晰等。

第二节 沟通的目标、原则及基本内容

一、沟通的目标

人们在不同的沟通活动中可能具有不同的目标,如传递、说明、教育、娱乐、解释、劝导、宣传、号召等。根据沟通深度和难度的不同,沟通目标可以分为传递、理解、接受和行动。

(一) 传递

传递是沟通最初级的目标,也是最容易达到的目标。只要信息的发出者能够使信息到达特定的个人或组织,就可以视为达到了沟通的目的,而并不追求信息一定对其他人或组织产生影响。

当信息的发布者受法律等因素制约不得不发布某种信息,或者信息的内容很简单时,信息沟通常常以传递作为目标,如各种类型的通知、公告就属于此类。

(二) 理解

理解是较深层次的沟通目标,它要求信息的受众能够广泛、深入地明了信息的性质、含义、用途和影响。文化教育、娱乐以及一部分解释、说明就属于这种性质的沟通。要达到使人能够理解的目标,就要求信息发出者在进行信息策划时,必须考虑符合信息受众习惯和能力的信息编码和表达方式。如从幼儿园到大学,所使用的教材中的图片资料越来越少,推理、论述越来越多,这就是考虑了不同层次读者的接受能力和习惯。

(三) 接受

接受的含义是信息受众不仅要能够广泛、深入地明了信息的性质、含义、用途和影响,而且要认同、同意信息的内容。接受的核心是态度上的趋同。很多解释、说明、劝导就是以接受作为沟通目标的。

(四) 行动

行动是沟通的最高层次的目标,它要求信息受众不仅能够接收、理解、接受信息的内容,而且会受到该信息的影响而采取某种行动。一些劝导、宣传、号召活动往往是以说服某些人采取某种行动作为目标的。如环保主义者通过各种形式宣传环保主张,号召人们改变生产、生活方式,以促进人类与环境的和谐发展。

二、沟通的原则——"7C"原则

为了更有效地进行沟通,在沟通过程中必须遵循一些原则。这些原则包括:信赖、简明、准确、完整、有建设性、礼貌和体贴。

(一) 信赖(Credibility)

信息的发送者和接受者之间要建立起相互的信赖,这是进行有效的沟通的基本前提。没有起码的信赖,信息发送者发出的信息可能会被主观地筛选或截留,信息接受者也可能对信息进行不准确的解码。

小贴士

两只乌龟间的信赖

大乌龟和小乌龟在一起喝可乐。大乌龟喝完自己的一份后,就对小乌龟说:"你去外面帮我拿一下可乐。"小乌龟刚走两步就不走了,回头说:"你肯定在支我出去后,要把我的可乐喝掉!""这怎么可能?你是在帮助我呀!"经大乌龟一再保证,小乌龟同意了。1个小时过去了,大乌龟耐心等着……2个小时过去了,小乌龟还没有回来……3个小时过去了,小乌龟仍然没有回来。

这时,大乌龟想:"小乌龟肯定不会回来了,它一定是自己在外面喝可乐了。它不回来,那我干脆把它这一份喝了吧!"正在大乌龟拿起可乐刚要喝的时候,小乌龟就像从天而降一样,站在大乌龟面前,气冲冲地说:"我早就知道,你迟早要喝我的可乐!""你怎么知道呢?"大乌龟尴尬而不解地问。"哼!"小乌龟气愤地说,"为了证明我的判断,我在门外站了3个小时了!"

信赖是沟通的前提,没有信赖,沟通双方很难取得良好的沟通效果。

(二)简明(Concise)

简明是指表达同样多的信息要尽可能占用较少的信息载体容量,这样既可以降低信息保存、传输和管理的成本,也可以提高信息使用者处理和阅读信息的效率。

(三)准确(Correct)

准确是衡量信息质量最重要的指标,也是决定沟通结果的重要指标。不同的信息往往会导致不同的结论和沟通结果。

准确包括多个层面,首先是信息发出者头脑中的信息要准确;其次是信息的表达方式要准确,特别是不能出现重大的歧义。实践中,由于文化的差异、个人知识储备的差异等,同样的信息不同的人会有不同的理解,即信息在"译码"的过程中会容易失真。

小贴士

"夔一足"的故事

中国古代典籍中就有"夔一足"的故事,其原因就在于"夔一足"这句话具有多种理解方式。远古时候,尧帝和舜帝的乐官,名叫夔。而古时候就有传说,这位乐官只有一条腿,叫夔一足。《吕氏春秋·察传》中说,鲁国国君向孔子求教,夔一足的事是否真实。孔子说,古时舜帝为了用音乐作为辅助,使天下平安,于是让夔当官,主持这方面的事,而夔就制定了乐律,做得非常出色,于是舜帝说,有夔这样的能人,一个也就足以办成事了。后来人就误传成这位乐官叫夔一足,只有一条腿。实际上,如果把这句话稍微改一下,变成"夔一人足矣",就不会出现这样的误解了。

(四)完整(Complete)

完整也是对信息质量和沟通结果有重要影响的一个因素。我们都非常熟悉的"盲人摸象"的故事就是片面的信息导致判断和沟通错误的一个生动的例子。

(五)有建设性(Constructive)

有建设性实际上是对沟通的目的性的强调。沟通的目的是促进沟通双方的信息传播,态度、观念的转变以及可能采取的行动。因此,沟通中不仅要考虑所表达的信息要清晰、简明、准确、完整,还要考虑信息接受方的态度和接受程度,力求通过沟通使对方的态度有所改变。

(六)礼貌(Courteous)

情绪和感觉是影响人们沟通效果的重要因素。礼貌、得体的语言以及姿态和表情能够在沟通中给予对方良好的第一印象甚至可产生移情作用,有利于沟通目标的实现。即沟通中要注重礼仪,说话讲技巧、有分寸。热情、文明、礼貌的行为不仅体现了自我的素质和修养,而且对工作的开展很有益处,同时企业员工的整体礼仪水平也体现了企业的文化水平。要注意自己的着装打扮、举手投足、语言谈吐等,从细节上严格要求自己,不断学习、改善。

(七)体贴(Considerate)

体贴在英文里有一个特别恰当的解释,就是"把你的脚放到别人的鞋子里",只有你亲自试试别人的鞋才会真正体会他的感受。体贴就是要多为对方考虑一些,多站在对方的角度考虑和解决问题,换位思考,以心换心,而不是让人感觉你在说"风凉话""站着说话不腰疼"。只有这样才能拉近彼此间的距离,沟通的目的也就容易达到了。

> **小贴士**
>
> **钥匙与锁**
>
> 一把坚实的大锁挂在大门上,一根铁杆费了九牛二虎之力,还是无法将它撬开。钥匙来了,它瘦小的身子钻进锁孔,只轻轻一转,大锁就"啪"的一声打开了。铁杆奇怪地问:"为什么我费了那么大力气也打不开,而你却轻而易举地就把它打开了呢?"钥匙说:"因为我最了解它的心。"
>
> 说明:每个人的心都像上了锁的大门,任你再粗的铁棒也撬不开。唯有体贴,才能把自己变成一只细腻的钥匙,进入别人的心中,了解别人。所以沟通时,一定要多为对方着想,学会换位思考,以心换心,以情动人。

以上七个词汇在英文中都是以字母 C 开头,因此可以简称有效沟通的"7C"原则。

三、沟通的基本内容

要有效地进行沟通,不仅要遵循有效沟通的若干原则,还要明了沟通的基本内容,并进行细致的分析和准备。沟通的基本内容可以归结为 6 个问题,即何因(Why)、何人(Who)、何事(What)、何地(Where)、何时(When)、如何(How),即"5W1H"。

(一)何因

"何因"也就是沟通的目标或目的。沟通的目标是沟通的灵魂,是所有沟通计划、准备和实施过程都必须围绕的主题。如果目标不明,整个沟通过程就会徒劳无功。

确定沟通目标是一件非常重要但也比较困难的事情。成语"与虎谋皮"就是一个不恰当沟通目标的典型例子。

确定沟通目标首先要确定沟通各方的底线,包括沟通双方的沟通理解能力、态度转变、行动能力和意愿的空间,在谈判中也称为可谈判空间。确定这一点十分重要,因为,如果将沟通目标确定在了底线之外,就相当于去做不可能实现的事情。如一个幼儿园的老师对一个两三岁的孩子讲要学好文化、造福社会,这就超出了这个年龄的孩子的理解范围,恐怕是不会有什么结果的。但是如果这个老师以幼儿喜欢的一种食物或玩具作为奖赏去要求他背一首唐诗或一个英文单词则是可能的。

在大部分的商务活动中,沟通各方的底线是很不容易摸清的。需要收集大量的信息并做好调研工作。有时这个底线是在沟通过程中逐步了解和确定的,需要采取试探的方法,逐步摸清对方的意图和态度。这就要求沟通双方具有根据实际情况不断调整沟通目标的能力和技巧。

小贴士

推销梳子的故事

有一个单位招聘业务员,由于公司待遇很好,所以很多人面试。经理为了考验大家就出了一个题目:让他们用一天的时间向和尚推销梳子。很多人都说这是不可能的,和尚没有头发,怎么向他们推销?于是很多人就放弃了这个机会。但是有三个人愿意试试。第三天,他们回来了。

第一个人卖了1把梳子,他对经理说:"我看到一个小和尚,头上生了很多虱子,很痒,在那里用手抓。我就骗他说用梳子抓更好,于是我就卖出了1把。"

第二个人卖了10把梳子。他对经理说:"我找到庙里的主持,对他说如果上山礼佛的人的头发被山风吹乱了,就是对佛不尊敬,是一种罪过,假如在每个佛像前摆一把梳子,游客来了梳完头再拜佛就更好了!于是我卖了10把梳子。"

第三个人卖了3000把梳子!他对经理说:"我到了最大的寺庙里,直接跟方丈讲,你想不想增加收入?方丈说想。我就告诉他,在寺庙最繁华的地方贴上标语,捐钱有礼物拿。什么礼物呢,一把功德梳。这个梳子有个特点,一定要在人多的地方梳头,这样就能梳去晦气、梳来运气。于是很多人捐钱后就梳头,又吸引了很多人去捐钱。一下子就卖出了3000把。"

在沟通时,我们要找到对方的需求并给予解决,只有为对方创造价值,才能达成自己的期望。

(二)何人

"何人"是指沟通的对象。使用同样的沟通信息、方法和过程对不同沟通对象产生的沟通效果是不一样的。在沟通过程中,很多人把注意力仅仅集中在自身的沟通目标和沟通信息的清晰、简明、准确和完整上,而忽略了对方的感受,这样的沟通必然是失败的。实际上,评价沟通效果的最终标准是接收信息一方的理解和接受程度,而不是信息传递一方表达的清晰程度,有时一个十分准确的表达方式所带来的结果只能是信息受众的一片茫然甚至误解。

小贴士

> **对牛弹琴**
>
> 汉朝的牟融在《牟子理论》中讲道:"公明仪为牛弹清角之操,伏食如故,非牛不闻,不合其耳矣。"意思是古代有个很有名的音乐家公明仪,能弹得一手好琴,但轻易不给人弹。他在城里住着嫌太嘈杂,便搬到农村幽静处,饮酒弹琴,好不痛快。一天,他见牧童骑牛放牧,吹着竹笛,悠闲自在,便突发奇想,人们都说我弹琴到深处,听者都想翩翩起舞,我何不弹奏一首欢快的曲子,让牛给我跳舞呢?于是公明仪就认真地弹奏起来,弹得满头大汗,但牛只是低头吃草无动于衷。
>
> 公明仪很是沮丧,手按在琴上,无意间发出"哞哞"之声,那牛立即竖起耳朵,抬头望来。公明仪自觉可笑,"牛把我的琴发出的声音当成是小牛叫了。"这就是"对牛弹琴"这个成语的由来,用来讽刺说话的人不看对象,白费口舌。

同样是对于一个科学原理的介绍,提供给专业人士使用的科学著作和提供给一般大众的科普书籍在写法上就存在很大的差异。前者的基本准则是尽量使用专业术语,力求逻辑和论证严谨;后者的基本原则是尽量减少专业术语,更讲究通俗易懂。如果我们说"鼻黏膜受到某种刺激而引起的防御性反射动作"大家可能不太明白,但如果说"打喷嚏"就无人不晓了。

在沟通之前,有必要搞清楚以下问题。

(1) 沟通的对象是谁?

(2) 他们属于哪一类人群?

(3) 他们的性别、年龄、种族、民族、受教育程度、地位、身份、经历如何?

(4) 沟通对象对沟通信息了解多少?

(5) 沟通对象对沟通本身和沟通信息的内容持什么态度,是欢迎还是排斥?会如何反应?

小贴士

> **沟通中的角色**
>
> (1) 与上级沟通。在和领导沟通时,我们的角色应该是一个决策的执行者和建议者,应该在维护领导权威的前提下,注意自我价值的发挥。

> （2）与同事沟通。在和同级进行沟通时，在工作方面，我们扮演的角色应该是"合作者"，而在其他的时候我们可以作为"分享者"分享工作中的苦与乐。
> （3）与下属沟通。在和下属沟通时，我们可能扮演"支持者"和"倾听者"的角色较好，注意在保证完成任务的前提下，要让他们发挥工作的主动性，注重对他们的能力进行培养。
> （4）与外部沟通。在和外界进行沟通时，我们的角色应该是"单位利益的维护者"和"宣传者"，要维护单位的社会形象，尽自己所能地促进单位各项工作目标的实现。

（三）何事

"何事"是指沟通的主题。主题是指沟通活动紧密围绕的核心问题或话题。在沟通活动中，主题的作用主要体现在它是串起所有相关信息的线索。在沟通过程中，主题作为基本的背景和对象，是帮助沟通者理解和记忆沟通内容并做出反馈的主要依据。

在时间比较长的沟通中，特别是作演讲和报告时，听众很难长时间全神贯注地倾听，会出现走神或中途退场的现象，如何才能继续下去呢，这时如果主题很清晰，听众就比较容易把新接收的信息与前面的信息联系起来，否则就会不知所云。

另外，有时由于交流过程中的不确定性和随意性，沟通过程随时可能转入细节或一个不相关的话题，确定明确的主题并保持主题意识，是实现高效沟通的重要途径。

（四）何地

地点是指沟通活动发生的空间范围，包括地理区域、特定场所和室内布置等。

大的地理区域往往暗示着某种文化背景和区域特征，如法国常使人联想到浪漫、考究、富裕、艺术；非洲则容易使人联想到落后、干旱、豪放、自然；尽管实际情况不一定如此或者不一定当地的每个人都是这样，但还是有一定的代表性。在购买商品的过程中，人们也往往会根据产品的产地来判断产品的质量和价值。

特定场所往往暗示着一定的身份和地位。如同样一场商务洽谈，如果安排在一家五星级饭店，则暗示着主办方对此事非常重视，如果是在公司的普通会客室进行，则可能被理解为接待方不很重视。很多擅长沟通的人往往选择某些特定的场合作为见面或谈话的地点，以显示自己的特殊背景或关系。例如，一些商业掮客往往选择政府机构内部附设的营业场所或附近的地点作为与委托人见面的地点，以暗示自己与政府机构的关系密切。

室内场所的布局和陈设对沟通双方的心理也有影响。试想，如果一个企业的老板坐在硕大的老板桌后面的老板椅上，桌前放了一张很小的椅子给员工坐或者干脆让员工站着，那么，员工在与老板沟通的过程中一定会感觉到紧张和压力。反之，如果在办公室内呈垂直角度摆放两张完全相同的沙发或椅子，分别供老板和员工使用，则员工在与老板的交流中就会感受到较小的地位差距和压力，沟通起来会更加充分。

（五）何时

时间对沟通效果的影响非常复杂且是多方面的。

（1）不同的人在作息规律上存在很大差异，在同一时间不同沟通对象在情绪、体力、注意力等方面差异很大，如果时间选择不当就会影响沟通效果。

(2) 不同的人具有不同的时间观念。在很多沟通场合，当事各方并不一定能够准时在同一时间到达约定地点，有时还会迟到。在通常情况下，迟到会给另一方造成对方不尊重、不重视自己和心情烦躁的感觉，影响沟通的顺利进行。但是，迟到可能有多种原因，如遗忘、临时变故、交通堵塞、时间安排不当等，并不一定都是出于轻视。即使是迟到了相同的时间，由于不同的人具有不同的时间观念和生活、工作节奏，对此的理解和看法会有不同。

(3) 时间的长度对沟通效率也有很大的影响。一般来说，交谈或谈判的时间越长，人们的注意力越差，头脑反应越慢。有些时候，也有人利用拖延时间的战术来麻痹对方，在谈判中达到自己的目标。欧美国家的人士就经常抱怨与日本人进行谈判时对方总是不停地重复类似的内容，令人产生厌倦感，最终因不堪重负而做出让步。

(4) 不同的时间段会影响人们对信息的理解。例如，同事之间在工作时间所讲的内容往往被理解为正式的沟通，需要为此承担责任，而在休息时间或下班后所讲的话常常被理解为非正式的私人沟通，不需要为此承担责任。

（六）如何

"如何"是指实现沟通目标的手段，也是最复杂、最困难的要素。

有效地组织和实施沟通，需要考虑以下主要因素。

(1) 信息的表现形式，如文字、图片、多媒体、身体语言、符号标志、模型等。

(2) 沟通的媒介。主要分为口头和书面两大类。口头形式包括面对面交谈、语音交谈、远程多媒体视频交谈等；书面形式包括信件、备忘录、通知等。

(3) 信息的组织形式，可分为归纳法和演绎法。归纳法是从一个个具体的事例出发，经过分析、解释，得出主要观点或一般性结论；演绎法则从一般的结论或主要观点出发，对具体的事例进行解释、分析和说明。

(4) 沟通的语气和表达风格，如庄重、轻松、戏谑等。

(5) 沟通的场所布置和安排。

(6) 沟通时间的选择。

在对沟通过程进行计划时要特别注意，并不存在放之四海而皆准的最佳表达方式，应该根据不同的情况选择最合适的表达方式，特别是要根据沟通的需要创造出恰当的沟通气氛。

小贴士

拜　师

有年轻人想要拜一名高僧为师，法师考问年轻人为什么要出家？

年轻人A：我父母叫我来的。

法师：这样重要的事情你自己都没有主见，回去吧。

年轻人B：是我自己喜欢来的。

法师：这样重要的事情你都不和家人商量，回去吧。

年轻人C：不作声。

法师：这样重要的事情想都不想就来了，回去吧。

如果你是年轻人D，怎么和法师沟通呢？

年轻人D：我受到法师的感召，我很喜欢来，我父母也很支持我来！

在法师和年轻人的沟通中,年轻人要出家和法师收弟子是目的,和谐出家是共识,恰当的沟通是关键。

第三节 沟通的形式

按照沟通传递信息是否采取语言形式,可以分为语言沟通和非语言沟通;按照发生的主客体分类,可以分为人际沟通、人机沟通和组织沟通;按照沟通的正式性程度,可以分为正式沟通和非正式沟通;按照沟通双方在组织中所处的层次高低,可以分为纵向信息沟通、横向信息沟通和斜向信息沟通;按照沟通主体的文化背景是否相同,可以分为同文化沟通和跨文化沟通。

一、语言沟通和非语言沟通

(一) 语言沟通

语言是人类交流沟通的基本工具。很难想象没有语言,人们的生活会变得怎样。语言包括词汇和语法两个部分。词汇是语言的基本构成要素,每个词汇都代表着某一类特定的事物、动作、情感、特征或者关系。从沟通的角度看,语言实际上是人们表达思想的一种代码或编码形式。只有沟通双方赋予词汇相同的含义,沟通才能得以顺畅进行。由于词汇的有限性,并且很多词汇都存在多种含义,因此在每一个具体的语句中首先必须搞清楚每个词汇的含义,否则就会出现误解。

语言、词汇不仅存在多义性,而且随着时间的推移也会发生变化。例如汉语中的"汤"字在古代汉语中是热水的含义,而在现代汉语中则一般是指汁液状态的一种食品。此外,不同国家、不同地区甚至不同的个人对同一词汇的理解也不尽相同。很多国家都说英语,但同一词汇的用法和含义则可能有很大差别,即使在同一个国家也是如此。

例如,英文中的 dap 这个词汇,在英国的不同地区可能分别指 plimsoll(橡皮底帆布鞋)、tennis shoes(网球鞋)或者 pump(浅口无带皮鞋)。又如,对于社会上很流行的"酷"这个词,有人理解为新潮、前卫,是中性偏褒义的词汇,而有人则理解为"怪异",是中性偏贬义的词汇。因此,在沟通时,必须首先弄清楚沟通对象的语言习惯,否则不是词不达意就是误会不断。

语言沟通的形式可以分为两大类,即书面语言和口头语言。

(二) 非语言沟通

非语言沟通就是借助非语言符号系统进行的信息交流。这种形式一般表现为视觉——动作符号系统(手势、表情动作、体态语言等非语言交往手段)、目光接触系统(延伸、颜色)、辅助语言(说话的语气、音调、音质、音量、语速、沉默以及书写格式等)、空间运用(身体距离)以及标志符号等。

非语言沟通形式是最古老的沟通形式,早在人类诞生以前就产生了,如各种动物的沟通都具有自己的非语言表达形式。只不过与动物相比,人类的身体语言、表情等更加复杂。现在,人类已经创造了非常发达的标志符号体系。很多文字在早期都具有明显的符号特征,如红绿灯、交通标志、危险标志等。

比起语言沟通形式,非语言沟通形式更加直观、迅速、具有个性。

二、人际沟通、人机沟通和组织沟通

(一)人际沟通

人际沟通是指主要发生在两个人或两个组织之间的沟通。人际沟通是沟通的基本形式,人际沟通由于主要发生在两个个体之间,传递一次信息就可以形成交流,沟通过程比较简单,不容易发生传输错误。另外,在个体沟通中,由于沟通对象很单一,也比较容易根据对方的特点采取相应的沟通形式和风格,并对沟通过程加以控制。

(二)人机沟通

人机沟通是指发生在人与机器之间的沟通,如计算机的使用者和计算机之间的沟通。人机沟通的效果主要取决于设备、软件及使用者的技巧三个方面。

(三)组织沟通

组织沟通又称群体沟通,它是指组织成员之间的信息交流和传递。按照信息在组织内部传递的方向,组织沟通又分为下行沟通、上行沟通和平行沟通。下行沟通指组织中上级对下级命令、指示或通报等形成的沟通;上行沟通指下级向上级反映情况的沟通;平行沟通指组织同一层次之间的沟通。

在组织沟通中,随着个体数目的增加,如3个个体之间都发生一次沟通需要进行3次信息传递,4个个体之间都发生一次沟通需要进行6次信息传递,5个个体之间都发生一次沟通需要进行10次信息传递。不仅信息传递次数多,由于不同个体的背景和沟通习惯不同,在沟通中对表达方式的选择会变得十分严格,否则就会出现部分成员误解的情况。在组织沟通中必须进行有效的控制,也就是进行领导和协调,否则沟通很难顺利进行。

三、内部沟通和外部沟通

按照一个沟通过程所涉及的人员是否属于一个组织内部,可以分为内部沟通和外部沟通。所谓内部沟通,即同属于同一组织内部的人员之间的沟通;外部沟通则是不属于同一组织的人员之间的沟通。

内部沟通与外部沟通之间存在很大差别,正所谓"内外有别"。内部沟通由于彼此之间比较了解,因此,在沟通过程中对礼仪方面的要求比较低,在沟通风格上比较轻松自如。外部沟通的对象由于彼此之间存在一定生疏感,在沟通过程中通常十分注意礼仪。

此外,内部沟通的对象由于同属于一个组织内部,往往存在很多彼此之间心知肚明但不能明确说出的利益共享或冲突问题,因此,虽然在沟通形式和风格上可以比较随意,但一些敏感问题则是不可以轻易触及的。而外部沟通虽然注重礼仪,但在沟通的范围上则可以开诚布公,约束很少。

总的来讲,内部沟通要更多地考虑各种相关因素的影响,外部沟通的重点则是寻找共识或共同的礼仪。

四、正式沟通和非正式沟通

按照沟通的正式程度可以分为正式沟通和非正式沟通。

正式沟通是通过正式的组织程序，依照组织结构进行的信息沟通。这种沟通的媒介物和线路都是事先安排，因而被认为是正式且合法的。

所谓非正式沟通，就是不按照正式的组织程序进行的沟通，其信息传递的媒介和路线均未经过事先安排，具有很强的随意性和自发性。在非正式组织中，其成员间的社会交往就主要采用非正式的沟通渠道，具体表现也往往是各种传闻或小道消息。

非正式沟通的明显特点是信息传递速度快，但失真比较严重。对非正式沟通可以采取"管理"的态度，以便更好地扬长避短。

区分正式与非正式的标准有很多。可以按照职位身份和个人身份来划分正式沟通和非正式沟通，如某位官员以自己的公职身份与媒体沟通属于正式沟通，以自己的私人身份与某位记者交流属于非正式沟通；可以按照一方或双方的重视程度来划分。如一位经理与一位员工在就餐时随意闲谈则属于非正式沟通；按照沟通内容的效力进行区分，如果沟通双方只是对内容的准确性十分确认，并准备受其约束，则为正式沟通，如果双方只是对内容进行简略地探讨则为非正式沟通；按照沟通方式、仪式、重要性的不同也可以划分为正式沟通和非正式沟通，如国家元首正式出访和非正式出访其他国家，在接待仪式上就有严格的差别。

一般来说，正式沟通由于双方都比较重视，沟通内容的约束性比较强，一是较为正规，因而沟通各方在沟通过程中都较为谨慎，一般适合于简单、初步的沟通和总结性的沟通；而非正式沟通则比较适合于深入沟通信息、探讨各种可能性的沟通阶段。

五、纵向信息沟通、横向信息沟通和斜向信息沟通

按照沟通双方在组织中所处层次的高低，可以将其分为纵向信息沟通、横向信息沟通和斜向信息沟通。

（一）纵向信息沟通

纵向信息沟通是指沿着组织的指挥链在上下级之间进行的信息沟通。它可以区分为自上而下和自下而上的两种形式。自上而下的沟通亦称为下行沟通，指组织内部同一系统内的较高层次人员对较低层次人员的沟通，如传达命令、布置计划和颁布程序规则等。自下而上的沟通亦称上行沟通，指组织内部同一系统内的较低层次人员向较高层次人员的沟通，如请示、汇报和意见申诉等。

（二）横向信息沟通

横向信息沟通是指组织内部同一层次人员之间的沟通，也称为平行沟通。这种沟通主要是为了促成不同系统（部门、单位）之间的协调配合和相互了解。如高层管理者之间、中层管理者之间、支线人员与参谋人员之间、生产工人与设备修理工之间以及任务小组和专项小组内部所发生的沟通，都属于这类沟通。

（三）斜向信息沟通

斜向信息沟通是指发生在组织内部既不同系统又不同层次的人员之间的沟通。斜向沟通对组织中的其他正式沟通渠道会起到一定的补充作用。如公司开发部，倘若以设计师与试制车间主管之间的直接沟通取代传统的经由生产经理传递信息的办法，则沟通的线路和传递的时间会大大缩短。但是斜向沟通容易在部门之间尤其在实现职权与参谋权之间造成矛盾。

以上的横向沟通和斜向沟通是脱离组织的指挥链而跨系统发生的。在一些严格、正规的机械式组织中，它们并不认为是正式的、法定的沟通形式，而常常被作为非正式的沟通渠道来看待。

六、同文化沟通和跨文化沟通

按照沟通主体的文化背景是否相同，沟通可以分为同文化沟通和跨文化沟通。不同文化背景的人在历史传统、思维方式、思想观念、生活环境、生活习惯、禁忌喜好、宗教信仰、工作理念、商业伦理、经济状况、受教育水平等方面存在明显的差异。

随着经济全球化的发展，不同文化之间的沟通更为密切和频繁，同时，文化上的差异表现得更为明显。这种文化背景的差异使得人们在沟通过程中对同一现象或表达方式在解读上会产生明显的差异。为了更好地进行跨文化沟通，人们必须以一种更加开放的心态努力了解不同文化背景的人群。

小贴士

测试　你属于哪种沟通类型的人？

思考一下你在日常事务中是如何与他人沟通的。下面有18组论述，根据你的性格类型，为每组中 A、B 两个论述评分，评分的范围从 0 分到 3 分：0＝从不；1＝很少；2＝有时；3＝经常。每组论述的评分相加应该等于3。

1. A _____ 我坦诚地去了解每个人并且与他们建立关系。
   B _____ 我不会坦诚地去了解每个人并且与他们建立关系。
2. A _____ 我的反应很慢而且会慎重地做出反应。
   B _____ 我的反应很快而且会自然而然地做出反应。
3. A _____ 我对别人占用我的时间并不在意。
   B _____ 我不会轻易地让别人占用我的时间。
4. A _____ 我在社交性聚会中向别人介绍自己。
   B _____ 我在社交性聚会中等待别人向我介绍他们。
5. A _____ 我与别人交谈时，注重他们所感兴趣的话题，即使交谈偏离了即将进行的业务或主题。
   B _____ 我与别人交谈的重点总是离不开即将面临的工作、事务、业务或主题。

6. A _____ 我并不果敢,而且对慢条斯理的人很有耐心。
   B _____ 我很果敢,而且有时对慢条斯理的人很不耐烦。
7. A _____ 我依据事实或证据做出决定。
   B _____ 我依据感情、经验或人际关系做出决定。
8. A _____ 我经常在群体中交谈。
   B _____ 我很少在群体中交谈。
9. A _____ 我比较喜欢与别人一起完成工作,在可能的时候向他们提供帮助。
   B _____ 我比较喜欢独立地工作或根据其他相关人员的工作表现对他们进行指导。
10. A _____ 我以提问的方式或者用更加试探性的、含蓄的谈话与别人沟通。
    B _____ 在与别人沟通时,我会做出有力的陈述并且直截了当地表达我的观点。
11. A _____ 我主要注重沟通中的想法、观念或结果。
    B _____ 我主要注重与我沟通的人、我们之间的关系及感情。
12. A _____ 我用手势、面部表情以及语调来强调重点。
    B _____ 我不用手势、面部表情以及语调来强调重点。
13. A _____ 我接受别人的观点(想法、感情和所关心的事情)。
    B _____ 我不接受别人的观点(想法、感情和所关心的事情)。
14. A _____ 我用小心谨慎的态度来对待危险和变化或者对它们做出事先的预见。
    B _____ 我用不断改变的态度来对待危险和变化或者对它们不做出事先的预见。
15. A _____ 我比较喜欢将自己的感情和思想藏在心底,只有在我愿意的时候才与别人分享。
    B _____ 我发现与别人分享和谈论我的感情十分自然而且简单。
16. A _____ 我想获得新鲜的或不同的经历和环境。
    B _____ 我选择已经了解的或相似的环境和人际关系。
17. A _____ 我对别人要做的事情、兴趣以及关心的问题很敏感。
    B _____ 我只注意自己要做的事情、兴趣以及关心的问题。
18. A _____ 我对冲突的反应慢而且不直截了当。
    B _____ 我对冲突的反应快并且直截了当。

评分及说明

人们在成长过程中为巩固其行为而培养出与别人沟通的习惯方式。可以通过观察你有多么坦率或沉默寡言以及多么直截了当或拐弯抹角来了解你的沟通类型。

为了确定你的坦率和直截了当的程度,把你在上面问卷中的得分填到下面的表中。然后,计算O、S、D、I每列的总分,如表1-1所示。

表1-1 沟通类型评分表

O	S	D	I
1A _____	1B _____	2B _____	2A _____
3B _____	3A _____	4A _____	4B _____
5A _____	5B _____	6B _____	6A _____
7B _____	7A _____	8A _____	8B _____
9A _____	9B _____	10B _____	10A _____
11B _____	11A _____	12A _____	12B _____
13A _____	13B _____	14B _____	14A _____
15B _____	15A _____	16A _____	16B _____
17A _____	17B _____	18B _____	18A _____
总计 _____	总计 _____	总计 _____	总计 _____

对比O列和S列的总分,将较高的分数写在下面的横线上并在相应的字母上画圈:_____ O S。

对比D列和I列的总分,将较高的分数写在下面的横线上并在相应的字母上画圈:_____ D I。

在沟通的时候,O列的总分较高,表明你更坦率;S列的总分较高则意味着你更沉默。

当一个坦率的人进行沟通时,他(她)倾向于人际关系,支持别人的需要并且愿意与别人分享感情;一个沉默寡言的人倾向于工作,他的态度很冷淡并且不喜欢与别人分享感情。

在沟通的时候,D列的总分较高,表示你更直截了当;I列的总分较高则表明你更拐弯抹角。

直截了当的人性格外向并且非常强烈地表达他们的思想和感情,拐弯抹角的人性格抑郁,并且显得更加内向。直截了当的人十分果断甚至非常自信,而拐弯抹角的人则相反,他们不太果断甚至很被动。

这四种不同的沟通类型可以通过你的直截了当和坦率的程度辨别出来。如果你在这两方面得了最高分,你就是一个果断的并且倾向于人际关系的社交者。如果你在沉默寡言和直截了当方面得的分数最高,说明你是一个果断的并且倾向于工作的领导者。如果你在拐弯抹角和沉默寡言方面得分最高,说明你是一个倾向于工作但不够果断的思想家。如果你在拐弯抹角和坦率方面得分最高,你就是一个不够果断并且倾向于人际关系的健谈者。

本章小结

　　学习完本章,你应该对沟通的概念有了比较清楚的了解。沟通可被认为是涉及信息传递和某些人为活动的过程。沟通是人为的,没有人为行动,也就无所谓沟通。

　　本章讲述的是在信息经济中成为一名有效的沟通者的重要性。在当今的动态的工作环境中,许多的变化围绕处理和沟通信息进行。为了改善沟通技能,应该了解沟通的过程、存在的问题以及解决这些问题的方法。21世纪是一个充满激烈竞争的时代,要成为一名成功人士,不仅要有应对问题和挫折的能力,还要与客户、同事、合作伙伴和供应商等建立良好的人际沟通关系,这是事业成功的重要保证。

　　沟通并不是一种本能,而是一种能力。也就是说,沟通不是人天生就具备的,而是在工作实践中培养和训练出来的。也有另外一种可能,即我们本来具备沟通的潜在能力,但因成长过程中的种种原因,这种潜在能力被压抑了。

　　别人能够理解你的问题,能够接受你的想法,这完全靠沟通取得成果;沟通的基本问题是你的心态对不对,其基本原理是你有没有关心别人,对于别人的主动要求,你是否会主动支持和主动反馈;世界上没有天生的沟通高手,成功的沟通不外以下两点:第一,讲话的人要让别人听懂你在讲什么;第二,听的人要理解别人在说什么。

复习思考题

(1) 简述沟通的重要性。
(2) 什么是信息编码?
(3) 简述沟通的基本内容。
(4) 简述沟通的"7C"原则。
(5) 沟通的形式有几种?

案 例 分 析

直率建言陷困境

　　杨瑞是一个典型的北方姑娘,在她身上可以明显地感受到北方人的热情和直率,她喜欢坦诚,有什么说什么,总是愿意把自己的想法说出来和大家一起讨论,正是因为这个特点她在上学期间很受老师和同学的欢迎。今年,杨瑞从西安某大学的人力资源管理专业毕业。她认为,经过四年的学习自己不但掌握了扎实的人力资源管理专业知识,而且具备了较强的人际沟通技能,因此她对自己的未来期望很高。为了实现自己的梦想,她毅然只身去广州求职。

　　经过将近一个月的反复投简历和面试,在权衡了多种因素的情况下,杨瑞最终选定了东莞市的一家研究生产食品添加剂的公司。她之所以选择这家公司是因为该公司规模适中、发展速度很快,最重要的是该公司的人力资源管理工作还处于尝试阶段,如果杨瑞加入,她将是人力资源部的第一个人,因此她认为自己施展能力的空间很大。但是到公司实习一个星期后,杨瑞就陷入了困境。

原来该公司是一个典型的小型家族企业,企业中的关键职位基本上都由老板的亲属担任,其中充满了各种裙带关系。尤其是老板安排其长子作为杨瑞的临时上级,而这个人主要负责公司研发工作,根本没有管理理念,更不用说人力资源管理理念,在他眼里,只有技术最重要,公司只要能赚钱,其他的一切都无所谓。但是杨瑞认为,越是这样就越有自己发挥能力的空间,因此在到公司的第五天杨瑞拿着建议书走向了直接上级的办公室。

"王经理,我到公司已经快一个星期了,我有一些想法想和您谈谈,您有时间吗?"杨瑞走到经理办公桌前说。"来来来,小杨,本来早就应该和你谈谈了,只是最近一直扎在实验室里就把这件事忘了。"

"王经理,对于一个企业尤其是处于上升阶段的企业来说,要持续发展必须在管理上狠下功夫。我来公司已经快一个星期了,据我目前对公司的了解,我认为公司主要的问题在于职责界定不清;雇员的自主权力太小,致使员工觉得公司对他们缺乏信任;员工薪酬结构和水平的制定随意性较强,缺乏科学合理的基础,因此薪酬的公平性和激励性都较低。"杨瑞按照自己事先所列的提纲开始逐条向王经理叙述。

王经理微微皱了一下眉头说:"你说的这些问题我们公司也确实存在,但是你必须承认一个事实——公司在赢利,这就说明我们公司目前实行的体制有它的合理性。"

"可是眼前的发展并不等于将来也可以发展,许多家族企业都是败在管理上。"

"好了,那你有具体方案吗?"

"目前还没有,这些还只是我的一点想法而已,但是如果得到了您的支持,我想方案只是时间问题。"

"那你先回去做方案,把你的材料放这儿,我先看看然后给你答复。"说完王经理的注意力又回到了研究报告上。

杨瑞此时真切地感受到了不被认可的失落,她似乎已经预测到了自己第一次提建议的结局。果然,杨瑞的建议书石沉大海,王经理好像完全不记得建议书的事。杨瑞陷入了困惑之中,她不知道自己是应该继续和上级沟通还是干脆放弃这份工作,另找一个发展空间。

问题:

(1) 分析本案例中人际沟通失败的原因。
(2) 你觉得杨瑞应该怎样做才能保证沟通的有效性?
(3) 如果你是王经理,应该怎样做?

实 践 课 程

自 我 介 绍

(1) 时间把握:第一节课。
(2) 方法:教师示范,学生登台,面对大家简要介绍自己。
(3) 要求:在短时间内以简洁、形象的语言介绍自己,要给大家留下深刻印象。
(4) 目的:培养学生的沟通意识,训练如何有效地向别人介绍自己。

撕 纸

1) 目的：体验不同沟通方式的沟通效果。

2) 程序与规则。

第一阶段：

(1) 给每位同学发一张 A4 白纸。

(2) 教师发出单向指令。

① 大家闭上眼睛（避免相互借鉴）。

② 全过程不许提问，按照指令做。

③ 把纸对折。

④ 再对折。

⑤ 再对折。

⑥ 把右上角撕下来，旋转180度，把左上角撕下来。

⑦ 睁开眼睛，把纸打开。

(3) 教师会发现有各种各样的答案。

第二阶段：

重复上述指令，唯一不同的是，这次学员可以提问。

讨论：

(1) 我们只有靠听来交流时，是否会感到困惑，为什么？

(2) 为什么单向交流很难进行？

(3) 即使双向交流也不能保证彻底的理解，这种情况下可以采用哪些方法使交流更为有效？

第二章

语言与非语言沟通

学习目标

(1) 明确语言沟通技巧在沟通中的合理运用,领会什么是有效的表达。
(2) 重点掌握如何正确解读和运用非语言沟通的方法。
(3) 领会非语言沟通的态度要求,明确非语言沟通的各种方法和使用范围。

技能要求

(1) 学会针对客体运用适当的语言沟通方法,熟练运用两种以上非语言沟通的方法。
(2) 学会根据情况选择适当的非语言沟通方法。

脚语——独特的心理泄露

英国心理学家莫里斯经过研究发现了一个有趣的现象:人体中越是远离大脑的部位,其可信度越大。脸离大脑中枢最近而最不诚实。我们与别人相处,总是最注意他们的脸;而且我们知道,别人也以相同的方式注意我们。所以,人们都在借一颦一笑撒谎。

再往下看,手位于人体的中间偏下,诚实度也算中庸,人们多少利用它说过谎。可是脚远离大脑,绝大多数人都顾不上这个部位。于是,它比脸、手诚实得多。它构成了人们独特的心理泄露——脚语。

就好像人体语言的所有其他信号一样,脚的习惯动作也着自己的语言,在我国丰富的语言词汇里,有许多描述脚语的形容词。这些形容词与其说是描写脚步的轻、重、缓、急、稳、沉、乱等,不如说是描述人的内心或稳定或失衡,或恬静或急躁,或安详或失措的状态。人的心情不同,走路的姿势也就不同;人的秉性各异,走起路来也有不同的风采。脚语是一种节奏,是为情绪打拍子的,如同舞场的旋律。"暴跳如雷"是自然界的快节奏和重节奏;"春风得意马蹄疾"是另一种节奏,一种快旋律的轻节奏。

脚语除反映人的情绪外,还可以反映人的性格品质。如果一个端庄秀美的女子走起路来匆匆忙忙,脚步重且乱,就可断定这位姑娘一定是个性格开朗、心直口快、不留心眼的痛快人;反之看上去五大三粗,走路却是小心翼翼的样子,这样的人一定是外粗内细的精明人,她做事往往以豪放的外表来掩盖严密的章法。

> 人的心理指向往往从脚语中泄露出来。若有人一坐下来就跷起二郎腿,表明他怀有不服输的对抗意识。若是女性大胆地跷起二郎腿,则表示她们对自己的容貌有足够的信心,也表示了她怀有想要显示自己的强烈欲望。
>
> 人在站立时,脚往往朝着主体心中惦念的或追求的方向或事物。譬如,有三个男人站在一起,表面看来他们在专心交谈,谁也没有理会站在一旁的漂亮姑娘,但实际上不是这么回事,每个人都有一只脚的方向对着她。也就是说,每个人都在注意她。他们的专心致志只是一种假面具,而真情被隐蔽着,但他们的脚语却把各自的秘密泄露了。

第一节 语言沟通

一、语言沟通的形式

语言沟通是指以语词符号为载体实现的沟通,主要包括口头沟通、书面沟通和电子沟通等。

1. 口头沟通

口头沟通是指借助语言进行的信息传递与交流。口头沟通的形式很多,最常见的如人与人之间的交谈,此外还有电话、会议、广播等。

2. 书面沟通

书面沟通是指借助文字进行的信息传递与交流。书面沟通的形式也很多,如通知、文件、通信、布告、报刊、备忘录、书面总结、汇报等。

口头沟通的过程通常包括表达和领会两个方面的意思,具体包括说话、倾听和反馈三个过程,而书面沟通则主要包括写作和阅读两个过程。

3. 电子沟通

电子沟通是以计算机与电子通信技术组合而产生的信息交流技术为基础的沟通。具体包括传真、闭路电视、电子邮件等。

以上三种主要的语言沟通形式在实际应用中要恰当地选择,以提升沟通的效果。关于三者的比较如表2-1所示。

表 2-1 三种主要语言沟通方式比较

沟通方式	优 点	缺 点
口头沟通	快速传递、快速反馈、信息量大	传递过程中经过层次越多信息失真越严重、核实困难
书面沟通	持久、有形、可以保存	单向传递、效率低、缺乏反馈
电子沟通	快速传递、信息容量大、传播范围广、成本低	单向传递、容易形成信息泛滥

二、语言沟通的原则

语言作为沟通的工具,最讲究的就是表达得是否有效。无论你出于怎样的目的,都不希望自己的讲话没有效果,甚至适得其反。说话的目的有四个方面:引起听者行动;提供知识或信息;引起共鸣、感动与了解;让听众感到快乐,不论说话者是否意识到,说话一定具有其中的一个或几个目的。

小贴士

有效的沟通

要想取得成功沟通或成功演讲的效果,首先应该认清自己的目的以及知道如何运用有效的方法达到目的。有效的沟通方法如下所示。

(1) 找对目标。
(2) 使听众对你的话题感兴趣。
(3) 首先自己要激起对话题的热情火焰。
(4) 内容和自我感觉一致。
(5) 将听众关心的事物编入话题。
(6) 生动亲切地传达内心的感触。
(7) 不压抑真正的情感。
(8) 感情的生发作用。
(9) 热情的表现。
(10) 不要自以为清高。
(11) 地方性的特殊话题。
(12) 意识到人们所关心的事都与自身相关。
(13) 做正确诚恳的评价。
(14) 确认你与听众的共同点。
(15) 与听众建立清楚分明的关系。
(16) 在演讲时要使用听众的名字。
(17) 用"我们"来称呼。
(18) 让听众产生温暖感。
(19) 让听众扮演一定的角色。
(20) 不轻易用质问。
(21) 采取低姿态。

在别人面前发表言论,你就如同陈列在橱窗中的商品一样——你的各种人格层面,都将一览无遗地呈现在别人面前。由于我们本身不可能是一个人格完美的人,所以,若你表示自己将尽力而为,会令沟通对象产生好感及尊敬。

要做到语言沟通有效,必须遵循以下原则。

1. 目的性原则

沟通是一种传递信息的手段,要为其目的服务,语言沟通也不例外,要遵循目的性原则。如需要别人帮忙、请求别人的谅解、命令对方行动、从对方处获取信息、改善双方的关系等,这些目的都可以通过有效的语言沟通来达到。

2. 情境性原则

情境是指语言沟通过程中所涉及的时间、地点、沟通双方的状态等因素组成的沟通环境。适当的沟通环境会对沟通效果的提升起到积极的推动作用。相反,如果沟通环境不合适,如沟通环境与语言沟通的方式不相匹配,则会对语言沟通目的的达成起到制约作用。

小贴士

选择沟通环境的原则

(1) 沟通场所大小适宜。
(2) 沟通场所要无噪音及干扰物。
(3) 沟通人员的座位要安排适当。
(4) 沟通场所的光度和温度要适宜。
(5) 备有各种必要的设备。
(6) 重视精神环境而慎选时机。

3. 正确性原则

语言沟通的正确性是指语言表达中要符合相应的语言规范,也就是要符合语法习惯。任何语言只有遵循语言规范,才能被准确无误地接受和理解,否则就容易造成沟通中的障碍。

4. 得体性原则

正如在社交场合要求穿着得体一样,语言沟通中同样要遵循得体性原则。东方语言是一种高情境的语言,相同的语言可能会因为表达方式的不同,受众所解码出的信息大相径庭。

小贴士

沟通的技巧

(1) 赞美行为而非个人

举例来说,如果对方是厨师,千万不要说:"你真是了不起的厨师。"他心里知道有更多厨师比他还优秀。但如果你告诉他,你一星期有一半的时间会到他的餐厅吃饭,这就是非常高明的恭维。

(2) 通过第三者表达赞美

如果对方是经由他人间接听到你的称赞,比你直接告诉本人更多了一份惊喜。相反的,如果是批评对方,千万不要通过第三者告诉当事人,避免加油添醋。

(3) 客套话也要说得恰到好处

客套话是表示你的恭敬和感激,所以要适可而止。有人替你做了一点点小事,你只要说"谢谢""对不起,这件事麻烦你了"即可,至于"才疏学浅,请阁下多多指教"这种缺乏感情的客套话,就可以免了。

(4) 面对别人的称赞,说声"谢谢"就好

一般人被称赞时,多半会回答"还好!"或是以笑容带过。与其这样,不如坦率接受并直接跟对方说"谢谢"。有时候对方称赞我们的服饰或某样东西,如果你说"这只是便宜货!"反而会让对方尴尬。

(5) 有欣赏竞争对手的雅量

当你的对手或讨厌的人被称赞时,不要急着说"可是……"就算你不认同对方,表面上还是要说"是啊,他很努力。"显示自己的雅量。

(6) 批评也要看关系

忠言未必逆耳,即便你是好意,对方也未必会领情,甚至误解你的好意。除非你和对方有一定的交情或信任基础,否则不要随意提出批评。

(7) 批评也可以很悦耳

比较容易让人接受的说法如"关于你的……,我有些想法,或许你可以听听看"等。

(8) 时间点很重要

千万不要在星期一早上,几乎多数人都会有"星期一忧郁"的症状。另外也不要在星期五下班前,以免破坏对方周末休假的心情。

(9) 注意场合

不要当着外人的面批评自己的朋友或同事,这些话私底下关起门来说就好。

(10) 同时提出建议

提出批评之外,还应该提供正面的改进建议,才可以让你的批评更有说服力。

(11) 避免不该说出口的回答

像是"不对吧,应该是……"这种话显得你故意在找碴儿。另外,我们也常说"听说……"感觉就像是你道听途说得来的消息,有失得体。

(12) 别回答"果然没错!"

这是很糟的说法,当对方听到这种响应时,心中难免会想"你是不是明知故问啊?"所以只要附和说"是的!"即可。

(13) 改掉一无是处的口头禅

每个人说话都有口头禅,但会容易让人产生反感。例如:"你懂我的意思吗?""你清楚吗?""基本上……""老实说……"等。

(14) 去除不必要的"杂音"

有些人每一句话最后习惯加上"啊"等语助词,像是"就是说啊""当然啦",在比较正式的场合,会显得不够庄重、稳重。

(15) 别问对方"你的公司是做什么的?"

你在一场活动遇到某个人,他自我介绍时说自己在某家公司工作。千万别问"你公司是做什么的?"这项活动也许正是他们公司举办的,你要是不知道就尴尬了。也不要说"听说你们做得很好!"因为对方可能这季业绩掉了3成。你应该说"你在公司担任什么职务?"如果不知道对方的职业就别问,因为他有可能没工作。

三、语言沟通的技巧

(一) 巧妙地攀谈

说话时,如果你能使对方谈到他感兴趣的事情,就表示你已经很巧妙地吸引了对方。

此时,你再以问询的方式诱导对方谈论有关他个人的生活习惯、经验、愿望和兴趣等方面的问题。对方如果对你的问题有兴趣,自然愿意叙述自己的一切,他会因为你表示出的关怀备至而开怀畅谈,甚至因此而对你表示出崇敬之意。

少数人的口才可以说是天赋,但多数人的口才却是勤于训练的结果。一个当众不敢说话的人,最大的原因是出于惧怕心理。要使自己成为一个活跃的人,使自己获得成功,关键在于训练自己的口才。自己的理由充分,而别人尽讲歪理,但因为自己的口才拙劣,反而被别人辩得无地自容,这样的事例是很多的。历史上诸葛亮"舌战群儒"和"骂死王郎"就是著名的口才争辩所取得的辉煌成果。我们虽然并不想去做辩士和说客,但必须明白,一个人的一生,离不开言语和沟通。

(二)词必达意

在日常生活中,每个人都免不了会遇到需要自己说几句话的场合,这时候,如果话说得适当,就能使事情获得圆满的结果。擅长说话的人,总可以流利地表达出自己的意愿,也能够把道理说得比较透彻、动听,使别人很乐意地接受;有时候他还可以从谈话中立即判断出对方的意图,或从对方的谈话中得到启示;而且,他能够通过谈话增加彼此之间的了解,和对方建立良好的关系。

我们常常看到一些不擅长说话的人,所遭遇的情形恰恰相反。他们说话时不能完整地表达自己的意图,往往使对方费神去听,而又不能使对方明白他所说的话的意思,这就使沟通出现了困难。遇到有事情和别人洽谈,或有事情需要别人合作的时候,说话流利的人,总可以很愉快地把许多事情洽谈成功;而不会说话的人,其结果却往往是不欢而散。那么,怎样说话才算合适呢?

首先,要正确地发音。对于每一个字,你都必须发音准确、清楚,可以依靠平时的练习、注意别人的谈话、朗读书报、多听广播来达到。

其次,说话的时候要使每一句话都明白易懂,避免用一些生涩的词汇。你不要以为用了这些词汇,就显得自己有学问。其实,这样说话不但叫人听不懂,有时反而会弄巧成拙,引起别人对你的错觉和疑虑,或认为你故弄玄虚。

融洽的谈话,应该以大方、熟练和生动的语言来表达你的意思,使你说的话多彩多姿、扣人心弦。说话的速度不宜太快,也不宜太慢。说话太快会使对方来不及反应,而且自己也容易疲倦。有些人以为话说得快一些可以节省时间,其实说话的目的是使对方领悟你的意思。此外,不管是讲话的人,或者是听话的人,都必须用脑子思考,否则就不能确切地把握说话的内容。当然,说话太慢也是不可取的,既浪费时间,也使人听得不耐烦。

"信口开河""放连珠炮"都是不好的说话方式。"信口开河"并非表示你很会说话,相反,却证明你缺乏诚意,不真实、不负责任。至于说话像"放连珠炮",那只会使人厌烦,因为在公共场合说话,你要顾及周围的安宁,声音不要太大。假如你是与很多人沟通,你要注意自己说话的声音是否每一个人都能听得到。形容一件事或者一个人都必须恰到好处,别以为夸大其词就可以收到预期的效果,事实上,言过其实,必定会受人轻视。

小贴士

说话中字眼的有效运用

(1) 说话要越简洁越好

有些人叙述一件事情,为了卖弄才华,极力修饰语句,用重复的形容词,或用西方语言特有的修饰手法,或穿插一些歇后语、俏皮话,甚至引用经典、名人语录。如果你没有专心注意听他说话,还真摸不着他在说些什么。

有些人费了很大的力气,却使人不知道他在说什么。即使他用了许多华丽的字眼,也不一定能达到应有的效果,反而使人觉得不诚实。

还有些人在说话时东拉西扯,缺少组织和系统,也使人有不知所云的感觉。

如果你有上述的缺点,只要在说话时记住说得简明扼要就行了。在话未出口时,应先在脑子里构思一个轮廓,然后再按顺序一一说出。

(2) 文句不要重复使用

说一句"为什么"就够了,而有些人却要说"为什么?为什么?"答应别人一件事,说一两个"好"就足够了,但有些人却说"好好好好……"或者说"再见再见再见"。

其实这些重复的词汇,在加强语气时才用,一般都不必重复使用。

(3) 同样的名词不可用得太多

无论多么显示才华或新颖的词或句子,用多了就会失去它应有的价值。如某人在解释月球上不可能有生命这一问题时,在短短几分钟内,竟把"从科学的观点上说"这个短语重复使用了二三十次。第一次用花来比喻女人的人是最聪明的,但第二次再用它的人就显得愚蠢了。

我们当然不必每说一事都要创造一个新名词,但在同一时期中把一个词或一句话反复来用,就会使人厌倦。此外,相同的词不可同时形容两件不同的事情。

(4) 避免使用口头禅

当某一句话成为你的口头禅时,你就很容易被它束缚住,以致无论你想说什么,也不管是否适用,都会脱口而出。这种毛病是容易被人讥笑的。你也许爱说"岂有此理""绝对的""没问题",这些和你说的话题毫不适合的口头禅,要尽量避免。

(5) 不说粗俗的字眼

有些人风度翩翩,雍容华贵,但是不开口还好,一开口则满口粗俗话,甚至一些不雅的下流话也随口而出,令人作呕,原有的敬慕之心会顿然消失。可惜的是,有些人并非学识品格不高,不过是疏忽大意,不知改正而已。

你可以用幽默的话来表现你的聪明、活泼和风趣,但不可以用低俗的话来表现。一句不中听的话,会使别人觉得你鄙劣、轻佻和无知。

(三) 适时地结束

说话时最糟糕的情形是,很多人往往沉溺于自己的谈话中,而不知如何结束话题或做一个结论。他们讲起来,就像打开了水龙头,让水一直流个不停。聪明的人,要能够适时、完美地结束话题。

有许多人信口开河,讲得精疲力竭,仍然继续说个不停。你对这种人是否曾有过这样的感觉:"糟糕!那个喜欢唠叨的人又来了。他只热衷于自己的话题,每次一开口就不知道适可而止,真是讨厌!"

这一类喜欢长篇大论的人,不但不受欢迎,而且惹人厌烦。如果我们一次只谈一个话题,并以此问题征求对方的意见,而且进一步请求对方阐明对这一问题的看法,那么我们就一定能赢得对方的欢心,而你也达到了说话的目的。这种说话的态度,不但给予对方发表意见的机会,同时也使自己能专心倾听对方所说的每一句话。要知道,一个善于倾听并且能让对方有说话机会的人,必定能受到众人的爱戴与欢迎。

(四) 看人说话

有一位学者说过这样的话:"如果你能和任何一个人连续谈上10分钟而不使对方失去兴趣,你就是一流的沟通人才。"这句话看来简单,其实也并不容易做到。因为"任何人"这个范围是很广的,他也许是个工程师,也许是个律师,或是教师、艺术家,等等。总之,你能和他谈10分钟并能够使他一直感兴趣,真的不是一件容易的事。不论困难或容易,我们总是要渡过这个难关。常常看到许多人因为对于对方的事一无所知而相对默然,这是很痛苦的。其实如果你肯下功夫,这种痛苦的事情就会减少,你也有可能成为一流的交际人才。

"工欲善其事,必先利其器",这虽是一句老话,但至今仍然适用。所以,首先我们必须充实自己,做到"利其器"。一个胸无点墨的人,当然不能希望他应对如流。学问是一个利器,有了这个宝贝,一切皆可迎刃而解。你虽然不可能对各种专门学问都有精湛的研究,但是对一些常识是有必要掌握的。有了常识性学问,如果能巧妙地运用起来,那么应付任何人10分钟有趣的谈话,想必也不困难。

社会在不断进步,这是你充实自己的很好的机遇。每月所出的各种著名杂志,都是你应该阅读的,这是最低限度的准备工作。国际和国内的动向,一般的经济发展趋势,科学上的新发明和新发现,世界所关注的事件和新闻人物以及艺术名作、电影戏剧等内容,皆可在每日的报纸和每月的杂志中看到。

你不能对每一种人都谈论同样一件事。一个科学工作者,不会对做生意感兴趣。同样,一个生意人,对他谈哲学的大道理,他也不一定有兴趣。

这里有一个小笑话:某君以口才伶俐而见长。有人向他求教交谈有什么诀窍,他说:"很简单,看他是什么人,就跟他说什么话。例如同屠夫就谈猪肉,对厨师就谈菜肴。"那位求教的人又问:"如果屠夫和厨师都在座,你谈些什么呢?"他说:"我就谈红烧肉。"

从上面的故事中可以看出,我们要成功地应付社会上形形色色的人,就要具备多方面的知识。如果你能做到这一点,那么应付各种人物自然就能得心应手了。虽然不一定要样样精通,但运用全在你自己。你不懂法律吗?但遇到了律师,你不妨和他谈最近发生的某件案子或提供给他案情(这全是从报纸上看到的),其余的问题就让他去说好了。

日本东京有一家美容院,生意兴隆为当地之冠。有人便问他们生意兴隆的原因,院长坦率地承认,这完全是由于他的美容师在工作时善于和顾客攀谈之故。但怎样使工作人员善于说话呢?"简单得很,"院长说,"我每月把各种报纸杂志买回来,规定各职员在每天早上工作前一定要阅读,就当日常功课一样,那样他们自然会获得最新鲜的谈话材料,攀谈时就会博得顾客的欢心。"

这不过是千百个例子中的一个。知识是任何事业的根本,你要使谈吐能适应任何人的兴趣,更要多读一些书刊杂志,使天地间的知识储存在你脑海中,一旦到应用的时候,就可以有选择地打开话匣,与人对答如流了。

第二节 非语言沟通

非语言沟通主要是指借助语言之外的肢体、人际空间距离、超语言和类语言,同时也包括衣着、灯光、颜色、气味等,作为人际沟通的媒介和渠道。非语言沟通具有不同于语言沟通的特点,在人际沟通中发挥着重要作用。

研究发现,在面对面的交流中,语言传递的信息量只占7%,非语言传递的信息量占93%。生理和心理学的研究结果也表明,人们获取外部信息的渠道是:80%通过视觉,20%通过听觉及其他渠道。

一、非语言沟通的特点与功能

(一)非语言沟通的特点

1. 无意识性

例如,与自己不喜欢的人站在一起时,保持的距离比与自己喜欢的人要远些;有心事时,不自觉地会给人忧心忡忡的感觉。

正如弗洛伊德所说,要了解说话人的深层心理,即无意识领域,单凭语言是不可靠的,因为人类语言传达的意思大多属于理性层面,经理性加工后表达出来的语言并不等于存在于心中的声音。

2. 情境性

与语言沟通一样,非语言沟通也展开于特定的语境中,情境左右着非语言符号的含义。相同的非语言符号,在不同的情境中会有不同的意义。同样是拍桌子,可能是"拍案而起",表示怒不可遏;也可能是"拍案叫绝",表示赞赏至极。只有联系具体的沟通情景,才能了解其确切的含义。

3. 可信性

当某人说他毫不畏惧的时候,他的手却在发抖,那么我们更相信他是在害怕。根据英国心理学家阿盖依尔等人的研究,当语言信号与非语言信号所代表的意义不一样时,人们相信的是非语言所代表的意义。

由于语言信息受理性意识的控制,容易作假,人体语言则不同,人体语言大都发自内心深处,极难压抑和掩盖。没有人可以隐藏秘密,假如他的嘴唇不说话,则他会用指尖说话。一个人的非言语行为更多的是一种对外界刺激的直接反应,基本都是无意识的反应。

4. 个性化

一个人的肢体语言,同说话人的性格、气质是紧密相关的,爽朗敏捷的人同内向稳重的人的手势和表情肯定是有明显差异的。每个人都有自己独特的肢体语言,它体现了个性特征,人们时常从一个人的形体表现来解读他的个性。

(二)非语言沟通的功能

(1) 使用非语言沟通符号来重复语言所表达的意思或起加深印象的作用,如人们使用语言沟通时,附带有相应的表情和其他非语言符号。

(2) 替代语言,有时候某一方即使没有说话,也可以从其非语言符号,如面部表情,看出他的意思,这时非语言符号起到代替语言符号表达意思的作用。

(3) 非语言符号作为语言沟通的辅助工具,又作为"伴随语言",使语言表达得更准确、有力、生动、具体。

(4) 调整和控制语言,借助非语言符号来表示交流沟通中不同阶段的意向,传递自己的意向变化的信息。

(5) 表达超语言意义,在许多场合非语言要比语言更具有雄辩力。高兴的时候开怀大笑,悲伤的时候失声痛哭,当认同对方时深深地点头,都要比语言沟通更能表达当事人的心情。

二、非语言沟通的类型

要想与他人建立良好的沟通,就需要对非语言符号及其使用意图有所了解。但是,非语言符号多种多样、丰富多彩。心理学家通过研究发现:仅是人的脸部,就能做出大约25万种不同表情,再加上由于文化、性别、职业、时代等造成的差异,要想对此驾轻就熟并不是一件简单的事情,但如果我们掌握了一些最主要的非语言符号,便会对人际沟通交往大为有利。

(一)肢体动作

肢体动作也常被称为体态语言,是非语言沟通中最为人们所熟悉的,肢体动作的主要类型有:眼神、面部表情、手势、坐姿、站姿与步态。

1. 眼神

眼睛是心灵的窗户。在人的五官当中,眼睛最能传达或者泄露心灵的秘密。还有人说"眼睛会说话",凡此种种都是在说明眼神在人际交往中的神奇功能。

美国电影《胜利大逃亡》中当轮到德军足球队罚点球时,那位盟军的守门员一语不发,却用一种愤怒、仇恨、无坚不摧的目光直盯着对方,看得德军主罚队员丧魂落魄,胆战心惊,因此踢出的球疲软无力,被守门员轻易接到。可见,眼神有时会有一种摄人魂魄的震慑力量,使心虚的人望之丧胆。

炯炯有神的目光是对生活和事业充满热情的表现,麻木呆滞的目光是对生活心灰意冷的反应。心怀博大、正直的人,眼睛是明澈坦荡的;心胸狭窄、虚伪的人,眼神则显得狡黠、阴诈。故弄玄虚人的眼神,乃是骄傲自大的体现;神秘莫测的眼神,则是狡猾奸刁的标志。坚定执着的目光,是志怀高远的表示;飘忽不定的目光,是为人刻薄浅薄的流露。如剑出鞘、灼灼逼人的目光,是正派敏锐心理的写照;如蛇蝎蛰伏、灰冷阴暗的目光,是邪恶刁钻的表露;坚毅的眼神,预示着自强自信;晦哀的眼神,则预示着自毁自堕。眼神是多样的,表达的情感也是复杂多样的。

一个人的目光游移不定,说明这个人也许心怀鬼胎,也许神志恍惚,也许性格怯懦,缺乏足够的自信心,怀有自卑感;而目光坚定有神,则显示了这个人的自信心或良好的精神状态;突然睁大眼睛,则可能是有什么东西或所谈论的话题激起了他的兴趣、好奇心或对他至关重要;眯起眼睛成一条线,说明有什么东西引起了他的思考或警惕;斜斜地、快速地一扫,说明他对此并不在意甚至瞧不起。一般认为,躲闪目光的人性情怯懦,等等。

如果你在与人谈话时,希望别人也能参与其中,则可以在你谈话停顿的时候正视一下对方。如果不希望自己的讲话被别人干扰,要么你就此停止发言,要么你可将目光不停地在那些人身上扫视,或者干脆将目光停在那个地方,知趣的人都会马上集中注意力来听你的高见了。有经验的教师都很会用这种目光来对付在课上不认真听讲、小声讲话或者做小动作的学生。

目光也可以用来表示彼此的距离。有人用目光"拒人于千里之外",表示自己与他人的距离。目光也可以表现出对别人不屑一顾,显示自己的优越感。

通过闪避视线接触,可以表示自己处于卑屈地位。如在对方的瞪视之下垂下视线,表示退让和服从。人在遇到困难或感到恐惧时,会通过长时间地凝视来向别人求援,这往往可以增加得到帮助的可能性。

2. 面部表情

在所有的身体姿态中,人们了解最多的就是面部表情。因为,常人的喜、怒、哀、乐、爱、恨、痴、狂往往会形之于色,令人一望即知。面部表情最为直观地展示出了人们的心理状态及其变化过程。脸部表情,可以说是心理变化的晴雨表。

俗话说:"人逢喜事精神爽。"如果春风得意,必定是双眉舒展并面带笑容;如果内心悲哀,则必定是双眉紧锁、脸带愁云;如果是怒火中烧,一般来说会脸红脖子粗,面部肌肉抽搐不止,双眉竖立、做咬牙切齿状;如果是有愧于心,也许会脸热心跳,呼吸急促,两耳发热,脸上多半会出汗,这就是古人为什么用"汗颜"来形容羞愧的道理;如果是恐惧,通常会脸色苍白,体温下降,呼吸不畅,嘴唇颤抖……不一而足。

第十一届美国总统林肯曾说:"一个人到了四十岁以后,就要为他的长相负责。"相貌虽是父母所赐,但一个人的生活经历、学识修养、品格习性,也会在脸上留下痕迹。这也正如俗话说的:"善人有善相,恶人有恶相。"一个人心地善良宽厚,还是邪恶狡诈,热情随和还是冷漠高傲,是乐于交际还是孤僻不合群,甚至一个人从事何种职业,很多时候是可以从面部表情分辨出来的。

人类的笑是面部表情最主要的一种形式。通常一个人在高兴时,嘴角后伸,上唇提升,双眉展开,两眼放光,即所谓笑容满面。

从早到晚,从生到死,一个人在一生中笑过多少次,很难计算。人类笑的种类也达几十种之多,如微笑、开怀大笑、甜蜜的笑、愉快的笑、顽皮的笑、嘲讽的笑、含羞的笑、偷偷的笑、神秘的笑、歉意的笑、幽默的笑、自嘲的笑、阴险的笑、伪善的笑、温和的笑、惬意的笑、自满的笑、鄙夷的笑、逗趣的笑、无奈的笑、憨笑、傻笑、强笑、狞笑、冷笑、谄笑、干笑、苦笑,等等。在不同的笑容后面,隐藏着不同的思想信息,具有不同的含义。

心理学家指出:对于那种嘴唇完全向后拉、唇部形成长椭圆形的笑容要留神。这种笑容其实就是所谓的"皮笑肉不笑",这完全不是一种发自内心的笑容。当一位下属不得不向上司献媚、讨好时,当一个人假装欣赏别人的言论或举动时,当一个男人对身边的女性不怀好意时,常常露出的就是这种笑容。

然而,微笑却是一种典型的会心的笑。当我们静坐独处,回想起儿时一件有趣的往事时;当我们对自己所取得的阶段性的进步感到满意时,都会情不自禁地微微含笑;微笑也是一种社交的礼貌表示。在初次相识时,在舞会、聚会等社交场所,人们往往用微笑来表示自己的端庄和严肃,以及对别人的接纳和尊重。

在拥挤的餐厅,当你挨着一个陌生人坐下时,你很可能会首先冲他微微点头一笑,意思是说:"对不起,我只能坐在这里了,因为别处没空位。"在公共汽车上,你踩了别人一脚,你会立刻致以歉意的一笑,意思是:"实在对不起,我不是故意的,请你原谅!"当朋友把令他愉悦的事讲述给你时,纵然你当时本来心境不佳,但是,你也会出于礼貌和友情而为他展露出笑容;同样的,你正处于苦恼之中,但是,当你的上级领导出现在你面前时,你也很可能会赔上笑脸。

笑,能传递愉快;笑,能打破僵局。相比较而言,会笑的人,在社会交往中比严肃的人有更大的优势,更有利于促进人际关系的和谐和增进朋友情谊的发展。

小贴士

> 研究者认为,人说谎时瞳孔会放大,儿童则常常会眨眼睛,9岁以下的儿童想说谎却怎么也说不像。

3. 手势

人们在讲话时常配以手势表意表情。比如高兴时,手舞足蹈;愤怒时,握紧双拳或拍案而起;表示敢作敢当时,用手拍胸脯;表示懊悔时,拍大腿;手指轻敲桌面是由于内心烦躁不安;手指发颤是内心不安、吃惊的表现;手臂交叉可能是一定程度的警觉、对抗的表示。

在社会生活中,人们还常常用一些约定俗成的手势来代替语言行为,如招手表示让对方过来;摆手表示不要或禁止;挥手表示再见或致意;竖大拇指表示第一或称赞;伸小指表示最小或厌恶;摊开双手表示无能为力;鼓掌表示赞扬或欢迎,等等。若男性喜欢夹杂着手势说话,说明这个人多少有点骄傲自持。一旦别人持相反意见,便容易生气。若是女性喜欢用手势表达,则意味着她个性活泼,喜欢照顾别人。

握手,是人们经常用到的一种手势,由于交际背景不同,彼此关系的性质不同,同样是握手却传递着不同的信息。美国著名盲人女作家海伦·凯勒曾写道:"我所接触过的手,虽然无音,却极有表现性。有的人握手能拒人千里,我握着他们冷冰冰的指尖,就像和凛冽的北风握手一样。也有些人的手充满阳光,他们握住你的手,使你感到温暖。"海伦·凯勒对握手带给人的感觉表述得很精彩。事实的确如此,握手的力量、姿势、时间长短能够表达出握手人的不同态度和思想感情。

如主动伸出手,显得热情大方,是性格外向的人,可以认为他不仅有丰富的社交经验和交际能力,而且有较强的自信心。相反慢出手则表示不情愿、冷漠或者害羞。紧握对方的手,眼睛看着他的脸,对方会感到你从心底里尊敬他、欢迎他;相反,如果轻轻握着对方的手,眼睛又看着其他人,如此漫不经心的握手显得轻狂、不真诚,对方会感到难受、不满。握手十分用力,而且时间较长,表明对对方感情很深,或者是有某种需要。

通过握手传递某种微妙的信息,有时甚至胜过有声的语言,具有很强的感染力。如朋友的亲属去世了,你前去探望,虽然彼此相对无言,但两手相握(有时甚至是两双手紧紧地握在一起),彼此心照不宣,你对于死者的怀念,对朋友的安慰之情,你心底的感情激流,对方已经心领神会了。再如与好友离别时,彼此握住对方的手,叮咛、话别,直到列车开动了才依依不舍地松手,这样很自然地就把自己惜别的深情注入了对方的心田,留下了永难忘却的美好回忆。

触摸是指通过皮肤的接触进行沟通的一种方式。研究表明,皮肤接触与心理状态有密切的关系,接触对方身体可以起到巨大的心理沟通作用。如婴幼儿与母体的皮肤接触能使其有十足的安全感;恋人之间的皮肤接触产生亲密与爱意感;多年不见的好友不期而遇,双方紧紧地拥抱在一起,充分表达了多年不见的思念、往日的情感以及相见的兴奋与激动。

人体触摸所表达的情感归纳起来主要有以下三点:一是表示亲近、关系密切;二是表明一种关怀和服务,如医患之间的触摸;三是表明爱意。当朋友或同事的亲属去世时,如何安慰对方?此时大多通过触摸的方式来进行沟通。大多情况下,都是默默地站在朋友的身旁,紧紧地握住对方的手或双手搭在对方的肩上。这种触摸能使失去亲人的人感受到同情、安慰和关切。一个病人来到门诊部,医生如果在询问病情时用手轻轻地触摸一下病人的额头,既了解了患者的体温,又会使病人感到关切和良好的服务。

4．坐姿、站姿与步态

在与人交谈时,坐的姿势要端正、自然、大方。不论坐在椅子上或沙发上,最好只坐一半,上身挺直。坐的时间长了,可靠在座椅上,但不可双脚一伸,半躺半坐,更不可歪斜地靠着。坐时,两腿要并拢或稍分开。男性可跷二郎腿,但脚不可抖动;女性小腿可交叉,但不可伸直。落座要轻要稳,落座后两眼要平视,注意你的交谈者或发言者。

对于一个人的坐姿而言,若他的身体略微倾向交谈的对方,并伴随着微笑、注视等,是在表示热情和兴趣;微微欠身表示谦恭有礼;身体后仰表示若无其事与轻慢;侧转身子表示厌恶和轻蔑;背朝别人表示不屑理睬。

正确的站立姿势应该是表情自然,闭嘴,颈部挺直,收下颏,挺胸,收小腹,臀部略突出,两臂自然下垂,上臂稍向后,双手自然放松,两腿并拢,足跟靠拢,足间夹角为 $45°\sim60°$,身体重心在两足中间脚弓前端的位置上。站的时间长了,腿及手臂的动作可以有所变化,如允许两腿略微分开或呈丁字步,重心可以在两条腿上,也可以放在一条腿上,手臂可弯曲在体前交叉,也可以自然下垂在体前交叉,但头部及上体要始终保持正确的姿势。

步态,即走路的姿态。无论男女,手插进口袋或裤袋都不雅观。脚步要干净利索,有鲜明的节奏感,拖泥带水、重敲如锤都不宜。几个人一起走时,力求步伐协调,过快或过慢显得与大家格格不入。走路步伐要分场合,脚步的轻重、快慢、幅度及姿势,必须同出入的场合相宜。上下楼梯时,上身均应保持挺直,且靠右侧行走,勿低头看楼梯,眼睛应平视前方,落脚要轻,并且要用眼睛的余光找好每一步落脚位置。不要弯腰驼背,不要手扶楼梯,注意在楼梯行走时与他人的距离。上下楼梯要保持头正、背直、收腹、胸微挺、膝部自然弯曲的姿态。

以上罗列了一些常见的肢体动作及其象征意义。人的体态语言并不神秘,其实,在日常生活中,有许多体态语言是我们所熟知的,只不过是很多人只是无意识地做出反应而没有认真想过。如果大家有兴趣,建议进一步去阅读有关非语言沟通方面的专门著述,当然,更重要的是应在实际的生活中加以用心观察和把握。

(二)人际空间距离

在非语言符号系统中,人际空间距离是一种特殊的无声语言,对人们传达情感和思想、建立关系具有重要的作用。若想与他人顺利交往,懂得对方的空间语言是十分必要的。缺乏对他人空间语言的了解,势必会引起误会和争执。比如在阅览室里,当你发现某个座位上放着一块手帕或一本书时,你就会自动地寻找另一个座位,因为那个座位上的东西无声地暗示已有人占用了这个座位,如果你视而不见硬去强占,定会引起物主的反感与恼怒。

小贴士

> 社会地位不同,交往的自我空间位置也有差异。

人际空间距离的远近受文化背景的影响。一般而言,在个人要求的空间范围方面,中国人和日本人(甚至大多数亚洲人)要比西方人小得多。中国人在与西方人交往时,总认为西方人与他们的身体距离拉得过大,使人感到不好接受,不那么友善。

人际空间距离的远近因性别而异。男人需要的"安全圈"要比女人大一些,特别是同性之间更是如此。相形之下,女人的"戒心"不强,在大街上她们更喜欢拉手搭肩而行,甚至是陌生人之间,都可以表现得亲亲热热。若干男人处于一间小屋里,会令他们焦躁不安,情绪易于冲动,而同等数目的女性,依然在那间屋子里,反而会使她们的关系更加亲密融洽。女性往往靠在她喜欢的人的旁边,而男性则选择在他喜欢的人对面坐着。女性最反感陌生人坐在自己旁边,男性则最不喜欢陌生人占据自己对面的位置。

人际空间距离的远近受到场所的制约。在非常拥挤的公共汽车上或繁华的闹市中,人们已不存在私有和公有空间,素不相识的人挤挨在一起。但是,请注意:此时人们常常会把视线转移到别的地方,一般不会四目相对,从而达到自己心理上自我意识的空间。

最主要的是人与人之间的空间距离远近因双方关系亲疏不同而各异。两个陌生人之间的空间距离比两个熟人之间的空间距离远;一般关系中的人交往比好朋友会站得远;一般同志关系的人交往会比情人幽会站得远。此外,两个人的关系不同,选择的方位也不一样。两个人如果是合作办事,往往会站在一边;相反,两个竞争者往往是面对面的。在谈判中,双方代表总是分别坐在桌子的两边。

美国心理学家霍尔教授把一般人常用距离划分为亲密的距离、私人的距离、礼貌的距离、一般的距离四种不同情况。

(1)亲密的距离,即亲昵区,在0～0.45m之间,这种距离通常是在极亲密的亲人和朋友之间。

(2)私人的距离,即亲近区,在0.45～1.21m之间,朋友间非正式接触,两个熟人在街上遇到停下来聊聊天,常采用这种距离。

(3)社会的距离,即社会区,在1.20～3.00m之间,这种距离通常是人们处理非个人事务时采用。例如接见并不很熟的客人、家庭主妇礼貌地见店员或送货员,这种距离也用于较正式的社交和业务往来,一个公司经理常用一张大办公桌子与职员保持这种距离,表示高人一等。在办公室中接待来宾也常保持这种距离。

（4）一般的距离,即公众区,是正式场合公开讲话的距离,如老师对学生讲话或者领导人对部下讲话,常采用这种距离。

（三）辅助语言和类语言

辅助语言或称副语言,是指语言的非词语方面,它包括发声系统的各个要素,如音质、音量、声调、语速、节奏等。它所关心的是事物如何被说出来,而不是说什么。它是语言表达的一部分,不是语言的词语本身。在人际沟通中,辅助语言对于提高语言表述的意义和艺术性具有十分明显的作用,它可以表达语言本身所不能表达的说话者的情绪状态和态度。

在日常生活中,有时我们要形成对于一个人的印象,在很大程度上是根据对他的讲话声音的感知,特别是在缺乏视觉信息时。打电话就是很典型的情境。打电话时,对方的声音是决定我们对他印象的关键。这时,对方说什么固然重要,但是他怎么说,如他的音调、节奏、音量大小以及语气等,同样具有很大影响。可以从他的声音中判断出他的性别、年龄、当时的情绪状态,甚至判断出他的才能、兴趣、外貌和人格特质。虽然这种判断常常不够准确,但是,当我们接触陌生人时,我们还是会不由自主地从他的声音来评价这个人。

一般来讲,人们会放大声音谈话,以便在远处或吵闹场合能被听到；在生气时人们会大声讲话；在充满爱意时则轻声低语,在悲哀时音调低沉、吐字慢；在快乐、害怕或紧张时可能语速比较快；而在不确定或强调重点时,语速比较慢。一个人在想掩饰什么时,有时会不由自主地降低声音或故意说得含混不清；有时则故作镇静,反而提高声音。刺耳、严厉的声音往往意味着生气；柔和的、带有气音的音质往往意味着善意和邀请；嗡嗡的鼻音常与抱怨和哀怨连在一起。

在什么场合,同什么人谈话,应采用什么语调,是快是慢,是高是低,是缓和是犀利,产生的效果会很不相同。请看下面几句话,其中画线处表示重音。

我知道你会唱歌。（别人不知道你会唱歌）

我知道你会唱歌。（你不要瞒着我了）

我知道你会唱歌。（别人会不会唱歌我不知道）

我知道你会唱歌。（你怎么说不会呢）

我知道你会唱歌。（会不会唱戏我不知道）

由上述可见,不同的重音表达着不同的含义。

类语言是指无固定意义的发音。如说话中的停顿、咳嗽、哭声、笑声、叹息、呻吟以及各种叫声。类语言对于语言意义的表达和情感意义的表露影响很大。

（四）装饰性符号系统

装饰性符号系统主要包括衣着、颜色、气味等方面。俗话说:"人凭衣裳马凭鞍。"同样一个人,穿着粗俗不堪不会给人以美感,针对自己的身材、年龄、性别、身份等特点精心选择适度的服饰,会使人平添几分风采,在交往中给人造成良好的第一印象。

衣着的选择会传达出某种信息,在人际沟通中,人们会根据一个人穿着的方式来辨别一个人的职业、出身、家境,而且会通过衣着来判断对方的性格、人品、情绪和作风。过去,人们往往以为穿西装、佩领带的人很风流,穿牛仔裤的人十分开放,穿所谓奇装异服的人必定不正经。

当然,衣着确实具有一定的心理学与美学意义。一般来说,深沉、稳重的人,穿戴比较庄重、大方;活泼开放的人,穿戴往往新颖别致。但是,没有绝对的标准,人们根据自己所处的文化背景、生活条件、个人的审美价值定向和爱好做出不同的选择。无论如何,衣着都在一定程度上反映着人的心理特征和社会特征,在一定程度上影响着人际沟通。

颜色在人际沟通中也有一定的作用。颜色包括人的肤色、装饰物的色泽和环境的色调。在种族歧视的社会里,肤色是影响人际沟通的一个重要因素。不同肤色的人种沟通的效果与同一肤色的人种沟通的效果很不相同。即使在同一种族,肤色好看的人更逗人喜爱,往往被认为修养更好、地位更高贵。

不仅如此,由于受社会文化和个人理解的影响,人们还对不同颜色赋予了不同的含义。比如在我国,红色是吉庆、热情的象征,同时,因为血是红色,红色意味着流血,引申为革命。绿色一般是生长中的植物的主色,因此绿色代表着活力、生长、宁静、青春。蓝色是天空和深水的颜色,能给人静止、平缓、安定、忧郁等感觉,同时因为冰雪常给人以浅蓝的错觉,蓝色也有冰凉的意思。而黑色来自黑暗体验,使人感到神秘、恐怖、空虚、绝望,有精神压抑感。同时一直以来人类对黑暗有所敬畏,所以黑色有庄重肃穆感。

与颜色相联系的光线,对人际沟通也有一定的影响,在不同的色泽、光强度下,人们的心理反应是不同的,沟通行为和效果也就不同。一般而言,选择在光线柔和之处并配有优美轻松的音乐,其沟通效果最佳。

在人际沟通中,交际者身上的气味对于对方的心理感受也有很大影响。人们往往对狐臭者、口臭者、汗味重者,或者口中散发大蒜、生葱味道的人敬而远之。

在人际沟通中的自我修饰也是必要的,庄重得体、适合时宜的化妆修饰既显示自尊自爱,也是对对方友好尊重的表示。

"爱美之心,人皆有之。"人际沟通活动中,美感是第一吸引因素。每一个沟通者大概都希望对方是完美的,无论是容貌服饰、言谈举止,还是个人道德修养。然而事实并非如此,世上才高八斗貌若潘安的人毕竟是少而又少,大多数人都是普通人。要符合大众审美标准,被别人接受和欢迎,就要加强自我修饰,不断完善自己。

容貌修饰一般有两种方法,一种是整容,一种是化妆。整容效果显著,一劳永逸,但是风险大,费用高,个人不能完成。化妆则简单易行,成本较低,又无毁容风险,是广大女士喜欢采用的一种自我修饰方法。

化妆的目的是使自己容貌更美丽,所以要扬长避短,突出优点,修饰不足。化妆的基本原则是和谐自然,整洁雅致,要符合自己的年龄、身份、职业。要考虑妆后参与的场合。如果是日妆或者是工作妆,宜淡不宜浓,宜自然不宜夸张。不能浓妆艳抹,弄得面目全非。唐人"却嫌脂粉污颜色,淡扫蛾眉朝至尊"之说就是对淡妆的肯定。化妆的最高境界就是了无痕迹。

三、正确解读和运用非语言

非语言在沟通中的所占比例较大,表明了非语言行为比语言本身传递的信息量更大,而且更可信、更有效。那么在实际交往中，准确解读和运用好非语言行为以达到最佳的沟通效果就显得十分重要。

（一）非语言沟通的态度要求

非语言沟通在整个人际沟通中占有十分重要的地位，即使是语言沟通，有时也要通过表情、动作等非语言行为来体现沟通内容。为了达到更好的沟通效果，应采取以下态度。

1. 自然、放松、大方

非语言行为的运用，说到底是为了配合语言进行更好的沟通。要达到这个目的，沟通时首先应做到自然、放松、大方。只有这样，才能使信息、情感真实地流露出来，沟通双方也才能较准确地捕获和把握彼此的信息和情感。如果非语言行为运用得扭曲变形，或装腔作势，该用时不用，不该用时乱用，都会是滑稽可笑的。

2. 相互尊重、礼貌待人

我国古代思想家墨子提出过"兼相爱，交相利"的交往原则，意思是说，人们在交往中要相互尊重、互惠互利。人作为社会的主体，自我展现追求认同的欲望是普遍存在的心理需求，但展现自我需要控制在大家的自尊心能够承受的限度，也就是说，要想展现自我、追求认同，必须尊重他人、以礼相待。只有这样，才能更好地展现自我，追求他人的认同，以实现沟通。因此，沟通中，不管用何种非语言行为，都应以相互尊重、礼貌待人为基础，如站要有站相，坐要讲究坐姿，沟通时要面对面等。

3. 坦诚、平等

美国社会心理学家皮注森曾以问卷的形式做过社会调查，问卷结果表明，人们评价最集中、也最喜欢的人是真诚的人。在社会活动中，人们总是喜爱那些坦诚可靠的人，这是个心理规律。也就是说在人际交往中，我们运用非语言进行沟通，应该做到坦率、真诚，把自己真实的需要传递给对方。

沟通双方要坦率相待。因为就其沟通本身来讲，沟通双方的地位都是平等的。要想运用非语言达到预期的沟通效果，就要把心态放正，以平等的态度对待沟通的对方，才能实现沟通；盛气凌人，欲把自己的信息、情感强加于沟通对方，都是不利于沟通的。

> **小贴士**
>
> 俗话说："十里不同风，百里不同俗。"沟通中要时时注意观察和学习。

（二）说话语气及音色的运用

在人际沟通过程中，语言传递的信息、思想、情感所占的比例是不同的，更多的信息、情感是通过肢体语言传递给对方的。所谓的肢体语言不仅包括动作、表情等，还反映在说话的音色和音量及必要的抑扬顿挫上。不同的声音会产生不同的沟通效果。音色、音量给对方留下的是一种思想感情，而不是简单的信息。这就要求沟通双方要依据谈话的内容及沟通对象来确定所用的音色和语气，注意听觉效果上的和谐和沟通对象的接受程度。

说话时要注意抑扬顿挫，如一句话中你想突出某一地方或某一内容，就应强调其中的一个字,加重其语气;还可以把这个字说得时间长些,如"他不会这样做的",把"他"读的时间长些并重读,表达的意思是:他不会这样做,别人有可能这样做。

(三)眼睛的表情达意

眼睛是心灵的窗户,是内心的透视镜。人际沟通中肯定要有目光的接触和交流,如何运用眼睛表情达意进行沟通呢?应根据沟通对象和沟通场合的不同,决定沟通时用什么方式注视对方的恰当部位。

1. 商务式

商务式沟通一般都很正规,故此目光要注视对方的双眼以上到额头的三角区域。这样表明了既在认真听,又不失威严。

2. 社交式

社交式沟通大多发生在礼仪式场合。这种场合下的沟通,目光一般应注视对方的嘴与双眼之间的三角区域。这种目光给人一种平和的姿态,很容易被对方接受。

3. 亲密式

亲密式沟通主要发生在感情亲密的人之间。这时的沟通目光大多停留在眼睛至胸部的区域内,过高或过低都会使对方不好意思或不知所措。

(四)如何运用面部表情进行沟通

运用好面部表情有助于沟通的顺利进行,达到预期的沟通目的。通常的面部表情主要有喜、怒、哀、乐四种。一般情况下,把握好这四种面部表情基本能应对大多的沟通场合。

1. 喜的面部表情的运用

喜的面部表情极易在面部表现出来。俗话说"人逢喜事精神爽",说的就是当人遇有喜事时,面部显现出的轻松、愉快、精神十足。在实际沟通中,要想表现欢喜的内心,首先要放松面部肌肉,舒展额头,眉毛轻轻上扬,眼睛微眯,嘴角微微上翘。当然,这几种面部动作的运用有一个幅度问题,一般情况下幅度越大,表情越丰富,表现出的内心喜悦情绪越强烈,具体应该用多大的幅度来表现内心的喜悦应根据情景来确定。

2. 怒的面部表情的运用

喜、怒、哀、乐是人之常情。生气时,人们常常会表现出愤怒的面部表情。像面部肌肉紧张、额眉紧锁、怒目圆睁、嘴微微张开、喘息急促、嘴角微微颤动等都属于发怒的面部表情。在实际沟通中,我们应尽可能地降低怒的幅度,以实现顺利沟通。

3. 哀的面部表情的运用

当人们遇到悲痛、伤心之事或遇有挫折时,人心好像背上了十分沉重的负担。这时,在其脸部就会自然而然地表现出一种悲哀的面部表情,如眉毛、眼角、嘴角都微微下垂,面部肌肉也呈松懈状态。实际沟通中遇有这类场景时,要根据沟通的目的,灵活运用哀的面部表情。

4. 乐的面部表情的运用

喜到了一定的程度就会成为乐。当你遇到特别开心的事,仅仅用喜很难表现这种激动心情时,在你的脸部就会"喜笑颜开",肌肉会更加放松,额眉更加舒展,双眼会眯成一道细缝,嘴半张开,嘴角也会上扬。要根据沟通实际情况,适度运用乐的面部表情。

（五）手的动作语言的运用

在沟通中,手的动作运用十分普遍。要恰当地运用好各种手势以达到顺利沟通的目的,必须掌握以下4点。

1. 了解手掌行为沟通的作用

手掌的行为是一种沟通作用很强的肢体语言,一般表现为掌心向上、掌心向下和手掌合拢伸出食指3种情况。

(1) 掌心向上,表示坦诚和服从,不会给沟通对方任何压力和威胁感。

(2) 掌心向下,表示一种优越感和控制欲,易给沟通对方造成高高在上或命令的感觉。

(3) 手掌合拢伸出食指,代表指责、压制或者命令,这种手掌行为易使对方自尊心受到伤害,沟通中慎用。

以上三种手掌行为的运用要根据不同的沟通对象和沟通目的来选择。

2. 正确运用大拇指

(1) 手臂交叉于胸前,大拇指朝上,表示既有防卫意识,又有高傲的感觉,易给对方造成保持较大距离的感觉。

(2) 双手插兜,拇指外露,表示有主见,不会轻易被对方左右,并且有支配和操纵他人的欲望。

(3) 拇指指向身旁或身后的人或物时,含有嘲弄的意味,有时有人谈到自己高兴的事情时,也会以此姿势来表示个人的荣耀。

(4) 拇指和食指相捻,并且不断地摩擦,是谈论金钱时常见的一种信号。一般情况下,很少使用这种盲目的语言。

3. 掌握握手的技巧

握手是最常见的非语言沟通方式,不同的握手方式表示了不同的沟通目的。沟通中要依据不同情况和对象,选择与之相应的、恰当的握手方式(具体握手方式将在礼仪中讲解)。

4. 其他手部姿势的灵活运用

(1) 摩拳擦掌,表示一种急切的心情,是一种积极期待的肢体语言。

(2) 双手交叉相握,掌心相扣,是克服负面影响的一种非语言信号。两手相抵,呈塔形,是一种自信的心理暗示。塔形向上,一般用于发表意见时,塔形向下,一般用于倾听时。

(3) 倒背双手:双手在背后交叉相握,一般表现为自信、狂妄。一只手握住另一只手的腕、肘、臂部,表示自己极力克制着某种感情。握的部位越高,表示心情越紧张。

(4) 双手抱头:双手交叉放于脑后,显示某种强烈的优越感或者自信。

(5) 裸露手腕,露出腕部,是一种积极的心理暗示,以显示自己的实力或威信。

（六）空间和距离的恰当运用

1. 把握好亲密距离

沟通双方的空间和距离在 0～0.45m 之内属于亲密领域。这个距离之内接触的只能是你的亲人或是特别要好的朋友,而且大多有身体上的接触。一般人是不允许闯入这个空间的,否则就会使人感到焦虑不安,因此不要轻易越过这道防线。

2. 把握好人际距离

正常沟通时,人际双方的距离应为 0.45～1.21m 之间。这个距离是非正式交谈时经常保持的距离。这个距离既能和对方亲切交谈,又能和对方保持适当的安全距离,以免双方紧张。这个距离是各种宴会或非正式场合站立交谈时的最佳距离。

3. 把握好社会距离

沟通中有很多正式的社交场合,如谈判、访问等。这种场合下的沟通双方距离应保持在 1.20～3.00m 之间。这个距离能体现双方一定的地位和尊严,而且能使人头脑清醒、理智,从而达成理想的沟通目的。

(七)选择恰当的礼品

馈赠是人际交往中表达感情的常用方式。一份得体的礼品,可以传递对他人的尊重、祝福、关心、喜爱和谢意多种信息。人与人之间,单位与单位之间,国家与国家之间,馈赠都是必不可少的。从传情达意到扶贫济困,从人际沟通到国际关系,馈赠起着十分重要的作用。如何馈赠才能达到最佳效果呢?

"宝剑赠侠士,红粉赠佳人"。赠送礼品等要根据不同对象进行精心挑选或制作。只有礼品选择的合适,才能让受礼者感觉愉快幸福,从而达到馈赠的目的。

1. 选择恰当的礼品和赠送方式

要注意对方的品位和兴趣,如果对方爱好收藏,可以为其选择一些精美独特、别具一格的礼品,或者直接赠送其收藏品。如果对方喜欢体育运动,可以赠送一些体育用品,也可以赠送有品牌或有纪念意义的运动服装。若对方是一位绝对的音乐发烧友,不妨选几张精品光碟赠之。如有可能,赠音乐会的门票也是很不错的,但一定要档次高。

总之要投其所好,物予识家。否则,给从不喝茶的人送碧螺春,给从不沾酒的人送人头马,把姚明的球衣给从来不看篮球的人,馈赠的意义就不大了。虽然馈赠是一种礼仪形式,但毕竟又是传情达意的手段。

赠送礼品的方式有四种:当面赠送、邮寄赠送、托礼品公司赠送、托别人赠送。

2. 馈赠应该注意的问题

(1)赠送别人礼品应该包装起来,而且要尽量精美一些,既显示出赠送者的精心细致,又显示出对受赠者的重视,让对方感到馈赠的情谊。

(2)赠送物品时一定要把礼品上的价格标签除去。现在有人赠送礼品不但不除标签,而且还带上发票,或者告诉对方"不适合可以去换",这样的做法是失礼的。

(3)赠送礼品时要采用站姿,双手递送,面带微笑。如果用一只手塞过去,或者扔过去,看也不看对方会让对方感到被轻视。

(4)语言要得体。"这是我家里多余的""没花几个钱,也不是什么好东西",这样的说法是极不合适的。

(5)礼金最好用专用袋或信封装起来,不能当面清点。

(6)不要将自己不喜欢的物品赠送他人。

(7)送鲜花要注意花语。我国常见的花语有:红玫瑰象征爱情,水仙花象征吉祥如意,牡丹花象征富贵,康乃馨象征母爱、健康,满天星表示纯真、幸运,白百合表示纯洁、可爱,金百合表示信赖、安全、幸福,百合花还有百年好合之意。萱草表示勿忘我,梅花象征坚强、刚毅,向日葵象征光明、自由,荷花象征高洁纯真,兰花表示正气,海棠花表示苦恋,万年青表示友谊长存,杜鹃花表示前程万里……懂得了花语,送鲜花时才不会闹出误会。

(8) 注意谐音禁忌。不要给年长多病之人送钟表,"钟"与"终"谐音;不要给参加比赛的人送书,"书"与"输"谐音;不要给新婚夫妇送梨,"梨"与"离"谐音;不要给好朋友送伞,"伞"与"散"谐音……

(9) 不要给有生理缺陷的人送他们无法使用的东西,这样会伤害他人的自尊心。不要送带有威胁之意的物品,如刀、剪之类物品。

(10) 送礼时不要超越与对方的实际关系。如果男性上司给女秘书送上一套法兰绒内衣,就显得暧昧。

小贴士

非语言沟通的禁忌

(1) 头部

盲目地摇头晃脑

经常性地挤眉弄眼

两眼死盯别人不放或低头听别人讲话

用眼睛四处搜寻别人的房间

板着面孔斜眼看人

抽鼻子,吧嗒嘴

未说话先咳嗽清嗓子,倒吸气

看书报时张着嘴或沾唾沫翻书页

冲着别人打呵欠

无论对方心情如何都对别人傻笑

吸烟时吐烟圈

(2) 手足

情绪一激动就手舞足蹈

把手指掰得叭叭响

数钱用手蘸唾沫,甚至用舌头舔手指

把手指放到嘴里咬指甲

夏天把手伸到衣服里擦汗或搓汗泥

随便用手剔牙

握手时过分用力或毫不用力

说话时用手指点对方

坐在座位上时跷二郎腿或抖动腿

女性交谈时将双腿叉开

与上级或长辈说话时双手交叉或腿叉开

本章小结

本章内容主要涉及人际交往中主要的沟通方式——语言沟通与非语言沟通。

语言作为沟通的工具，最讲究的就是表达得是否有效。无论你出于怎样的目的，都不希望自己的讲话没有效果或者适得其反。说话的目的有四个方面，不论说话者是否意识到，说话一定具有以下四个目的中的一个或几个：引起听者行动；提供知识或信息；引起共鸣、感动与了解；让听众感到快乐。

语言对于人际交往很重要。但是，在人际沟通中，除语言之外，人们还时常运用非语言符号来表达自己的情绪情感、态度兴趣和思想观念。人际沟通始终离不开非语言符号，非语言沟通是人际沟通中不可缺少的一个方面。非语言在沟通中所占的比例较大，表明了非语言行为比语言本身传递的信息量更大，而且更可信、更有效。在实际交往中，准确解读和运用好非语言行为以达到最佳的沟通效果就显得十分重要。

非语言沟通主要是指肢体动作、人际空间距离、超语言和类语言，同时也包括衣着、灯光、颜色、气味等，作为人际沟通的媒介和渠道，非语言沟通具有不同于语言沟通的特点，在人际沟通中发挥着重要作用。

非语言符号在人际沟通中起着重要作用，要想与他人建立良好的沟通，就需要对非语言符号及其使用意图有所了解。但是，非语言符号多种多样、丰富多彩。心理学家通过研究发现：仅是人的脸部，就能做出大约 25 万种不同表情，再加上由于文化、性别、职业、时代等造成的差异，要想对此驾轻就熟不是一件简单的事，但如果我们掌握了一些最主要的非语言符号，便会对交往大为有利。

复习思考题

（1）在日常语言沟通中是否可以开玩笑？
（2）语言的表达如何注意到沟通中双方的关系。
（3）举例说明空间效应在非语言沟通中的意义。
（4）辅助语言指的是什么？举例说明在不同的场合下针对不同的沟通对象应采取怎样的辅助语言进行沟通。
（5）结合实际谈谈非语言沟通的态度要求。
（6）如何用眼睛传情达意？如何恰当地选用空间和距离进行沟通？

案例分析

小王是新上任的经理助理，平时工作主动积极，且效率高，很受上司的器重。有一天早晨小王刚上班，电话铃就响了。为了抓紧时间，她边接电话，边整理有关文件。这时，员工小李来找小王。他看见小王正忙着，就站在桌前等着。只见小王一个电话接着一个电话最后,他终于等到可以和她说话了。小王头也不抬地问他有什么事,并且一脸的严肃。然而,当他正要回答时,小王又突然想到什么事,与同室的小张交代了几句……这时的小李已是忍无可忍了,他发怒道:难道你们这些领导就是这样对待下属的吗?说完,他愤然离去……

问题:

(1) 这一案例的问题主要出在谁的身上?为什么?

(2) 如何改进其非语言沟通技巧?

(3) 假如你是小王,你会怎样做?

实 践 课 程

语 言 沟 通

游戏规则和程序如下。

(1) 将学员分成3人一组,但要保证是偶数组,每两组进行一场游戏,并告诉他们,他们正处于一场商务场景当中,比如商务谈判;老板对员工进行业绩评估。

(2) 给每个小组一张白纸,让他们在3分钟内用头脑风暴的办法列举出尽可能多的会激怒别人的话语,比如"不行""这是不可能的"等,每个小组要注意不使另外一组事先了解到他们会使用的话语。

(3) 让每一个小组写出一个1分钟的剧本,当中要尽可能多的出现那些激怒人的词语。时间约10分钟。

(4) 告诉大家评分标准如下。

① 每个激怒性的词语给1分。

② 每个激怒性词语的激怒程度给1~3分不等。

③ 如果表演者能使用这些会激怒对方的词语表现出真诚、合作的态度,另外加5分。

(5) 让一个小组先开始表演,另一个小组的学员在纸上写下他们所听到的激怒性词汇。

(6) 表演结束后,让表演的小组确认他所说的那些激怒性的词汇,必要时要对其做出解释,然后两个小组调过来,重复上述的过程。

(7) 第二个小组的表演结束之后,大家一起分别给每一个小组打分,给分数最高的那一组颁发"火上浇油奖"。

相关讨论如下。

(1) 什么是激怒性的词汇?我们倾向于在什么时候使用这些词汇?

(2) 如果你无意间说的话被人认为是激怒行动,你会如何反应?你认为是你自己的看法重要,还是别人对你的看法重要?

(3) 当你无意间说了一些激怒别人的话,你认为该如何挽回?是马上道歉吗?

非语言沟通训练一

（1）游戏步骤

① 将学员分成若干组，每组学员5~8名，并每组选派一名组员担任监督员。

② 所有参赛的组员按纵列排好，队列的最后一人到教师处，教师向全体参赛学员和监督员宣布游戏规则。

（2）游戏规则

① 各队代表到主席台前来，教师："我将给你们看一个图片、数字，你们必须把所看到的信息通过肢体语言让自己组里的组员都知道，并且让小组的第一个队员将这个信息写到讲台前的白纸上，写上组名，看哪个组速度最快、最准确。"

② 全过程不允许说话，后面一个队员只能够通过肢体语言向前一个队员进行表达，通过这样的传递方式层层传递，直到第一个队员将这个信息写在白纸上。

（3）小组讨论

谈谈你在这个过程中的感受。

非语言沟通训练二

（1）形式：14~16个人为一组比较合适。

（2）时间：30分钟。

（3）材料及场地：摄像机、眼罩及小贴纸和空地。

（4）操作程序。

① 让每位学员戴上眼罩。

② 给他们每人一个号，但这个号只有本人知道。

③ 让小组根据每人的号码按从小到大的顺序排列出一条直线。

④ 全过程不能说话，只要有人说话或脱下眼罩，游戏结束。

⑤ 全过程录像，并在点评之前放给学员。

有关讨论如下。

（1）你是用什么方法来通知小组你的位置和号数的？

（2）沟通中都遇到了什么问题？你是怎么解决这些问题的？

第三章

人际沟通的基本原则

CHAPTER 3

学习目标

(1) 了解人际交往的基本原则,并能在日常交往中用心体验。
(2) 掌握人际交往的一些技巧,并能灵活运用。
(3) 领会在日常交往过程中人际交往原则和技巧的重要性。

技能要求

(1) 能灵活应用学到的人际交往技巧与各类人接触。
(2) 客观地分析自己的做人原则,并能加以改善。

引导案例

换位思考出智慧——全方位思考问题

有一位少年去请教智者:"我怎样才能成为自己愉快,也能带给别人快乐的人呢?"

第一句是,把自己当别人。

当你欣喜若狂之时,把自己当成别人,那些狂喜也会变得平和一些。

第二句是,把别人当成自己。

这样就可以真正同情别人的不幸,理解别人的需要,而且在别人需要帮助的时候给予恰当的帮助。

第三句是,把别人当别人。

要充分尊重每个人的独立性,在任何情形下都不能侵犯他人的核心领地。

寓言提示了人对自己的认识过程,是一个从自我本位向他人本位转移的过程,而实现这一过程最需要的条件就是换位思考。所谓换位思考,就是从对方的立场和角度考虑问题。在现实生活中,需要我们换位思考的问题比比皆是,如司机与交警、顾客与服务员、家长与老师、老师与学生、批评者与被批评者、上级与下级、干部与群众等。如果能够换位思考,那么看待问题、处理事情、解决矛盾,就会多一些理解、多一些智慧、多一些方法。

换位思考,关键在于设身处地去思考。人们常说瞎子点灯——白费蜡,但如果换位思考,有时就是一种智慧。有一位盲人夜间出门,提着一盏明晃晃的灯笼,行人迷惑不解,忍不住上前问道:"大哥,你眼睛不好使,还打着这个灯笼有用吗?""有用,有用,怎么会没用。"盲人认真地回答。这时,周围聚来一些好奇的人都觉得盲人会很尴尬。没想到,

> 这位盲人的回答令人振聋发聩:"正因为我看不见你们,我才需要这盏灯笼给你们这些明眼人以提示,免得你们在黑暗中看不见我这个盲人,把我撞倒了。"听者心中豁然开朗,都被这位盲人的聪明所折服。而这位盲人手中的灯笼所映照出的智慧,正是换位思考的成功一例。
>
> 换位思考,有时要由己度人,进而才可能做到"己所不欲,勿施于人";换位思考,有时要由此及彼,进而才可能追求"知己知彼,百战百胜"的效果;换位思考,有时要设身处地地考虑个性,进而才可能明白其"萝卜白菜,各有所爱";换位思考,有时要多角度看问题,进而才可能明白"横看成岭侧成峰,远近高低各不同"的哲理。

第一节 人际沟通原则的内涵和意义

人际沟通其实并不困难,只要大家都能够遵守一个共同的原则。人际沟通原则是我们沟通的前提,很难想象沟通双方所遵循的原则不同还能进行顺畅的沟通,并能达成沟通的效果。因此,要想成功地建立良好的人际关系,成功地进行人际交流与沟通,就要在社会生活中了解、遵循和掌握人际交往的基本原则。

一、人际沟通原则的内涵

1. 沟通中应当遵循的行为准则或行为规范

原则就是指经过长期检验所整理出来的合理化现象,是说话或行事所依据的法则或标准。沟通原则是指在沟通过程中,沟通双方或多方应当遵循的行为准则或行为规范。

在现实生活中,人们可能有不同的世界观、人生观和价值观,在不同的生活环境甚至不同的文化背景下成长,可能会养成不同的生活习惯,造成不同的性格特点,具有不同的行为倾向。尽管如此,在沟通过程中评价沟通对象时,大多数人还是有着共同的评价标准,那些多数人都认可的、经得住实践检验的沟通行为准则就形成了沟通的原则。

2. 沟通原则根据一定的伦理道德观念形成

中国汉民族的伦理观念比其他民族发展得早,而且比较完善。孟子说:"使契为司徒,教以人伦:父子有亲,君臣有义,夫妇有别,长幼有序,朋友有信。"就是说,父子之间有骨肉之亲,君臣之间有礼义之道,夫妻之间挚爱而内外有别,老少之间有尊卑之序,朋友之间有诚信之德,这些观念成为某一特定时期人际沟通的行为准则。

孔子讲的"仁义道德"都是从自身做起,自我修身,"反诸求己""己所不欲,勿施于人"。他不仅严于律己,也不去伤害别人。而且它有一个其他文化没有的特点,就是没有宗教色彩。在天道下修身养性,正己为人,它强调的是以德治人。这种宽容文化,任何社会、宗教、国家、民族都可以接受。如此来说,儒家文化作为天下文化当之无愧,它是可以担当对话沟通的平台的。

时至今日,中国的"孔孟之道"还深深地影响人们的日常交往,成为指导人们交际行为的准则。理解别人,为他人着想,这是营造良好的人际关系的关键。无论何事,你希望别人怎样待你,你也要怎样待人,像你期望别人对待你的方式一样对待别人。

3. 沟通原则具有时代特点

值得注意的是，沟通的原则是与时俱进的，具有时代性的特点。不同的社会有不同的社会价值观，也就有不同的社会认知。随着社会的发展，人们的观念也在不断的更新，人们的需求也有不同程度的变化。在不同的社会背景下，法律和道德等会有所不同，一个时期内这样做是对的，而同样的做法放到另外一个时期就可能是错误的，甚至是违法的。

所以，人际沟通的原则也要随着变化着的社会而有所调整。如封建社会遵循的"君臣等级""妇随夫便"的伦理关系，在现代社会中却演变成领导与下级之间、夫妻之间相互尊重、互为平等的沟通原则。

4. 沟通原则具有文化性的特点

中西方的伦理观念具有很大的差异性，因此在处理人际关系上也会有所不同。如中国人特别注重"长幼有序"，而西方人更看重"自由、平等、独立"，因此父子之间常常直呼其名，子女满十八岁便自谋生路，父母也不再干涉其行为，这是他们遵循的沟通原则。但是，随着国际交往的日趋频繁，东方人和西方人对家庭内部的沟通原则也相互融合。现在，一些中国的家庭内对子女的教育反而学习了一些西方人的沟通原则。

5. 沟通原则还具有民族性、地域性特点

所谓"一方水土养一方人"，中国是一个多民族国家，每个区域都有不尽相同的民族习惯。如处于雪域高原的藏民族几乎全民族信教，一些教义教规无形中影响着他们的沟通原则，所以在处理不同民族、不同地域的人际关系中也要尊重本民族、本地区的沟通原则。再如不同的民族都有自己的语言，即使是同一个民族，由于地域的不同，语音也有很大差异。所以当不同民族、不同地域的人们进行交流时，由于语言或语音上的差异，肯定会对沟通造成一定的影响。因此，沟通过程中要注意民族和地域的差异性。

案 例

失败的收购

2005年6月7日中国台湾明基Benq公司收购德国西门子公司附属子公司手机业务，西门子公司也以5000万欧元购入明基股份。但随着明基移动不断亏损，最终申请破产保护。其中最重要的原因是明基没有合理地处理中国文化与德国文化之间的冲突问题。

德国人按章办事，纪律性强，工作稳定，效率高，体系严厉完备，强调法律等明文规定。而中国人相比德国人则没有这么强的纪律性和严谨的态度。

德国人崇尚个人利益，工会权力庞大。而中国人重人伦、轻自然，重群体、轻个人。

德国人以个人能力为基础，往往由高层个人决策。而中国人强调忠诚，多以群体决策为主。

在细节上，中国人偏重事业，在圣诞节前仍然要求加班加点赶计划。而西门子的德国人却无法容忍圣诞节前不能与家人团聚。

二、坚持人际沟通原则的意义

《孙子兵法》有云："上兵伐交，中兵伐谋，下兵伐城。"此"交"即为谈判、沟通，可见古人对沟通的重视。人际沟通原则如同人生的风向标，引导我们为人处世的方向。掌握了这些

沟通原则有利于我们在沟通过程中规范自己的行为，完善自己的人格，更有利于我们鉴别沟通对象、选择合适的朋友。我们应该在沟通中运用这些原则、审视自己的行为、指导自己的沟通实践，以实现有效的人际沟通。

需要注意的是，沟通各个原则之间并不是相互独立的，有些原则之间是辩证统一的关系。如人际沟通基本原则中讲到的"主动沟通""互利共赢"与"适度距离"看起来似乎是矛盾的，但是仔细分析发现三者是辩证统一的。所以我们在人际沟通中，使用单一原则不一定会奏效，只有综合地理解和运用这些原则，才能真正地实现有效沟通。

第二节　人际交往的主要原则

如同莎士比亚所说："我的慷慨像海一样浩瀚，我的爱情也像海一样深沉；我给你的越多，我自己也越富有，因为这两者都是没有穷尽的。"

在社会组织中，有的领导班子关系好，与群众交往密切；有的领导班子不团结，与群众疏远。在家庭中，有的婆媳亲密，全家和睦；有的夫妻不和，婆媳争斗。在日常交往中，有的人朋友遍及五湖四海，有的人是孤家寡人。为什么不同的人有截然不同的人际关系呢？因为人际交往是一门艺术，有原则、有方法、有技巧。一个人原则用得好，方法用得恰当，技巧用得灵活，就会有好的人际关系；相反，就会人情淡薄，关系疏远。

本章的所有原则都是建立在这一基础思想之上的。在人际交往中，以己之心，度人之心，以人之所欲给予满足。这样，你就会为自己架起人际之桥，你就会发现在保持自己自尊的同时，维护别人的自尊；喜欢自己的同时，也用心地去爱护别人；听取别人的意见，适时地赞赏别人，你的付出必有丰厚的回报。

人际关系是一种错综复杂的社会现象，其存在和发展受多种规律所支配。原则也是多种多样的，重点介绍几种主要原则。

一、互相尊重原则

尊重是一缕春风，一泓清泉，一颗给人温暖的舒心丸，一剂催人奋进的强心针。它常常与真诚、谦逊、宽容、赞赏、善良、友爱相得益彰，与虚伪、狂妄、苛刻、嘲讽、凶恶、势利水火不容。给成功的人以尊重，表明自己对别人成功的敬佩、赞美与追求；给失败的人以尊重，表明自己对别人失败后的东山再起充满信心。

尊重是一种修养，一种品格，一种对人不卑不亢、不俯不仰的平等相待，对他人人格与价值的充分肯定。任何人都不可能尽善尽美，完美无缺，我们没有理由以高山仰止的目光去审视别人，也没有资格用不屑一顾的神情去嘲笑他人。假如别人某些方面不如自己，我们不要用傲慢和不敬的话去伤害别人的自尊；假如自己某些方面不如别人，我们也不必以自卑或嫉妒去代替应有的尊重。一个真心懂得尊重别人的人，一定能赢得别人的尊重。

俗话说：种瓜得瓜，种豆得豆。尊重别人就会得到别人的尊重，瞧不起别人反而会被别人瞧不起。

案 例

尊重别人就等于尊重自己

一天下午,一位穿得很时髦的中年女人带着一个小男孩走进美国YL集团总部大厦楼下的花园,他们坐在一张长椅上,女人不停地在跟男孩说着什么,一脸生气的样子。不远处有一位白发苍苍的老人正在打扫垃圾。

小男孩终于不能忍受女人的大声责骂,伤心地哭起来。女人从随身挎包里揪出一团白花花的卫生纸,为男孩擦干眼泪,随手把纸丢在地上。老人瞅了中年女人一眼,她也满不在乎地看了老人一眼,老人什么话也没有说,走过来捡起那团纸扔进一旁的垃圾桶内。

女人不停地责骂,男孩一直都没有停止哭泣。过了一会儿,女人又把擦眼泪的纸扔在地上。老人再次走过来把那团纸捡走,然后回到原处继续工作。老人刚刚弯下腰准备清扫时,女人又丢下了第三团卫生纸,就这样,女人最终扔了六七团纸,老人也不厌其烦地捡了六七次。这时女人突然指着老人对小男孩说:"你都看见了吧!如果你现在不好好上学,将来就会跟他一样没出息,做这些既卑贱又肮脏的工作。"

老人依旧没有动怒,他平静地对中年女人说:"夫人,这个花园是YL集团的私家花园,按规定只有集团员工才能进来。"女人理直气壮地说道:"那是当然,我是YL集团所属一家公司的部门经理,就在这座大厦里上班!"边说边拿出一张名片丢在老人的身上。老人从地上捡起名片,扔进了垃圾桶,并且从口袋里掏出手机拨了一个电话。女人十分生气,正要理论时,发现有一名男子匆匆走过来,恭恭敬敬地站在老人面前。老人对男子说:"我现在提议免去这位女士在YL集团的职务!""是,我立刻按您的指示去办!"那人连声应道。老人说完后径直朝小男孩走去,温和地对他说:"人不光要懂得好好学习,更重要的是要懂得尊重每一个人。"说完后,就朝大厦走去。

中年女人由生气变成了惊呆,她认识这个男子,他是YL集团所有分公司的总监。"你怎么会对一个清洁工毕恭毕敬呢?"她惊奇地问道。男子用同情的眼光对女人说道:"他不是什么清洁工,而是YL集团的总裁。"中年女人一下子瘫坐在长椅上。

在这个故事中,中年女人从始至终都没有正眼看过老人一眼,她除了不尊重老人的劳动果实,更重要的是不尊重老人的人格,结果就可想而知了。

尊重是人的基本需要。美国心理学家马斯洛在对人类的千差万别、纷繁复杂的需求进行仔细的研究后提出了著名的"马斯洛需求层次理论"。他认为人有五种基本需求,并按照人的发展需求,由低级到高级排列是生理需求—安全需求—社交需求—尊重需求—自我实现需求,如图3-1所示。在马斯洛看来,人的尊重的需求是人的一种高级需求,其地位仅次于自我实现的需求。

人人都希望自己有稳定的社会地位,要求个人的能力和成就得到社会的承认。尊重的需求又可分为内部尊重和外部尊重。内部尊重是指一个人希望在各种不同情境中有实力、能胜任、充满信心和能独立自主。内部尊重也叫人的自尊,即尊重和维护自己的人格、尊严等。外部尊重是指一个人希望有地位、有威信,受到别人的尊重、信赖和高度评价。

马斯洛认为尊重需求得到满足,能够使人对自己充满信心,对社会满腔热情,体验到自己生活得有价值、有意义。

图 3-1 马斯洛的需求层次图

人际沟通过程中,损害他人自尊心往往会导致沟通失败。如果我们在沟通中伤害了某人的自我意识,那么就别指望能够与他进行良好的沟通,甚至可能会因此付出惨重的代价。如一位丈夫在走上犯罪道路之前,听到的最后一句话是"你这个没出息的东西,一个男子汉连老婆也养活不了,又债台高筑,干脆打光棍儿算了!"这句话严重伤害了男子的自尊,或许是导致他挥舞砍刀杀人的导火索。

"爱人者,人恒爱之;敬人者,人恒敬之。"在沟通中,尊重是相互的。人在社会上要和各种各样的人和事打交道,尤其是在人与人的交往过程中,互相尊重尤为重要。无论是家人之间、朋友之间还是同事之间,或者是和陌生人打交道,尊重他人都是与人相处的最基本原则。

常言道:你敬我一尺,我敬你一丈。如果人们在和别人交往的过程中,人人都能做到:年少不轻狂,年长不卖老!互相尊重,心平气和,就会少许多对抗局面,多许多和谐的气氛。其实,当你开始轻视别人时,也就开始了轻视自我。尊重他人实际上就是尊重自己,当你待他人彬彬有礼,他人待你不可能横眉冷对。抬手难打笑脸人!这是老一辈人常给我们讲的道理。

为了做到对他人的尊重,在人际沟通中应该做到以下 6 点。

1. 尊重他人的价值观念

为了表示对他人的欣赏,我们必须依照他人的价值观念去接受他人,不要总想着去改变任何人,尽管我们可能不赞同他人的行为或信仰,但是,我们仍然要学会接纳与自己观念或观点不尽相同的人。

2. 尊重他人的人格

每个人在人格上都是平等的。无论任何情况下,无论对待任何人,即使对方有很多不足,我们都应该尊重其人格。

3. 尊重他人的个性差异

不同的人有不同的性格特征,各种性格都有各自的优势,彼此都会有适合自己的工作岗位和领域。如追求完美、做事认真仔细的人会在科研、教师、会计、医疗等方面做出不俗的业绩;性格活泼、开朗的人会在市场营销、娱乐等领域有所成就。尊重他人的个性差异就要接纳不同个性的人,对他人不同的性格给予认可和理解,这样才能够和谐相处,才有利于彼此的生活和工作。

> **案 例**
>
> ### 尊重自己不喜欢的人
>
> 这个故事发生在美国的一个小镇上。街上有一家咖啡店,销售咖啡和其他饮料。这家咖啡店里有一个手脚麻利的女招待,名字叫露丝。一天,在咖啡店客人最多的时候,有一个叫彼得的男孩走了进来,他找了一个座位,耐心地等待露丝来招呼他。等了一会儿,露丝匆忙过来,问彼得:"你需要什么?"
>
> 彼得问:"一杯带冰激凌帽的甜饮料要多少钱?"
>
> 露丝说:"75美分。"
>
> 于是,彼得就开始数他手上的硬币,数过来,数过去,数了好几遍。露丝没有时间等待,就离开去招呼别的客人了。
>
> 过了一会儿,露丝过来,不耐烦地问彼得:"钱数好没有?"
>
> 彼得说:"我刚好只有75美分,不过,如果我只要一杯甜饮料,不要上面的冰激凌,需要多少钱?"
>
> 这下露丝的脸色变得很难看,她口气生硬地告诉彼得:"需要50美分。"
>
> 彼得说:"那好,就请你给我来杯不要冰激凌的甜饮料。"
>
> 露丝一声不吭地将饮料递给彼得,拿着钱转身就离开了,她听到后面彼得礼貌地说了声:"谢谢。"
>
> 等到露丝忙完一阵再去注意那个小孩时,发现他已经离开了。她去收拾彼得留下的杯子,当她拿起杯子时,发现杯子下面放着一枚25美分的硬币。原来这是彼得省下来留给她的小费。
>
> 这个故事给我们的思考是,如果我们只是尊重那些爱我们的人或是值得我们爱的人,那是不够的。在我们的生活中总会遇见一些不友好的人,如果我们选择用友好的方式去回应他们,这种态度就将为尊重的品格赋予更深刻的含义。

4. 尊重他人的劳动成果

人们对辛勤劳动所获的成果都有一种成就感,因而备加珍惜。如老师讲课、同学发言时,我们要注意倾听;在公共场所爱护环境就是对环卫工人的劳动成果的尊重;爱护庄稼、节约粮食就是对农民劳动成果的尊重。

5. 尊重他人的权利

对待沟通对象,无论长幼、亲疏、地位高低,我们都应该尊重对方的权利,包括知情权、隐私权、自主权。在对待子女方面,西方人的一些原则值得我们借鉴,他们充分尊重子女的选择,充分尊重子女的隐私。

6. 尊重他人的感情

在沟通中,无论说话做事都要考虑到对方的情绪感受,避免激起强烈的情绪反应。遇到事情应该换位思考,正所谓"己所不欲,勿施于人"就是这个道理。尊重他人要学会"见什么人说什么话",也就是要了解对方的年龄、身份、语言习惯等。假如对方是位年长者,在称呼上要礼貌,在语气上要委婉,在语速上要舒缓,在话题上要"投其所好"。

只有在心理上有尊重别人的想法,才可能做出尊重别人的行动。所以,我们必须牢记:"每个人在人格上都是平等的。"不因自己家境好、成绩好就自傲、轻视他人。

总之,互相尊重是人与人有效沟通的最基本的原则。在人际沟通过程中,尊重友好的态度能够给人留下良好的印象,有利于沟通目标的实现。尊重就像一个善解人意的小姑娘,她透明的微笑叫理解,她淳朴的心灵叫高尚;尊重又像一位德高望重的学者,饱含待人处世的智慧,尽显人格操守的高贵!

二、诚实守信原则

小贴士

> 言必信,行必果,硁硁然小人哉。　　　　　　　　——《论语·子路》
> 信不由中,质无益也。　　　　　　　　　　　　　——《左传》
> 遵守诺言就像保卫你的荣誉一样。　　　　　　　　——[法]巴尔扎克

(一)什么是诚实守信

诚实,即忠诚老实,就是忠于事物的本来面貌,不隐瞒自己的真实思想,不掩饰自己的真实感情,不说谎,不作假,不为不可告人的目的而欺瞒别人。

守信,就是讲信用、讲信誉,信守承诺,忠实于自己承担的义务,答应了别人的事一定要去做。忠诚地履行自己承担的义务是每一个现代公民应有的职业品质。诚实守信是社会主义新时期的需要,人人都应以诚实守信为荣。

诚信是一个道德范畴,即待人处世真诚、老实、讲信誉,言必信、行必果,一言九鼎,一诺千金。在《说文解字》中的解释是"诚,信也""信,诚也"。可见诚信的本义就是要诚实、诚恳、守信、有信,反对隐瞒欺诈、伪劣假冒、弄虚作假。

以诚待人,以信取人,是中华民族最为优秀的传统之一。孔子云:"诚者,乃做人之本,人无信,不知其可";韩非子曰:"巧诈不如拙诚";陶行知先生也曾说过:"不作假秀才,宁为真白丁";季布一诺胜过千金,商鞅变法立木求信,君子一言驷马难追……类似的故事和典故不胜枚举,虽然时代变化了,但是对于历史上的精华我们依然要继承和发扬!

诚,就是要实事求是,不扩大,不缩小;信,就是要一言九鼎,说到做到,不朝秦暮楚,不朝令夕改。诚信是立业之本,做人的准则,是企业和人的第二张身份证,其中道理不言而喻。一个企业、一个部门甚至于一个人,如果谎话连篇,言而无信,将失去别人的信任。

案 例

郭沫若与芭蕉花

郭沫若小时候很淘气,但是很孝顺。有一次,他的妈妈得了一种"晕病",郭沫若听说芭蕉花可以治这种病。这种花卖得很贵,并且难得一开,于是他就和哥哥一起跑到一座花园内找这种花,恰好那座花园里的芭蕉开了一朵大黄花,郭沫若和哥哥就把花偷偷地摘下来

送给了妈妈。妈妈虽然知道郭沫若这样做是孝顺她,可是儿子的行为很让她伤心。为此,郭沫若受到了妈妈委婉的批评。同时,郭沫若也认识到了自己的错误,即使是善意的谎言也是不值得提倡的。从此,郭沫若再也不偷拿别人的东西了。

"无诚则有失,无信则招祸。"那些践踏诚信的人也许能得利于一时,但终将作茧自缚,自食其果;那些制假售假者,或专靠欺蒙诈骗者,则往往在得手一两次后,便会陷入绝境,导致人财两空,有些甚至锒铛入狱。

在现代经济社会,即使一个企业拥有雄厚的资本实力和现代化的机器设备,有誉满全球的品牌优势,建立了很好的采购和销售网络,并且有一支高素质的员工队伍和高学历的管理者队伍,但如果它在财务报表、在商品或服务上做假,欺骗商户和投资者,丢掉了信用资本,就没有银行愿意给他贷款,企业的股票、债券和商品也没有人买,合作者和客户没有了,所有物力资本和人力资本就失去了它的意义,企业必然会陷入困境,并最终在市场中消失。因此,诚信确确实实是做人、立业之本。

我们每个人都有义务从自身做起,恪守诚信,让诚信成为我们为人处世的准则;只有这样,我们的生活才能绚丽多彩,我们的社会才能不断进步。

诚信是人的一张脸,上面写着你的品德和操行。人在职场没有了诚信,或者你的诚信受到怀疑,那么你将难以融入职场,难以在社会上立足,小胜靠智,大胜靠德说的就是这个道理。

案 例

汽车维修店

一个顾客走进一家汽车维修店,自称是某运输公司的汽车司机。"在我的账单上多写点零件,我回公司报销后,有你一份好处。"他对店主说。但店主拒绝了这样的要求。顾客纠缠说:"我的生意不算小,会常来的,你肯定能赚很多钱!"店主告诉他,这样的事他无论如何也不会做。顾客气急败坏地嚷道:"谁都会这么干的,我看你是太傻了。"

店主火了,他要那个顾客马上离开,到别处谈这种生意去。这时,顾客露出微笑,并满怀敬佩地握住店主的手:"我就是那家运输公司的老板。我一直在寻找一个固定的、信得过的维修店,我今后常来!"

面对诱惑,不怦然心动,不为其所惑,虽平淡如行云,质朴如流水,却让人领略到一种山高海深。这是一种闪光的品格——诚信。

职场无小事,轻诺必寡信,重视你所说的每一句话,因为那是在积累你的品质大厦,有一块砖头质量不过关,就可能有导致大厦将倾的危险。人在职场,七分做人,三分做事,人际关系是职场的根基。否则即使你是一个靠技术求生存的人,没有和团队的精诚合作,孤军奋战,在现代职场想成功也是很困难的。大家知道微软的几乎所有的软件和系统都不是某个人的独立作品,而是团队的力量,尽管大家所起的作用不尽相同。没有和谐的人际关系,任何本领都是空中楼阁,无法真正创造财富和价值。

从哲学的意义上说,"诚信"既是一种世界观,又是一种社会价值观和道德观,无论对于社会抑或个人,都具有重要的意义和作用。

对于一个国家、一个社会而言,"诚信"可以说是立国之本。国家的主体是人民,国家的主权也归于人民。中国自古就有"民惟邦本,本固邦宁""得民心者得天下,失民心者失天下"的明训,这些话至今仍然是至理名言。但国家的领导者依靠什么去团结人民呢?靠的是明智的政策和精神信念,"诚信"就是取信于民、团结人民的人文精神和道德信念。

对于一个社会单位(如一个企业)、一项社会事业(如一个行业、一项职业)而言,"诚信"可以说是立业之本。"诚信"作为一项普遍适用的道德规范和行为准则,是建立行业之间、单位之间以及人与人之间互信、互利的良性互动关系的道德杠杆。很难设想,一个不讲诚信、不守信用的单位或企业,在现代法治社会能有长期立足之地。一项社会事业也只有依靠诚信立业,才能顺利发展。

对于每个社会成员而言,"诚信"是立身之本,处世之宝。人生立于世间数十年,必须不断学习,以获得知识、增进知识,知识既是个人谋生的工具,也是个人为社会服务的工具。但是,要真正做个对社会有所贡献的人,光靠"知识"工具是不够的,还必须有正确的价值观去指导,否则,知识也可能成为滋生罪恶的工具。

"诚信"精神就是培养人的高尚道德情操、指引人们正确处理各种关系的重要道德准则。个人以诚立身,就会做到公正无私、不偏不倚,讲究信用,就能守法、受约、取信于人,就能妥善处理好人与人、个人与社会的关系。

我们可以说,"诚信"的原则和精神,是促进社会主义市场经济健康发展的道德基石;它不仅对促进社会稳定繁荣、导正社会风俗、医治社会精神疾病具有重要作用,而且对加强社会成员的个人道德涵养,提升全民族的文明素质,培养有知识、有作为、讲道德、守法纪的一代公民具有重要作用;它是立国、立业之本,也是个人安身立命的精神法宝。

(二)怎样做到恪守诚信

要做到恪守诚信,就要对自己讲的话承担责任和义务,言必有信,一诺千金。答应他人的事,一定要做到。同他人约定见面,一定要准时赴约。上学或参加各种活动,一定要准时赶到。要知道,许诺是非常慎重的行为,对不应办或办不到的事情,不能轻易许诺,一旦许诺,就要努力兑现。如果我们失信于人,就等于贬低了自己。

如果我们在履行诺言过程中情况有变,以致无法兑现自己的诺言,就要向对方如实说明情况并表示歉意。这与言而无信是完全不同的两件事,所以说树立诚信要从点点滴滴做起。我们要继承和发扬恪守诚信的传统美德,还要把"江湖义气"与恪守诚信区别开来,认清"江湖义气"的实质和危害,不被这种旧社会遗留下来的坏习俗所污染。

(三)诚信的现实意义

诚信是为人处世的基本原则,又是治理国家必须遵守的规范,调节着人与人之间的关系,维系着社会秩序。做人需要诚信,诚信赢得尊严;经商同样需要诚信,诚信赢得市场。

1. 诚信是支撑社会道德的支点

诚信是我国传统道德文化的重要内容之一,"诚信者,天下之结也"就是说讲诚信,是天下行为准则的关键。在我国传统儒家伦理中,诚信是被视为治国平天下的条件和必须遵守的重要道德规范。古代圣贤哲人对诚信有诸多阐述。如孔子的"信则人任焉""自古皆有死,民无信不立""人而无信,不知其可也""民以诚而立";孟子论诚信"至诚而不动者,未之有也;不诚,未有能动者也";荀子认为"养心莫善于诚";墨子曰"志不强者智不达,言不信者行不果";老子把诚信作为人生行为的重要准则"轻诺必寡信,多易必多难";庄子也极重诚信"真者,精诚之至也。不精不诚,不能动人"。庄子把"本真"看作是精诚之极致,不精不诚,就不能感动人,这就把诚信提高到一个新的境界;韩非子则认为"巧诈不如拙诚"。

总之,古代的圣贤哲人把诚信作为一项崇高的美德加以颂扬,生动显示了诚信在中国人心目中的价值和地位。从古到今,人们这么重视诚信原则,其原因就是诚实和信用都是人与人发生关系所要遵循的基本道德规范,没有诚信,也就不可能有道德。所以诚信是支撑社会的道德的支点。

2. 诚信是法律规范的道德

诚信原则逐步上升为一种法律原则始自罗马法,后来被法制史中重要的民法所继承和发展,比如法国民法、德国民法、瑞士民法等,如《瑞士民法典》总则中的第二条规定:"任何人都必须诚实地行使其权利并履行其义务。"

诚实信用也是我国现行法律一个重要的基本原则,在《民法通则》《合同法》《消费者权益保护法》中有明确的规定。由于其适用范围广,对其他法律原则具有指导和统领的作用,因此又被称为"帝王规则",可见"诚实信用"并非一般的道德准则。

在诚实信用成为法律规范的时候,违反它所承受的将是一种法律上的责任或者不利于自己的法律后果,这种法律后果可以是财产性的,也可以是人身性的;可以是民事的、行政的,甚至可以是刑罚。因此,诚实信用又是支撑社会的法律的支点,是法律规范的道德。

3. 诚信是治国之计

诚信为政,可以取信于民,从而政通人和。倘若言而无信、掩人耳目、弄虚作假,社会就无从安定。古有"欺君之罪","欺君"不仅是冒犯尊严,而且会误导决策,祸国殃民。亦不可"欺民",所以有"水可载舟,亦可覆舟"之说。中国古代有商鞅立木树信的佳话,也有不讲诚信而自食恶果的烽火戏诸侯。中国古代思想家更是把"诚信"作为统治天下的主要手段之一。唐代魏征把诚信说成"国之大纲",可见"诚信"之重要。

4. 诚信是行业立身之本

诚信是为人之道,是立身处世之本,是人与人相互信任的基础。讲信誉、守信用是我们对自身的一种约束和要求,也是外人对我们的一种希望和要求。如果一个从业人员不能诚实守信,那么他所代表的社会团体或是经济实体就得不到人们的信任,无法与社会进行经济交往,或是对社会缺乏号召力和响应力。因此,诚实守信不仅是社会公德,而且是任何一个从业人员都应遵守的职业道德。

诚实守信作为职业道德,对于一个行业来说,其基本作用是树立良好的信誉,树立起值得他人信赖的行业形象。它体现了社会承认一个行业在以往职业活动中的价值,从而影响到该行业在未来活动中的地位和作用。"人无信不立",对一个行业来说,同样只有守信用、讲品德,才能从根本上做好行业品牌、树立良好的行业形象。

在现代社会里,人际关系发生了很大的变化,但是诚实守信仍是人际交往行为的重要原则,如果说"时间就是金钱",与此同时出现的"信誉就是金钱"也被更多的人接受。

三、平等待人原则

> **小贴士**
>
> 待人不公正比受到不公正的待遇更有失体面。 ——柏拉图
> 公天下之身，公天下之物，其唯至人矣。 ——列子
> 对他人的公正就是对自己的施舍。 ——孟德斯鸠

（一）什么是平等待人

平等是人和人之间的一种关系、人对人的一种态度，是人类的终极理想之一。人和人之间的平等，不是指物质上的"相等"或"平均"，而是在精神上互相理解、互相尊重，把对方当成和自己一样的人来看待。现代社会的进步，就是人和人之间从不平等走向平等过程，是平等逐渐实现的过程。

在人际交往中，平等待人是建立良好的人际关系的前提。没有平等待人的观念，就不能与人建立密切的人际关系。心理学家研究表明，人都有友爱和受人尊敬的需要。特别是青年人，交友和受尊敬的希望都非常强烈，他们渴望独立于父母，成为家庭中和社会中真正的一员，他们希望社会、家庭和他人把他们看作成人，而不是小孩，人的这种需要就是平等需要。可以说，只要是正常人，都希望得到别人的平等对待。

1959年，在全国群英会上，刘少奇亲切接见了全国著名的劳动模范、掏粪工人时传祥。当时刘少奇亲切地对时传祥说："你当清洁工人是人民的勤务员，我当主席也是人民的勤务员，这只是分工不同，都是革命事业不可缺少的一部分。"在我们周围，有富有者也有贫弱者，有我们熟悉的朋友，也有陌生的路人。尽管人与人之间总是存在着各种各样的差异，比如家庭状况、社会地位、个人素质等，但每个人在人格上都是平等的，每个人都拥有同等的权利和尊严。

案例

刘备平等待人　感化刺客

《三国志》中记载了这样一个故事：在刘备担任平原相时期，有一平民素来看不起刘备，一日花重金收买一个刺客假扮客人前去刺杀刘备，最终被刘备的诚意感化，不忍刺之。告诉刘备后离去。根据《魏书》记载："刘平结客刺备，备不知而待客甚厚，客以状语之而去。"又《魏书》记载曰："备外御寇难，内丰财施，士之下者，必与同席而坐，同簋而食，无所简择。众多归焉。"

刘备如此厚待自己的百姓，能够礼贤下士。在当时中国等级制森严的社会中仅此两点就足以称道。而更难能可贵的是"必与同席而坐，同簋而食，无所简择"。

曹操与孙权重视的是人才中的"才"字，而刘备不然，他重视的是人才中的"人"字。他对于所有前来归附他的士人，无论学识如何，都同等对待，不分亲疏。能够礼贤下士、平等待人是刘备得人心的两大法宝！

（二）平等交往的方法

交往必须平等，平等才能交友。这是人际交往中的重要原则。在人际交往中，平等交往的方法很多，这里主要介绍4种。

1. 对等法

对等法包括情感对等法、价值对等法、地位对等法等。

2. 谈心法

谈心重在"心"字，就是实实在在说心里话，是用一种兄弟、朋友般的商量口气交换意见、传递信息和讨论问题。这种商量的口气，蕴涵着亲密的情感以及对对方的尊重等。

3. 求同法

求同法是一种通过各类活动，特别是兴趣活动，寻求相互认识、相互理解的方法。求同法对于社会地位有差距的人之间达到平等交往是特别有效的。对于一般的人际交往，求同法也是实用的。

4. 交友法

交友法是平等交往中一种常用的方法。在人际关系中，交友法是指像对待朋友那样平等地对待交往对象，要关心他人，帮助他人，体谅他人，理解他人，尊敬他人，真诚地对待他人，并能与他人讲心里话。

平等历来是我们向往、追求和奋斗的目标，我们把平等视为每个人不可剥夺的天赋权利，但现实提醒我们，每个人拥有的发展机会与权利不一样，至少说明在现阶段实现真正的平等是很不容易的，我们应该平等，应该学会平等。

平等的基础是仁爱，平等使我们公正地评价一个人、一种现象，评价标准不是根据某个人的特殊身份而定，不能随大流，不能盲从，而是要根据社会契约，根据社会的道德标准而定，平等使我们克服世俗的偏见，不会根据一己之好恶待人接物。

四、宽容谦让原则

> **小贴士**
>
> 紫罗兰把它的香气留在那踩扁了它的脚踝上。这就是宽恕。　　——马克·吐温
> 君子之道，忠恕而已矣。己所不欲，勿施于人。我不欲人之加诸我也，吾亦欲无加诸人。
> 　　　　　　　　　　　　　　　　　　　　　　　　　　　　　　　——《论语》

（一）什么是谦让

谦让是一种美德。"孔融让梨"的故事在中国可谓家喻户晓，它告诉我们谦让是中华民族的传统美德。随着社会竞争日趋激烈，开始有人怀疑甚至否定这则故事的合理性，主张现在应该鼓励人们敢于竞争，要提倡"争梨"。一石激起千层浪，是该"让梨"还是"争梨"，是应该发扬谦让美德还是增强竞争意识，大家各执一词，争论不休。其实，谦让作为一项传统美德应该继承，竞争意识作为适应现代社会的需要也应该培养。

案例

拳王的故事

有这样一个故事：美国拳王乔·路易在拳坛所向无敌。有一次，他和朋友一起开车出游。途中因前方出现异常情况，他不得不紧急刹车。不料后面的车因尾随太近，两辆车有了一点轻微碰撞。后面的司机怒气冲冲地跳下车来，嫌他刹车太急，继而又大骂乔·路易驾驶技术有问题，并挥动双拳，大有想把对方打个稀巴烂的架势。

乔·路易自始至终除了道歉的话外再无一语，直到那个司机骂得没趣了，扬长而去。乔·路易的朋友事后不解地问他："那人如此无理取闹，你为什么不好好揍他一顿？"乔·路易听后认真地说："如果有人侮辱了帕瓦罗蒂，帕瓦罗蒂是否应为对方高歌一曲呢？"

表面看来，"让"即不能争，"争"即不能让。谦让与竞争是不相容的，但是我们如果能够认真思考一下，就会发现事情并非如此。

（二）什么是宽容

宽容是一种修养，是一种品质，更是一种美德。宽容不是胆小无能，而是一种海纳百川的大度，我们每个人都应学会宽容。

案例

六 尺 巷

清朝有个大臣叫张英，官至华殿大学士兼礼部尚书。有一年，他的父母要重建房屋，为和邻居争执一堵墙，便写信给张英，要求给予支持。张英不但没有支持，反而修书一封："千里家书只为墙，让他三尺又何妨。万里长城今犹在，不见当年秦始皇。"

张英父母也是通情达理之人，便听从了张英的劝告，自觉退让三尺。对方见张英父母都让了三尺，自己修房时也退让了三尺。这条小巷给两家人和街上群众带来了诸多方便，两家人便世代友好下去，后人把它起名为"六尺巷"。

小贴士

> 爱人者，人恒爱之；敬人者，人恒敬之。　　　　　——《孟子·离娄下》
> 著名作家房龙在他的名著《宽容》中曾经引用《不列颠百科全书》关于宽容的定义：宽容即允许别人自由行动或判断，耐心而毫无偏见地容忍与自己的观点或公认的观点不一致的意见。我国《现代汉语词典》中对宽容的解释是：宽大有气量，不计较或不追究。

宽容别人，其实就是宽容自己。多一点对别人的宽容，我们的生命中就多了一点空间。有朋友的人生路上，才会有关爱和扶持，才不会寂寞和孤独；有朋友的生活，才会少一点风雨，多一点温暖和阳光。其实，宽容永远都是一片晴天。

宽容就是忘却。人人都有痛苦，都有伤疤，动辄去揭，便添新创，旧痕新伤难愈合。忘记昨日的是非，忘记别人先前对自己的指责和谩骂，时间是良好的止痛剂。学会忘却，生活才有阳光,才有欢乐。

宽容就是不计较,事情过去了就算了。每个人都有错误,如果执着于其过去的错误,就会形成思想包袱,不信任、耿耿于怀、放不开,限制了自己的思维,也限制了对方的发展。即使是背叛,也并非不可容忍。能够承受背叛的人才是最坚强的人,也将以他坚强的心志折服周围的人,以其威严更能够给人以信心和动力,因而更能够防止或减少背叛。

宽容就是潇洒。"处处绿杨堪系马,家家有路到长安。"宽厚待人,容纳非议,乃事业成功、家庭幸福美满之道。事事斤斤计较、患得患失,人活得也累。宽容是一种坚强,而不是软弱。宽容要以退为进、积极地防御。宽容所体现出来的退让是有目的、有计划的,主动权掌握在自己的手中。无奈和迫不得已不能算宽容。宽容的最高境界是对众生的怜悯。

宽容就是在别人和自己意见不一致时也不要勉强。从心理学角度,任何的想法都有其来由。任何的动机都有一定的诱因。了解对方想法的根源,找到他们提出意见的基础,就能够设身处地提出更能够契合对方的心理的方案,从而得到对方的接受。消除阻碍和对抗是提高效率的唯一方法。任何人都有自己对人生的看法和体会,我们要尊重他们的知识和体验,积极吸取其中的精华,做到弃恶扬善。

宽容就是忍耐。同伴的批评、朋友的误解、过多的争辩和"反击"实不足取,唯有冷静、忍耐、谅解最重要。相信这句名言:"宽容是在荆棘丛中长出来的谷粒。"能退一步,天地自然宽。但宽容也需要技巧。给对方一次机会并不是纵容,不是免除对方应该承担的责任。任何人都需要为自己的行为负责;任何人都要承担各种各样的后果。否则,对方会一而再、再而三地犯禁(错),视你为软弱。

一般地说,任何正常的人际关系都是建立在相互理解的基础之上,因为只有相互理解,才能心心相通。孟子说:"人之相识,贵在相知;人之相知,贵在知心。"所谓"心理换位",就是相互交换一下观察思考问题的角度,也就是通常所说的"设身处地为他人想一想"。

一位外国母亲在圣诞节带着 5 岁的儿子去买礼物。大街上、橱窗里,张灯结彩;乔装小精灵,载歌载舞,商店里五光十色的玩具应有尽有。母亲想,在这精彩纷呈的世界里,儿子肯定很开心。然而,她绝没有想到,儿子却拽住她的衣角在哭。母亲问儿子,儿子说鞋带开了。在母亲低头给儿子系鞋带时,无意中抬头发现,儿子眼前的世界不是花花世界,只有人的腿、皮鞋……母亲发誓今后再也不把自己认为的"快乐"强加给儿子了。

因长期感到别人不能正确对待自己而苦恼的人,最好学会用对方的目光观察自己,站在对方的立场上思考问题,它可以使你与对方沟通,缩小认识上的差别,甚至产生共鸣。"大度能忍,方为智者本色。"在人际交往中,如果没有海纳百川的容人肚量,将很难容忍别人的缺点及对自己某些利益的损伤。若是对于这些问题处理不当,就会对自己造成许多损失,轻则失去朋友,重则成众矢之的,将自己陷入孤立无援的境地。

宽容是修养、是品德、是内涵、是心态。在宽容面前,争吵和计较大可不必,即使你有理,也不妨温柔一些,因为有朝一日说不定你也会犯不可挽回的错误;相容原则告诉我们,要想让别人原谅自己的错误与过失,自己首先要做一个大度之人,容忍别人的错误与过失。

案 例

周总理逸事

有一次,理发师正在给周总理刮胡须时,总理突然咳嗽了一声,刀子立即把脸给刮破了。理发师十分紧张,不知所措,但令他惊讶的是,周总理并没有责怪他,反而和蔼地对他说:"这并不怪你,我咳嗽前没有向你打招呼,你怎么知道我要动呢?"这虽然是一件小事,却使我们看到了周总理身上的美德——宽容。

(三)怎样培养宽容的心态

具体来说,相互宽容的培养方法有以下3种。

1. 将心比心

孔子说:"己所不欲,勿施于人。"基督教义主张:"己所欲,施于人。"这是从正反两个方面来说明同一方法的。大连有一位旅馆服务员被称为"脸上永远带着微笑"的姑娘。当记者向她问及为什么能那样时,她说:"微笑是一种外在的表现形式,关键在于理解,理解生活、理解人。"

有一次,几个小伙子故意刁难她,指着她的鼻子说她是"笑里藏刀",说她留着床位开后门,并强意要翻住房卡片。她不但没有发火,而且还耐心地解释,主动地向这几个小伙子介绍附近的招待所。事后,旁边的人问她:"他们气你,你为什么还给他们介绍旅馆呢?"她回答说:"他们出门办事不容易呀,我们应该理解体谅他们的难处,如果来住宿的是我呢?"为什么她能将心比心呢? 她说:"我觉得,作为一个好的服务员,除了对企业、领导负责外,更重要的是对每一位旅客负责!"

将心比心,主要就是指理解他人、体谅他人。

2. 大事清楚,小事糊涂

清代杰出画家、文学家郑板桥说过这样一句话:"难得糊涂。"其实,他是大事清楚,小事糊涂。据历史记载,北宋时有个宰相叫吕端,有人在皇帝面前说他马虎、糊涂。但宋太宗肯定说:"吕端大事不糊涂。"我们所说的大事就是大的目标、事业,或一些原则性的问题。所谓小事,就是日常一些琐事,小的摩擦,次要的问题。

一个人心中有了大目标,有了自己的原则,就不因小失大,不计较小的得失,不因日常的小摩擦而发怒。像著名抗英民族英雄林则徐所说的那样"海纳百川,有容乃大"。

3. 严于律己

唐代文学家韩愈说:"古之君子,其责己也重以周,其待人也轻以约。"就是说,古代有修养的人待人很宽厚,要求自己则十分严格和全面。严于律己,在工作上身先士卒,一丝不苟,兢兢业业;在日常交往中以礼待人,守信用,与他人产生摩擦,先检查自己;在家庭生活中体谅家人,自己多干少说,生摩擦时主动退让。

一般来说,人际交往中,严于律己的人容易做到宽以待人。宽以待人的人往往更多地看别人的优点,有"三人行,必有吾师"的谦虚态度,而不是"看己一朵花,看人豆腐渣"即使发现明显是对方的错误时,也能用"金无足赤,人无完人"的辩证观点来对待。

五、主动沟通原则

> **小贴士**
>
> 当我面对一群人,或是大众传媒媒体谈话时,我总是假想自己是和"一个人"进行推心置腹的谈话。
> ——巴伯
>
> 有效的沟通取决于沟通者对议题的充分掌握,而非措辞的甜美。
> ——葛洛夫

(一)坚持主动沟通

沟通是一个信息交流过程,有效的人际沟通可以实现信息的准确传递,达到与其他人建立良好的人际关系,借助外界的力量和信息解决问题的目的。但是由于沟通主客体和外部环境等因素,沟通过程中会出现各种各样的沟通障碍,如倾听障碍、情绪噪音、信息超载等。因此,为了达到沟通的目的,我们必须首先认识到沟通中可能存在的障碍,然后采取适当的措施消除障碍,从而实现有效的沟通。

沟通,本身就具备一个主动的行为,具备一种积极向上的气质,"沟通,无处不在""沟通,从心开始"等,无不给人一种激越而温馨的感觉,这正是沟通的魅力所在。而更能体现沟通的独特魅力与巨大影响力,正是我们主动出击所进行的沟通实践行为。

案例

缺乏主动沟通意识导致"丢饭碗"

某公司的计算机程序员小王有一阵子受到上司冷落,尽管小王的工作成绩非常突出。其实,小王有几次也想去跟上司沟通,询问一下上司对他的看法,令人遗憾的是小王始终没敢敲响上司办公室的门。直到有一天,还没到公司统一发工资的日子,公司却通知他去财务部领工资,因为他被公司解聘了。这件事让他百思不得其解。而真实的原因是什么呢?原来公司领导听说小王在外偷偷搞兼职,有吃里爬外之嫌。小王是受冤的,他根本就没有在外兼职,是同事嫉妒他业绩出众,打了小报告诬陷他。

其实,事件的情节并不复杂。造成小王最终被解聘的原因看似很多,比如上司的不信任、同事的诬陷等,但根本的原因是缺乏沟通,如果小王在感觉到问题发生的时候,能及时、主动地去跟上司沟通,弄明白原因,并予以澄清,结果就会完全不一样。然而,小王却因为怯于跟上司主动沟通,最终受冤离职,确实让人遗憾。

这个例子看似个别,实际上类似情况经常发生在我们身边。在需要跟上司主动沟通的时候,我们总是感觉没用处、意义不大,或者认为没有必要;于是,犹犹豫豫、瞻前顾后,甚至是胆战心惊,结果呢?跟上司之间的"鸿沟"越来越深。太多的职场教训告诫我们,这并非危言耸听。

人和人之间的沟通是互动的、对应的。在沟通中,我们总是期待别人承认自己、接纳自己、喜欢自己,从而满足自己的需求。如果想让别人爱你,你就要给别人爱你的理由。我们周围的人都是普通人,不是圣贤,人家为什么要喜欢你?为什么要做你的朋友?不可能没有原因。

坚持主动原则,给别人爱你的理由,就是先去爱别人。无论是情感定向的沟通,还是功利定向的沟通,要使沟通顺利地进行和延续就应该先从自己开始。当你成为别人的朋友时,你也就拥有了好朋友。你肯播撒爱的种子才能收获爱的果实。

"主动沟通"是一种积极而健康的心态,是人们在生活、工作、学习过程中形成的一种良好的思维习惯和行为方式。树立较强的沟通主体意识,不仅能够解决越来越难控制的心理问题引发的极端行为,而且对于我们每个人的身心健康都有积极的意义。

树立一种主动的意识,把沟通的观念深入内心,主导我们的思维活动,这样就会积极主动的面对生活中的风风雨雨、喜怒哀乐,进而不断地取得成功。

因此,无论是身居要职的政府人员,还是普通的公司员工都应该把自己作为沟通的第一发起人,有意识地、主动地去与人沟通。如果自视清高、孤芳自赏,不仅不能与人合作,还容易被人疏远,在工作和生活中很难得到别人积极主动的帮助和配合。

(二)不愿意主动沟通的症结

有趣的是,人都有"惰性、怯懦性",都习惯于待在一个"舒适区"里,而疏于主动的结交朋友,也不主动与朋友联系。每个人都渴望认识好朋友,却吝于"先给予、先付出、先主动"伸出友谊之手。不愿意主动沟通通常出于以下5种原因。

1. 缺乏应有的自信

有些人自尊心很强,自己有什么要求、想法或建议很少主动告诉别人,怕别人不理解、不答应而伤害自尊。实际上,恰恰相反。自尊心过强是不自信的表现。工作生活中,想出一些新点子,自信的人马上会说出来与朋友分享或者马上付诸实施,而不自信的人反而左顾右盼、犹豫不前,从而失去很好的机会。

2. 过于孤傲自负

孤傲自负的人自以为是、孤芳自赏、不可一世,把自己看得高人一等,因而与他人交往时都不会采取主动的态度。

3. 性格内向甚至孤僻

性格内向甚至孤僻的人不愿意与他人接触、待人冷漠,对周围的人有戒备心理。具有这种个性的人往往猜忌心较强,容易神经过敏。

4. 害怕承担责任

由于怕承担责任,所以不愿意主动表态,以致自己的想法不被领导或朋友所知。

5. 存在误解

对人际沟通存在部分误解。如先打招呼就会降低自己的身份,麻烦别人会招别人讨厌等。因此,在与别人交往时往往采取被动的方式。

(三)怎样培养主动沟通的习惯

实际上,主动沟通是一种生活习惯,只要我们在生活中有意识地培养主动意识,就可以让自己走出这道"藩篱"。

1. 主动提供帮助

沟通良好的人首先是一个有爱心的人。所谓"种瓜得瓜,种豆得豆",生活中,每个人都难免遇上这样或那样的困难,当别人遇上困难时,你能伸出热情的援助之手,你就会得到别人的信任。一个小小的帮助,并不需要我们有多少金钱、多大才能,也许就是一个会心的微笑,就能点亮受助人心中的一盏明灯。

2. 主动取得联系

建立"关系"最基本的原则就是不要和别人失去联络。现代人生活节奏加快,没有时间过多地梳理自己的友情、亲情,时间久了,许多原本亲密的关系就变得疏远,朋友关系逐渐淡漠,这是很可惜的。或许你曾经有过这样的经历:当自己遇上困难时,认为某人能帮助你,本来可以马上找到他,但转念一想好久都没有联系了,冒昧求助可能会遭到拒绝。俗话说"平时多烧香,难时有人帮",不要等到麻烦别人时才想到联系。

3. 主动询问他人

对不清楚的事情要虚心向别人请教,不要自作主张、自以为是。

4. 主动反馈信息

沟通中经常存在信息不对称的问题,并不是所有人都会向你主动提供信息和帮助,你必须积极主动地向对方反馈信息和解决问题的方法,对方得到你的有效信息后,才会乐意将他掌握的信息反馈给你。

5. 主动承担责任

要善于说出自己的想法,不要怕承担责任而束缚了自己的手脚。

总之,积极主动的沟通会让误会、怀疑、猜忌和敌意远离,让共识、理解、信任和友谊走近,从而能够共同分享工作、生活和学习带来的充实和愉悦。

六、互利双赢原则

互惠互利原则,又称对等原则。世界贸易组织要求成员之间相互给予对方以贸易上的优惠待遇,强调权利与义务的综合平衡。即任一成员方在享受其他成员方的优惠待遇时,必须给其他成员方以对等的优惠待遇。在多边贸易谈判的实践中,只有遵循平等、互惠互利的原则,才能在成员间达成协议,维护成员方之间的利益平衡,谋求全球贸易自由化。

人与人之间的交往,靠语言说服别人与自己达成共识是不够的,还须培养互惠观念,在互惠式的交流中,才能使双方的感情进一步加深。

"投之以桃,报之以李;匪为报也,永以为好。"这种答谢之情其实就表达了一种友谊长久的愿望。

案 例

盲人和跛子的故事

一个跛子在马路上偶然遇见了一个盲人,只见盲人正满怀希望地期待着有人来带他行走。"嘿,"跛子说,"一起走好吗?我也是一个有困难的人,也不能独自行走。你看上去身材魁梧,力气一定很大!你背着我,这样我就可以给你指路了。你坚实的腿脚就是我的腿脚,我明亮的眼睛也就成了你的眼睛了。"

于是,跛子将拐杖握在手里,趴在了盲人那宽阔的肩膀上。两人步调一致,获得了一人不能实现的效果。你不具备别人所具有的天赋,而别人又缺少你所具有的才能,通过类似的交际便弥补了这种缺陷。

(一)互惠的方法有哪些

互惠原则告诉我们:要想别人对你友好,你先要向别人友好。投桃报李也是一种友好的表示,而且是自古流传下来的友谊原则。

互惠的方法很多,概括起来,主要有以下3种。

1. 合作法

合作法也称互助法,它是交往双方为了满足各自的利益,在一定物质或精神上进行的相互协作。合作法是互惠的一种重要形式,它能使合作的双方都得到利益。但是,合作也会产生内耗。协同论认为,内耗是事物处在某种无序或不协调状态下,其系统内部各组成部分之间的相互抑制和相互冲突,从而使各种有用力量相互抵消的一种现象。

减少内耗的根本途径是增强协调,协调好各方面的关系。在人际关系处理中,就是要做到人际间相互理解,形成相互之间的稳定性。

2. 竞争法

竞争法是指通过竞争,给竞争者带来一定的压力或危机感,从而促进竞争者不断地努力进取,以取得经济、技术、文化等方面的进步。如几个学生为了争取考分第一,他们都必须加倍地学习,虽然最后只有一个人得到第一名,但平时的努力定能给其他竞争者带来长进。

3. 交换法

交换法是交往双方通过相互的交换,获得利益或好处的一种方法。交换包括物质交换、非物质交换,以及物质与非物质交换等三种类型。物质交换在市场上是最为明显的,如我国南方人喜欢吃大米,北方人喜欢吃面食,于是双方相互交换;非物质交换可以是情感传递、思想交流、信息沟通等,如甲对乙笑,乙还之以笑,就是一种情感传递,使双方得到一种精神满足。学术讨论是一种思想交流。

物质与非物质的交换在个人之间不像前两种形式那样普遍,但是也时常发生。如甲送给乙一份生日礼物,乙致以谢意等。这种交换,双方互利的实际内容是不同的,一方是精神的满足,一方是物质上的满足。

(二)互惠时注意哪些问题

1. 付出不要图回报

人们常说:滴水之恩应当涌泉相报,是指每个人都应该感激别人的帮助。当你帮助了别人,就不能是图感激、图回报,更不能为了得到回报而去帮助别人。所以,一定不要对每一件事都要求回报。哲学中讲有因必有果,但不一定有你所希望的果。

所以，只要抱定"治生不为求富、读书不为做官、修德不为求极、为父不为传世"的想法，就一定能自得其乐，达到饮酒而未醉，陶然有余欢，即使事情中有不尽如人意之处，欲辩解又已经忘记想说什么的境界。

苏东坡曾写有"守骏莫如跛"五个字，意思是一味地认为骏马快，而放纵奔驰，使它得不到休息，就一定会有倾倒跌筋斗的时候，反倒不如一头跛马走得快了。做人也是这样，一味地贪图美名，就一定会有受到玷污的事情。为图回报的付出也是勉强的，如果回报在等待中得不到，会令自己大失所望，这样只能伤害自己。

一位古代智者指出："送人银钱，人用情之厚薄。一言之轻重，不能以代子谋，不能以代弟谋。譬如饮水，暖自如而已。"这段话的含义是：给人家银钱，随便人家用情多少，不要去费心思细琢磨。这就像说话分量的轻重一样，做父亲的不能代替儿子去思考，做哥哥的也不能代替弟弟去掂量。它又如同饮水的时候，水的冷热就只有自己去试探一样。

这位智者的话很有道理，因为在做人方面我们只要投入感情，就一定不要求回报。但如果一味地去计较别人回报的多少，反而使本来很有意义的事情，变成以追求名分为目的的功利主义了。不图回报，反倒可享受到回报时的惊喜；图回报，只是多了回报不至或至而不足的忧虑与烦恼，孰是孰非，诸君自择吧。

2. 彼此互相扶助

帮助别人，也要接受别人的帮助。"投桃报李"是相互的，即双方互惠式的，不但要向别人付出，也要让别人有机会回报你。特别是当你受困时，如果朋友要帮助你，这时便不要拒绝，因为这或许是获得友谊的契机。让朋友帮助你，往往反映了你对朋友的挚诚态度，有的人就是因为不懂得这一点，所以失去了朋友。

接受别人的帮助，让别人首先获得"投桃"快乐，也不失为一种交友之道。先接受帮助，再去回报他，这样还能使友谊更加牢固，达到情越结越浓，友越交越深的效果。

案 例

协助的故事

有这样一则故事：有一个人作了一个梦，梦中他来到一间二层楼的屋子。进到第一层楼时，发现一张长长的大桌子，桌旁都坐着人，而桌子上摆满了丰盛的佳肴，可是没有一个人能吃得到，因为大家的手臂受到魔法师诅咒，全都变成直的，手臂不能弯曲，而桌上的美食，夹不到口中，所以个个愁苦满面。

但是他听到楼上却充满了欢愉的笑声，他好奇地上楼一看，同样的也有一群人，手臂也是不能弯曲，但是大家却吃得很高兴。原来每个人的手臂虽然不能弯曲，但是因为对面的人彼此协助，互相帮助夹菜喂食，结果大家吃得很尽兴。

没有一个人可以不依靠别人而独立生活，这本是一个需要互相扶持的社会，先主动伸出友谊的手，你会发现原来四周有这么多的朋友。在生命的道路上，我们更需要和别人互相扶持，共同成长。

七、适度距离原则

> 小贴士
>
> 海内存知己，天涯若比邻。　　　　　　　　　　——（唐）王勃
> 君子上交不谄，下交不渎。　　　　　　　　　　——《周易》

人际关系最理想的效果是既要密切，又要新鲜，彼此具有长久吸引的魅力。在现实生活中，若要使各种人际关系都能保持较好的状态，那就需要双方有一个恰到好处的距离。古人最早感悟到人际交往需要保持一种若即若离的距离，庄子曰："君子之交淡如水，小人之交甘若醴。君子淡以亲，小人甘以绝。"君子之交，是指朋友之间有个适当的距离，但心灵相通、心心相印。

现代管理学中有著名的"刺猬理论"，说的就是两个相互取暖的刺猬，若靠得太近会相互刺伤对方，太远又起不到相互温暖的效果。运用到管理学中，指的就是上下级之间、同事朋友之间应该保持一定的距离，给对方一定的私密空间。

不少人在人际交往中喜欢形影不离，其实这并不利于感情的维系和保持。在学校，如果你选定与一位同学形影不离，到毕业才发现只交到一个朋友。在工作中，如果你跟某位同事关系太过密切，那么不仅失去与其他同事相处的机会，还可能对工作造成不利的影响。在处理各种人际关系时，关键是把握好"度"的问题。

1. 与朋友保持适当距离

好朋友是需要距离的。人从小到大，都会交一些朋友，这些朋友有的只是普通朋友，但有的则是可称为"死党"的好朋友。但是我们也常发现，一些"死党"到后来还是散了，有的是"缘尽情了"，有的则是"不欢而散"。人能有"死党"是很不容易的，可是散了，多可惜啊！而"死党"一散，尤其那种"不欢而散"，要重新组"党"是相当不容易的，有的甚至根本没有再见面的可能。

人一辈子都在不断地结交新的朋友，但新朋友未必比老朋友好，失去友情更是人生的一种损失，因此我们强调：好朋友要"保持距离"！人之所以会有"一见如故""相见恨晚"的感觉，之所以会产生深厚的友谊，是因为彼此的气质互相吸引，一下子就越过鸿沟成为好朋友，这个现象无论是异性或同性都一样。但再怎么相互吸引，双方还是会有些差异的，因为彼此来自不同的环境，受不同的教育，人生观、价值观不可能完全相同。当二人的"蜜月期"一过，便无可避免地要产生摩擦，于是从尊重对方，开始变成容忍对方，到最后成为要求对方！当要求不能如愿，便开始背后挑剔、批评，然后结束友谊。

所以，如果有了好朋友，与其太接近而彼此伤害，不如保持适当距离，友谊反而更长久。

2. 与领导保持适当距离

关系学表明，保持适当的自由空间，可以使关系融洽长久。一旦人与人之间越过了那道本能的安全防线，为了各自利益，相互摩擦就会接踵而至，矛盾会被激化，危险系数会越来越高。和领导保持适当距离，是为了明哲保身。领导是受人关注的对象，一旦你在领导

身边,你就会自然而然地成为关注对象,有羡慕的、有嫉妒的,也有通过你打通领导关节捞取好处的。这样一来,你就会把自己逼近死角,左右为难,郁郁寡欢,成为争权夺利的牺牲品。

所以,要和领导保持适当距离,不要为贪图一时的便利、一时的威风,最终为自己带来无穷无尽的烦恼。

3. 与下属保持适当距离

有不少管理者喜欢同自己的下属保持很密切的关系,这本来是好事,但是需要注意把握程度,保持适当的距离。由于人与人之间的距离越近,彼此对对方的要求就越高,一旦要求高到一定程度,你就会做不到,对方也会做不到,就会形成伤害,这时,你反而得不到属下的拥戴了。那么,与属下之间的距离该怎么把握?这是无法度量、不好把握的。但是只要不突破以下两大底线,领导与部下之间的距离应该就是合适的。

第一条底线:不占下属一分便宜。管理者同属下之间不可能不发生经济往来,一起餐饮消费,到员工家里坐坐,烟酒不分家,都是免不了的。需要注意的是,在这类情况下我们不能占部下一分便宜,员工往往希望你和他不分你我,但是管理者不能这样,经济上不占下属一分便宜,其他的便宜也同样不能占。

案 例

斯通与通用电气

1980年1月,在美国旧金山一家医院里的一间隔离病房外面,一位身体硬朗、步履生风、声若洪钟的老人,正在与护士死磨硬缠地要探望一名因痢疾住院治疗的女士。但是,护士却严守规章制度毫不退让。

这位护士真是"有眼不识泰山",她怎么也不会想到,这位衣着朴素的老者,竟是通用电气公司总裁,一位曾被公认为世界电气业权威杂志——美国《电信》月刊选为"世界最佳经营家"的企业巨子斯通先生。护士也根本无从知晓,斯通探望的女士并非他的家人,而是加利福尼亚州销售员哈桑的妻子。

哈桑后来知道了这件事,感激不已,每天工作达16小时,为的是以此报答斯通的关怀,加州的销售业绩一度在全美各地区评比中名列前茅。

正是这种适度距离的管理,使得通用电气公司事业蒸蒸日上。

人际关系上常常也有"马太效应"的影子。常人总是密者密上加亲,疏者疏而愈远。美国通用电气公司总裁斯通却主张"人际关系应保持适度的距离"。现实生活中,国与国、人与人之间的关系演变例子一再证明"适度距离"理论不无道理。

斯通对"适度距离"身体力行,率先示范,密者疏之,疏者密。斯通自知与公司高层管理人员工作上接触较多,在工余时间就有意拉大距离,从不邀公司同僚到家作客,也从不接受客邀。相反,对普通工人、出纳员和推销员,他有意亲近,微笑问候,甚至偶尔"家访"。

第二条底线:控制好倾诉的欲望。每个人都有倾诉的欲望,作为管理者也一样,有了高兴的事情,有了烦恼、郁闷,也需要向人倾诉,把快乐加倍,把痛苦减半。管理者可以向家人、朋友、上级倾诉,唯独不可以对下属倾诉。一旦你进行这样的倾诉,你同属下之间的距离就太近了。从你成为管理者的那一天起,就要有"高处不胜寒"的思想准备。这个"寒"指的就是孤独,管理职务越高,可倾诉的对象就越少,就越孤独。

八、择善而交原则

小贴士

> 近朱者赤,近墨者黑。 ——(西晋)傅玄
> 三人行,必有我师焉;择其善者而从之,其不善者而改之。 ——《论语》

所谓择善原则,是指在建立和发展人际关系时不能盲目从事,而要有选择地进行。初入社会的年轻人应该多与比自己强的人交往。这并不是说,你应当去和比你更有钱的人交往,而是说你应当和那些人格、品行、学问、道德都胜过你的人交往,使你能尽量吸收到种种对你生命有益的东西。这样可以提高你的理想,激发出你对事业的更大努力。

在和一个人格伟大、意志坚强的人交往的时候,他会挖掘出你身上存在的许多潜能,你会不知不觉地感到自己的力量突然增加了几倍,自己的智慧会突然提高几倍,自己的各部分机能会突然锐利几分,仿佛自己以前所意想不到的隐藏生命中的力量都释放出来了。你的个人生活或职业生涯中,与你交往的人无论从认识还是行为方式上,都能对你的造成深远的影响。

仔细在内心分析每一个与你交往的人,认真思考你的每一段友谊、工作中的人际交往,以及你在任何其他场合产生的人际关系,那些同你有关系的人都会对你的思想产生深远的影响和冲击。和消极悲观的人在一起,你也会变得消极。或是对一切感到倦怠冷漠、提不起精神,他们传递的消极信息会腐蚀、耗损你向前的动力和决心。

案 例

孟 母 三 迁

孟子小时候家离墓地很近,就常常玩办理丧事的游戏,他母亲说:"这不是我可以用来安顿儿子的地方。"于是搬迁到集市旁边,孟子又做学商人卖东西的游戏。他母亲说:"这也不是我可以用来安顿儿子的地方。"又搬家到学堂旁边。于是,孟子就又做些拱让食物的礼仪的游戏,他母亲说:"这里可以用来安顿我的儿子。"他们就在那里住了下来。等孟子长大成人后,学成六艺,获得大儒的名望。孔子以为这都是孟母逐步教化的结果。

在发展人际关系上,成功人士总是尽力避免同那些可能阻碍他们成功的人打交道。其中包括那些缺乏幽默感或心态消沉的人、总是试图改造别人的人、苛刻挑剔的人、会浪费他们太多时间的人。同时,他们也拒绝那些不守承诺的人,那些猥琐、不诚实或自私自利的人,以及那些总是作威作福不可一世的人。

择善而交是避免祸灾和提升自己品行的最关键的法则之一。坚持择善原则是一个过

程。按照择善原则建立起来的人际关系到底是否真善及其善的程度,需要一个检验的过程。有时,最初自认为建立的是善的关系,但到头来,却被证明是恶的;而且即使是善的、最佳的人际关系,由于各种原因的影响、各种条件的变化,也会变成恶的、不佳的。在这种情况下,不得不"二次"择善。特别是在发现建立的是非善的人际关系或者由原来善的变成恶的人际关系时,更应该当机立断地抛弃。否则,当断不断反受其乱。

关系主体要对自己与对方的需要加以协调和平衡。一个人的精力是有限的,建立人际关系的目的是满足需要,而这种需要必须与人的有限时间和精力成正比。当需要大于人们实际的精力时就会产生需要过剩,使人们终日忙于交往,穷于应付,用于工作的时间就少了。反之,如果个人精力和时间大于自己的需要,出现需要不足,就会陷于孤独、苦闷的状态,导致信息闭塞,孤独无援。减少了自己发挥能力的机会与范围。因此,在建立人际关系的过程中,要经常地协调平衡需要与时间、精力之间的关系。

要对人际关系主体的多种人际关系进行协调和平衡。在现实生活中,每个人都承担着多重人际角色,如一个人在家中对父母是儿子,对妻子是丈夫,对子女是父亲。在工作岗位对领导是下级,对下属是上级。这个关系网,对其主体来说,是有主次的,必须协调。

本 章 小 结

(1) 社会心理学从最一般的方面总结出对人际交往实践的有益启示,帮助我们赢得朋友,保持真挚的友谊,避免人际关系不幸的基本原则,这些原则可以帮助我们成功地建立并维持自己期望的人际关系。

(2) 人在社会中不是孤立的,人的存在是各种关系发生作用的结果,人正是通过和别人发生作用而发展自己,实现自己的价值。

(3) 不同的社会有不同的社会价值观,也就有不同的社会认知。随着社会的发展,人们的观念也在不断地更新,人们的需求也有不同程度的变化。

复习思考题

(1) 人际交往的基本原则有哪些?
(2) 如何理解互惠原则?
(3) 怎样理解与人交往中坚持诚信的原则?

案 例 分 析

名医劝治的失败

我国古代春秋战国时期,有一位著名的医生,他的名字叫扁鹊。有一次,扁鹊去见蔡桓公,站了一会儿,他看看蔡桓公的脸色说:"国君,你的皮肤有病,不治怕要加重了。"蔡桓公笑着说:"我没有病。"扁鹊告辞走了以后,蔡桓公对他的臣下说:"医生就喜欢给没病的人治病,以便夸耀自己有本事。"

过了十几天,扁鹊又前往拜见蔡桓公,他仔细看看蔡桓公的脸色说:"国君,你的病已到了皮肉之间,不治会加重的。"桓公见他尽说些不着边际的话,气得没有理他,扁鹊走后,桓公还闷闷不乐。

又过了十几天后,扁鹊又来朝见桓公,神色凝重地说:"国君,你的病已进入肠胃,再不治就危险了。"桓公气得叫人把他轰走了。

再过十几天,蔡桓公出巡,扁鹊远远地望见桓公,转身就走。桓公很奇怪,派人去追问,扁鹊叹息说:"皮肤上的病,用药物敷贴就可以治好;在皮肉之间的病,用针灸可以治好;在肠胃之间,服用汤药可以治好;但是病入骨髓,那么生命就掌握在司命之神的手里了,医生已无能为力。如今国君的病已深入骨髓,所以我不能再去偈见了。"蔡桓公听后仍不相信。

五天之后,桓公遍身疼痛,连忙派人去找扁鹊,扁鹊已经逃往秦国躲起来了。不久,蔡桓公病死了。

思考题:

(1)根据案例所述,展开讨论医生讲究说服技巧的重要性。

(2)通过讨论与思考,你认为说服成功的重要因素是什么?

实 践 课 程

同学们分成3～5人一组,结合所学的人际交往技巧,把自己与各类人接触的成功和失败的过程进行一次交流,共同分析收获和体会。根据小组讨论的结果,进行一次全班性的交流,与大家一起分享。

训练二

同学们组织一次郊游、一次课外体育活动,试着与你原来不熟悉的同学沟通,体会一下你在沟通过程中都运用了哪些原则。

训练三

同学之间三人一组,每人列举两到三个古代人际交往的小故事,体会故人在人际交往中的技巧,并结合当代人的交往原则,讨论一下哪些已经过时了,哪些还可以继续发扬光大?

第四章

影响沟通的主要障碍及克服技巧

学习目标

（1）了解影响人际沟通的主要障碍有哪些。
（2）掌握克服沟通障碍的主要技巧。

技能要求

（1）在了解了影响沟通的主要障碍的基础上，学会分析有可能出现的类似现象。
（2）能灵活地应用克服沟通障碍的方法，并学会总结经验，不断完善。

正确理解是沟通顺畅的重要保障

有这样一个有趣的例子。纽约某公司总裁告诉其秘书："你帮我查一查我们有多少人在华盛顿工作，星期四的会议上董事长将会问到这一情况，我希望准备得详细一点。"

于是，这位秘书打电话告诉华盛顿分公司的秘书："董事长需要一份你们公司所有工作人员的名单和档案，请准备一下，我们在两天内需要"。分公司的秘书又告诉其经理："董事长需要一份我们公司所有工作人员的名单和档案，可能还有其他材料，需要尽快送到。"结果第二天早晨，四大箱航空邮件到了公司大楼。

这个例子说明了有效沟通有多么重要。沟通障碍存在着潜在的破坏因素，它像一张无形的大网，有时甚至会引发极端事件。

从主观上讲，谁都想有一个好的人际关系环境，可是到头来总是不尽如人意，回想每段人生的历程，总是"欲说当年好困惑"。为什么？是影响人际关系的障碍在作怪。影响人际关系的"障碍物"种类很多，主要有心理障碍、语言障碍、情绪障碍等，要想前进，就要学会"跨越障碍"。跨越了这些障碍，你就是一个成功的交往者。

第一节　沟通障碍概述

人际沟通是指两个或两个以上的人之间的信息沟通。管理者在一个组织中充当着各种不同的角色，而这些角色都要求管理者掌握人际沟通的技能。如作为下级，管理者要向其上司汇报情况、接受指示；作为上级，管理者要指导下属开展工作并听取下属的汇报；作为领导，管理者要了解群众的疾苦，激励员工努力工作；作为一个组织或部门的主管，管理者要了解外界的情况，并沟通组织与外界的联系；作为同事，管理者要协调好与其他管理人员之间的关系等。为了提高人际沟通技能，就有必要了解和掌握人接受信息的过程、人的个体行为对沟通的影响，以及人际沟通中可能发生的障碍，在此基础上才能更好地探寻有效沟通的方法。

一、沟通中个体的信息接受过程

一个人接受信息开始于其受到外界的刺激。外界的刺激可分为两种：一种是显性刺激，它会使人有意识地明显地感受到某种信息的刺激；另一种是隐性刺激，它只是使人感受到，但不一定意识到已受到某种信息的刺激。如有些事听人讲过，当时并没有意识到什么，直到后来才醒悟过来，这种信息刺激，在当时来说就是隐性的。

当一个人受到了外界刺激时，可认为信息到达了接受者这里，但这并不等于这个人已完全接受了外界刺激所带来的全部信息。接受者还要进行一个有选择的知觉过程，个体所接受的只是那些他认为比较重要的那一部分信息。例如一个十分关注投资额的管理人员，他在审查项目书时，可能只注重报告中有关预算的部分，而对其他一些他认为无关的部分则一带而过。

当个体接受了外界刺激所带来的信息后，他将从三个方面展开分析。一个是认识过程，通过对信息的记忆存贮、分类检索、归纳合并、联想分析等逻辑思维过程，进行信息处理；另一个是情感过程，通过逻辑思维所认识到的事物，在情感上不一定能予以接受，在这个过程中起主要作用的是信念、价值观、态度和偏好等；还有一个是生理过程，大脑的活动、血压、体温、心速等生理因素会由于外界的刺激而改变，从而影响感觉和行动。综合三方面的结果，接受者才会对所接受到的外界信息做出相应的反应。

二、个体行为对沟通的影响

人际沟通涉及两个或两个以上的人，沟通效果如何与所进行沟通的人之间的思维能力、情感、动机、精神状况和态度密切相关。从上述的信息接受过程看，个体行为对沟通的影响主要表现在以下4个方面。

1. 个人倾向——态度

态度是与目标、人或事相联系的评价性陈述。当一位员工说"我真的很喜欢我的工作"时，他所表达的是他对工作的态度。每个人都会有由其价值观、信念、立场和偏好等构成的对某一特定事物的某种特定倾向。这种倾向会影响一个人对他所接触到的人或事物所采取的态度，从而影响他与其他人之间的沟通。因为研究表明，人们总是倾向于消除自己态度之间、态度与行为之间的不一致。

如在学校学习时,有的课你比较感兴趣,有的课你根本不喜欢,对感兴趣的课,你一般会注意听讲,而对于不喜欢的课,上课时你可能会心不在焉。一般而言,人们对于自己感兴趣的东西会较关注,而对自己不喜欢的事物会加以反对或采取疏远的态度,"听而不闻,视而不见"。

2. 个人品性——个性

每个人都有不同的个性特点,个性是我们用来区别一个人那些心理特征的集合,它是由多种成分构成的一个有机整体。个性的形成有其生理基础,但社会、文化、家庭等各方面因素对个性形成也有很大的影响。一个人的个性会影响其沟通的方式和效果。

如权力欲比较强的人在与人沟通的过程中所考虑的重点往往是如何制服对方,总想通过各种沟通渠道,施展各种技巧去控制与支配对方;自我感觉比较好的人常常刚愎自用,无视客观事实和逻辑分析,听不进别人的意见;比较刻板的人则常不允许哪怕是很小程度的含混不清,不能容忍在沟通中出现诸如"大概""可能"之类使人感到模糊的状况,对每件事都要求有精确的表述;自尊心强的人有时会为了维护自尊而采取"顺我者昌,逆我者亡"的沟通方式。再如有的人比较愿意向社会公开自己,而有的人不愿别人了解自己。这些都会影响到与他人的沟通。

3. 自卫机制——情绪

当人的内心情感和外在的客观事实发生矛盾时,就会产生对结论的困惑。当这种困惑严重到相当程度时,人的自卫机制就会发生作用;对于事实证明是错误的或不合适的但内心无法接受的事物,竭力寻找一些理由做出"合理化"的解释,或坚持己见,用发牢骚等办法拒绝接受信息;或被迫接受那些自己不愿意接受的信息,带着情绪,故意偏激地来执行指令;或竭力控制自己的不满和"无法接受的心态"。这些行为都会使人对外界的信息接受打折扣,从而影响沟通的效果。

4. 理解能力——知觉

知觉是指个体为了表明他对周围环境的认识而组织和表达其感觉、印象的过程。知觉力则表现为个人认识周围客观事物的能力,也就是一个人的理解能力。同样的事物,不同的人有不同的看法,表明了不同的人的知觉过程和理解能力是不同的。影响一个人知觉结果的因素既包括其个性,也包括被观察目标的特征和认知时所处的环境和感知的方式。

在信息沟通过程中,接受者的个性、发送者的行为、传递的方式、信息传递时所处的环境都会影响接受者对信息的理解,而理解能力又在很大程度上影响着接受者接受信息后所采取的行为。对同一信息,由于理解力的不同,会产生不同的理解,从而产生不同的行为。如当高层管理人员强调"要千方百计地提高经济效益"时,部分管理人员理解为"要千方百计地多赚钱",因而在生产过程中以次充好、偷工减料,这就是由于理解上的不一致导致的差异。

管理者所在的组织是由一群人所组成的,了解人,注重个体行为对沟通的影响,对于提高沟通的有效性是非常重要的。忽视这一方面常常是人际沟通和组织沟通不良的基本原因。

三、影响沟通的主要因素

根据对信息沟通模式和个体行为对沟通的影响的分析,人际沟通中的障碍主要来自以下 4 个方面。

1. 语言问题

语言不通是人们相互之间难以沟通的原因之一。当双方都听不懂对方的语言时,尽管也可以通过手势或其他动作来表达信息,但其效果将大为削弱。即使双方使用的是同一语言,有时也会因一词多义或双方理解力的不同而产生误解。

2. 理解问题

语义曲解是另一个问题,由于一个人的知觉过程受多种因素的影响,常使得人们对同一事物会有不同的理解。例如当上司信任你,分配你去从事一项富有挑战性的新工作时,你可能会误解为上司对你原有的工作业绩不满意而重新给你分配工作。

我们常常认为别人也会像我们一样来理解这个世界,一旦对方的理解与自己不一样时,我们就奇怪怎样会这样。事实上,当人们面对某一信息时,是按照自己的价值观、兴趣、爱好来选择、组织和理解这一信息的含义的。一旦理解不一致,信息沟通就会受阻。特别是在国际环境中,由于各国的文化不同,沟通更容易受阻。

3. 信息含糊或混乱

信息含糊主要是指信息发送者没有准确地表达清楚所要传递的信息,以至接收者难以正确理解。这可能与发送者的表达能力有关,也可能是由于受时间等的限制,而未能很好地表达清楚。在这种情况下,接收者不知所措,就是按自己的理解行事,以至发生与信息发送者原意可能大相径庭的后果。

信息混乱则是指对同一事物有多种不同的信息。如令出多门,多个信息源发生的信息相互矛盾;朝令夕改,一会儿说这样,一会儿又说那样;言行不一,再三强调必须严格执行的制度,实际上却没有执行,或信息发送者自己首先就没有执行。所有这些,都会使信息接收者不知所措、无所适从。

4. 环境干扰

环境干扰是导致人际沟通受阻的重要原因之一。嘈杂的环境会使信息接受者难以全面、准确地接受(听清或记住)信息发送者所发出的信息。诸如交谈时相互之间的距离、所处的场合、当时的情绪、电话等传送媒介的质量等都会对信息的传递产生影响。环境的干扰往往造成信息在传递中的损失和遗漏,甚至歪曲变形,从而造成错误和或不完整的信息传递。

其他还有很多影响有效沟通的因素,如成见、聆听的习惯、气氛等都会影响沟通,但以上 4 方面是影响沟通的主要因素。

第二节　沟通中的心理障碍

人际关系是一种建立在心理接触基础上的社会关系。所以,在影响人际关系的因素中,心理障碍产生的影响更大,也更加直接。

我们在这里使用的心理障碍一词,与变态心理学中的心理障碍是有区别的,在变态心理学中,心理障碍指的是一种病态心理,例如人格分裂、幻听、幻视等。它影响人们的正常生活和工作,这种意义上的心理障碍当然也是影响人际关系的,但我们是在正常人的范围内研究交往问题。

因此,我们假设参与交往的人都是具有正常心理的人。至于心理变态人们的交往,则是变态心理学或精神医学研究的范围,在本章中,我们是在更广泛的意义上使用心理障碍这个概念,即凡是影响人际交往的心理因素,都在心理障碍之列。

一、嫉妒心理障碍

小贴士

> 您要留心嫉妒啊,那是一个绿眼的妖魔!谁做了它的牺牲品,谁就受它的玩弄。
> ——莎士比亚

(一)嫉妒心理对人际关系的危害

对人际关系危害最大的就是嫉妒心理。古往今来,世界上流传着多少因为嫉妒而使人类互相残杀,互相陷害,害人害己的神话和故事。

嫉妒者往往看到别人强过自己、受到称赞和表扬,就气愤、难过、闹别扭,甚至暗中拆别人的台,散布谣言,诋毁别人的成绩。

人们常说:嫉贤妒能小人心,搬起石头砸自己的脚。嫉妒者不仅打击别人,给别人的成长道路设置障碍,而且会贻误自己,影响与他人的友好相处,受到周围人的鄙视与唾弃。嫉妒者是自食其果。人们从不会怜悯这种人,就在于既害人又害己。

嫉妒常产生于条件相似的人们之间,比如同龄人、同学等,如果你当了先进,而我还只是普通一员,我就可能心理不平衡,产生嫉妒之心:"为什么选他当先进而不选我呀?""什么先进!你们哪儿知道,他曾经……"嫉妒之心涉及社会许多方面,但只要是两个人有相互比较的地方,就可能产生嫉妒之心,当然,一般来说,有嫉妒心者多是心胸狭窄之人。

如果领导看到自己的下属成绩突出,独立性越来越强,名气越来越大,在单位的作用越来越大,就会感到自己的权威和地位受到了挑战和威胁,嫉妒之心也就油然而生了。

如果丈夫看到妻子的成就越来越大,超过了自己,有大男子主义倾向的人就会认为自己受到了侮辱,于是千方百计阻挠她,使其败下阵来并寻求自己的保护时才感到安慰。

若我们仔细研究一下嫉妒者的自身情况,很容易就会发现,存在这种心理通常是以无能为基础的。因为自己无能,无法超过别人,也无法阻止别人超过自己,但又是同龄人,就会产生心理不平衡。为了掩盖自己的无能,为了防止别人讥笑自己的无能,把跑在前的人绊倒或拉回来便是这种人惯用的手段。

不过,有时候嫉妒者也不完全是无能,而是懒散,游手好闲,不能全身心地扑在工作上,因而比别人差,却又不甘心。嫉妒不仅不能帮助嫉妒者超过别人,反而吞噬着他们的生命机体,无端地耗费着他们的身心能量,使其越发不能超越他人。

(二)嫉妒心理的调节

嫉妒感严重妨碍人的社会交往,应自觉进行调节。

1. 认清嫉妒

嫉妒的危害已经罗列了很多,但应一分为二地认识嫉妒。嫉妒源于竞争,在充满竞争的现代社会,嫉妒更应被看成是一种扭曲了的上进心,只要能控制嫉妒心理,不转化为嫉妒行为,它不会那么丑恶,相反,嫉妒可得到升华,显示其价值,所谓知耻而后勇,这是嫉妒积极的一面,所以说,对嫉妒的调节主要是采用什么样的方式来释放心理能量,达到心理平衡。

2. 宽容待人

如上所言,心胸狭窄或小心眼儿的人容易产生嫉妒心理。因而,必须改变气量过小的性格特点,使自己的胸襟开阔。胸怀大度在人际交往中的表现是宽厚待人,如果能以宽厚的态度对人对事,就必然能够善于容人,也就是善于与任何超过自己的人相处。

3. 调节优劣对比

当我们嫉妒某人时,总是因为他在某些方面的优势吸引了自己,而自己在此方面恰处于劣势,这种对比是嫉妒产生的刺激源。这时,应有意识地调节自己的注意中心,转移到自身的优势和对方的劣势上,便会使得原先失衡的心理获得新的平衡,进而稳定自己的情绪和情感。

4. 客观认识自我

实际生活中,我们常常会自觉不自觉地滋生嫉妒心理,给自己的精神生活带来烦恼。应该提高自我修养,避免和化解嫉妒心理。重要的是培养自知之明,以便客观公正地评价自己。如果一个人不能正确评价自己,不能客观地评价别人,那么他就很难不产生嫉妒心理。

因而重要的是正确认识自己,只有正确认识自己,才能正确认识他人。除了注意加强修养外,还应注意在嫉妒心理萌发时,或是有一定表现时,能够积极主动地调整自己的意识和行动,从而自觉控制自己的动机和情感。这需要冷静地分析自己,客观地评价自己,找出差距和问题。认清了自己,再重新评判他人,就有所觉悟了。因此,提高自己的修养水平是战胜嫉妒侵扰的关键。

5. 坦然处之

最后的这一条调适建议,是写给被嫉妒者的。就像前面提到的,嫉妒这种情欲伤害的不只是嫉妒者自己,还有被嫉妒者,这也是嫉妒与其他人际情感的重要区别。当受到他人嫉妒的时候,应克制自己的消极情绪,争辩赌气是无济于事的,反而正中嫉妒者下怀,忍气吞声或收敛自己的努力,更不可取。

应该认识到,没有人愿意嫉妒一个无能之辈,被他人嫉妒,正说明自己有过人之处,这是在表明自己的价值,不仅不应悲观消极,似乎更应高兴才是。

二、羞怯心理障碍

小贴士

> 羞怯是人际交往中最大的障碍之一,它普遍存在,只不过各自的程度不同。

（一）羞怯心理的产生

怕羞是人们交往中一种常见的心理障碍。这里的羞怯是指人在沟通过程中常感到紧张、脸红、语无伦次或过多地约束自己的言行，不能清楚、充分地表达自己的思想感情，以致阻碍了人际关系的正常发展。

羞怯的形成主要是在后天，是在家庭、学校和工作环境中逐步形成的，一般来说，由浅入深表现为紧张、难为情、脸红、逃避。

怕羞的人或有怕羞体验的人一般都知道，遇到长者、领导或在大众场合，就会感到紧张，而且自己越是想消除紧张则越紧张。难为情就是我们通常所说的不好意思，譬如要求别人还钱，在中国人看来是相当不好意思的事情，因而总是拐弯抹角地暗示对方。

比难为情更进一层的就是脸红。羞红了脸是怕羞最常见、最引人注目的表现之一。由于脸红的表现特别明显，常常使得怕羞者对此深恶痛绝，恨不得把自己的脸蒙上，甚至挖个洞钻下去，也就是产生了逃避心理。逃避是怕羞的最严重表现。

有的人羞于与人交往，于是把自己封闭起来，遇到熟人就躲开，碰到抛头露面的场合就往后缩。总之，采取逃避、不与人接触的方式，摆脱与人交往中尴尬场面的出现，其结果是：越逃避，社交能力越差，与人交往时也就越怕羞。

怕羞的人在思维方式上易偏颇。一般来说，对同一件事情，从这个角度看令人感到愉快、舒坦，而从那个角度看则让人觉得悲哀沉重。怕羞的人总是容易选择后一种角度。

（二）羞怯心态

在人际交往中，怕羞的人往往表现出以下两种心态。

（1）特别在乎别人的评价，生怕在众人面前讲话，一旦讲不好被人耻笑。

（2）由于特别在乎别人的评价，导致与人交往时过分地自我关注，患得患失心理严重。

持有这两种心态的人，在人际交往时，往往虚荣心特别强，过分注意别人的评价，以别人的评价为取向。自己的行为言语依赖别人的评价，没有绝对的把握是不敢付诸行动的；当然也不敢冒风险，害怕自己的言行受人耻笑。时间一久，便羞于与人交往，更不敢在众人面前讲话，严重影响人际关系的和谐。

（三）如何克服害羞心理

1. 树立自信心

既然害羞并不是天生的，它就可以克服。克服害羞心理的前提是，害羞者首先要自信。树立自信才能使害羞者鼓起勇气，迈出勇敢的第一步。

2. 理性地对待他人的批评

要想改变自己的害羞，必须有基本的理性态度。现实生活中，他人的批评是不可避免的。我们对于他人提出的批评不应过于在意，而是以理性的态度、开放的心情去接受，这样就不会留下阴影。

3. 转移注意力

害羞者总是过多地注意自我，应知道交往并非表演，不必太在乎自己的表现，往往是越在乎，就越觉得拘谨。试着将注意的中心转移到对方，聆听对方讲话的内容。体会对方真正的含义，这不仅会避免因过度关注自我而导致害羞，还会因你的认真和专注使对方体验到被尊重,从而对你形成好的印象。

4．预演角色

对部分害羞者,预先扮演角色,做好准备工作可能是个不错的建议。进入实际的交往情境之前,如要与人谈话,可以提前预演角色,自己要说的话有哪些,该怎样说等事先琢磨好,而后有备而去,害羞程度自然会减轻。

5．学会放松

最后,减轻由害羞引起的焦虑。害羞者应学会训练自己放松,当放松的反应强度超过害羞引起的焦虑时,害羞的色彩便淡化了许多。

当我们如此调整心态后,在行为上就应该大大方方、不畏手畏脚了,也能正视自己在交往时可能出现的紧张状态其实是一种正常心理状况,因而不必担心害怕,对任何事情都能泰然处之。

三、自卑心理障碍

小贴士

自卑其实是可以摆脱的,只要我们愿意,我们就能走出自卑的陷阱,找回信心。

自卑是人们对自己的能力做出过低评价的一种心理感受,是一种消极的自我评价。如若一个人长期处于自卑心理状态,就会影响学习、生活和工作,束缚自己的创造才能和聪明才智。

不少人在办事时常有这种心理:既想找别人办事,又怕被别人拒绝,既想在别人面前谈些自己的观点,又怕被别人耻笑;事先想好了许多话,可一站在对方面前就全忘了,仿佛大脑忽然变成一片空白,一个词也没有,一句话也说不出来,事后,从前准备好的那些话却又一一再现,而且思维也开始活跃起来,这时,他们后悔刚才自己为什么如此窝囊。这种心理现象一般都是自卑感在作怪。

具有自卑感的人,常常丧失上进心,抓不住发展自我的机遇,人生不能达到应有的成功。

（一）自卑感形成的原因

自卑感形成的原因一般有以下 6 个方面。

1．客观原因

所谓客观原因,主要是指家庭出身贫寒、社会地位背景"卑贱"、生理上有缺陷,如患有残疾、身材矮小、长相丑陋或智能低下等而造成自卑是最常见的。

2．主观原因

有自卑感的人往往不能正确地认识自己,把自己看得太低,太在意自己的弱点和不足,认为自己处处不如别人。这种人只看到自己的缺点而忽略了自己的优点,习惯拿自己的短处与别人的长处比,久而久之就会形成自我评价的恶性循环,使自己越来越畏惧社交。

3．遭受挫折

有的人在遭受挫折后,特别是一个人在同类事情上多次经历失败,就往往变得消极悲观,就会强迫他接受自己无能的观念。尤其是性格内向者,一些微弱的挫折,就会给予他难以忍受的打击,使其变得自卑。

4. 周围人的评价

人的自我评价受外部评价影响很大,如果他得到的外部评价不高,则容易有自卑感。

5. 气质性格

不同气质、性格的人对同一事物有不同反应。内向特征的人对事物感受性较强,对事物带来的消极后果有夸大倾向,而且不易将消极体验及时宣泄。当遭受挫折后,倾向于把失败原因归结为自己的无能,这类人容易产生自卑感。

6. 社会化过程出现了问题

任何人都不是天生就有自卑心理的,人们会不会产生自卑心理,取决于在社会化过程中能否形成正确的自我意识。人们在社会化过程中,如果受到过多的消极文化氛围的影响,就有可能形成不正常的文化心理。

如中国传统文化中的妇女观是旧中国女子比男子容易产生自卑心理的文化根源。再如父母对子女的养育态度与孩子自我意识的形成密切相关,过于严厉苛刻的父母容易使孩子从小就产生自卑心理;受人喜爱的孩子从小就感到自己是善良、聪明的,因此才获得别人的喜爱,于是他就尽力使自己的言行名副其实,造就自己成为自信的人。

(二)自卑心理的调适

自卑心理的调适应注意以下几点。

首先,要树立自信心,看到自己的优点和长处,纠正过低的自我评价,多想想自己成功的经历。在潜意识中少用"不可能""不行""不好""没办法""不要"之类的词,多用"说说看""试试看"等词句,只要你立刻按照上述方法去做了,你的生活肯定会有180度的转变。"丑小鸭"终会变成"白天鹅"。

其次,积极行动,方能成功。勇敢地迈出交往的第一步,一次有效的沟通会使你破除沟通的神秘感,增强自己对沟通的自信;多次成功的体验,会使你对沟通形成条件反射,学会自然大方地与人交往。

再次,善于外部归因。外部归因就是把事情的成败归结为客观的、暂时的原因。善于外部归因的人,遭到失败时首先想到的不是自己的无能,而是怎样从现实中找出新的有利于问题解决的因素,再一次尝试成功。如此一来,是不会轻易有自卑感的。

最后,时时激励自己。如何激励自己,给你介绍一项非常有效而简单的工具,这就是日常所用的镜子。假若每天清晨醒来时,能够对着镜子重复三遍以下的话:"我是一个有用的人,我有极高的才能和天赋,这必须要感谢上天,它使我有健康的身体与坚毅的精神,对他人富有同情心,我具备如此多的优点,我一定会成功的。"一股无形的力量便会激发你心底的潜能,使它充塞于你的全身。专心地对着镜子试做这样的"热身运动",这就是克服自卑心理的秘诀。

自卑并不可怕,只要我们能正确对待,就不会给我们的沟通造成很大的障碍。拿破仑年轻时曾为自己的身材矮小和家庭贫困而自卑,后来在生活的磨砺下,他不断成长,凭着出色的沟通能力,统领法国几百万大军,终于创造了第一个帝国。林肯是美国英雄总统,然而他出身农庄,9岁失母,只有一年的学校教育,这些都曾使他自卑过,以致他的第一次演讲没讲完就跑下了台,后来他努力实践,用他的自信征服了选民,登上了总统的宝座。这样的例子比比皆是,只要我们有心克服自卑,沟通是会成功的。

四、恐惧心理障碍

小贴士

> 害怕是人的正常情绪,压抑自己的害怕只会令你更加手足无措。

很多时候,当我们恐惧时,使我们更加恐惧的并不是生活中的某些事物,而是指导我们行为的思想。

案 例

死于"心理暗示"

有个国王非常残忍,不仅经常草菅人命,甚至在每次处决死刑犯时,他都将之视为一种刺激和娱乐,想要不断尝试更新奇的花样。

一次,有一位犯人被告知自己第二天将要被处以极刑,行刑的方式是在他手臂上割一个5cm大的伤口,让血一滴一滴慢慢流,直到他遍身痛苦,鲜血流尽为止。

犯人听了惊恐不已,要眼睁睁地看着自己的生命流逝,这简直比五马分尸更加残忍。犯人百般哀求,但国王却无动于衷。

第二天一大早,这名犯人被带到一个小房间中,并被五花大绑,牢牢地贴在一面墙壁上。墙上有个刚好可以伸进一条手臂的小孔,刽子手把他的一只手从孔中穿到墙的另一面,让犯人看不到自己的手。

接着犯人感到一阵灼热的疼痛,刽子手在他的手臂上割开一个洞,并且在地上放了一个瓦罐来盛血。"嘀嗒……嘀嗒……"鲜血一滴滴地滴进瓦罐中,四周安静无声。墙壁这边的犯人听着自己的血滴进瓦罐中的声音,一会儿就感觉像是过了一个世纪那么长。他觉得全身的血液都在朝着那只手臂涌去,像瀑布一样越来越快地流向地上的瓦罐。

不一会儿,他觉得身体越来越冷,意志也随着鲜血消逝了;他手脚发软,整个人瘫了,挣扎了几下就死了。而在墙的那一边,他手上的那个小伤口早就不流血了。刽子手在靠近墙壁的桌子上放着一个水瓶,那些"滴答滴答"的声音其实是水瓶中的水通过漏斗管子滴进瓦罐里的声音。

国王玩的花招叫作"心理暗示"。他用一种强烈的心理暗示,让犯人自己杀死自己。

就好像每个人都知道在完成自己的目标之前,多多少少都会遇到困难,但不是每个人在碰到困难时都会思考:这个困难,到底算不算是"困难"? 困难到底是不是困难,必须动手去做才会知道。如果你只会在一旁空想,那么这个世界对你而言,将会是个被重重"困难"包围的可怕环境,而你,永远也无法克服困难,往前再走一步!

恐惧是人类的一种原始情绪,指个人在面临困境并企图摆脱但却无能为力时所产生的情感体验,常常伴随明显的外显行为动作,如惊叫及其他预示危险的面部表情等。人际恐惧感是指人在交往时出现的带有恐惧色彩的情感反应,如紧张、手足无措、出冷汗、声音战栗、身体发抖等。这些反应泛化到交往情境中,个人会体验到情不自禁地紧张、不安与恐惧,明显影响正常交往,竭力避免参加公共活动,回避与他人的交往,重者与他人隔离,与外界隔离,自我封闭起来。

恐惧感中的紧张、不安成分与羞怯有相似之处。但在情感强度和实际的交往情境上,二者有所差别。我们的恐惧感可能是因为我们认为对方过于强大,具备控制我们的能力,也可能是因为我们对对方抱有某方面的期望,担心自己做得不好,对方会对我们失望。在情感强度上,恐惧显然会高于害羞,在交往情境上,对于新手而言,更容易产生的是羞怯。

(一)恐惧感产生的原因

恐惧感产生的主要原因有以下 4 点。

第一,对安全感的过分追求。交往恐惧者往往较敏感,过分关心自己在他人心目中的形象和他人对自己的评价,这或许是引发恐惧的根本原因。

第二,挫折经历。有些人在某一次的自认为非常重要的交往中受到一次较大的刺激,产生了恐惧的情绪体验,继而形成条件反射,并逐渐泛化,形成一遇交往甚至一提交往就感到恐惧的不正常心理状态。

第三,认知偏差。许多人的交往恐惧可能是因为,把即将要做的事情看得过重,或把即将要见的人看得过高。这种对即将面对的事实的态度,使得恐惧者顾虑重重,过高地估计了事情的严重性。

第四,个性品质。有些人的交往恐惧可能与自身气质特征有关。抑郁型气质的人,往往有一些自卑,举手投足不免显得畏畏缩缩,原本其交往量就不多,还会因不良的情绪反应,致使他人观察到他的恐慌等外显行为,胆战心惊的情绪体验使他慢慢放弃了与他人交往的念头。

(二)恐惧感的调适

调适恐惧感可从以下 4 方面努力。

1. 正视恐惧

欲调节恐惧感,首先要明确造成这种恐惧的真正原因何在。恐惧者中有许多虽在痛苦地体验着忐忑不安的特殊情绪,但实际上,他们往往很少能直面自己恐惧的内容,也就是说,不能清晰地认识到让自己恐惧的是什么东西,这时,这种恐惧感以莫名的方式笼统但实在地存在着,只要能鼓起勇气正视它,便能找到恐惧产生的最初原因。

或许实际上通常的情况是,恐惧并没有什么针对性的内容,如嘲笑、讥讽乃至暴力等,这些遭遇在每个人的社会生活中都可能出现,因而对具体的每一个人并没有什么特别的威胁。这是必须迈出的第一步,有很多人的恐惧会在正视它之后便荡然无存了。

2. 改变个性中不利于人际交往的品质

在一定程度上可以说,个性的不良是交往恐惧得以存在和蔓延的前提条件,个性得不到改善,交往恐惧就无法彻底根除。如前所述,抑郁质的人常常对自己的举止言行过于敏感,生怕在交往中被他人嘲笑、品评,故而在交往之前就已经受到自己构想中的外界压力的重压,当然会在交往时如临大敌,异常紧张,手足无措。

这样的表现从他人那里得到的反馈信息必然会令人失望,更糟的是,抑郁者对这种反馈又特别敏感,这又加重了其紧张程度,恐惧情绪就这样由交往前到交往中形成了恶性关联,最终导致躲避和封闭。

另外恐惧者往往都有程度不等的自卑心理,在交往之前他们便低估了自己的能力,仿佛形象而真实地预见到了失败和尴尬,为了避免这种可怕的结局,便自然不愿与人交往了。就此而言还是要归结到自卑的心理障碍,克服自卑无疑是调适驱除恐惧的突破口。

3. 积极参加交往

对于恐惧者尤其应更充分地认识到交往的意义,交往是增长才智、了解社会、把握人生的有效途径,是适应现代生活的必要技能,应自觉要求甚至强迫自己参加交往。对交往意义认识不足,没有掌握基本技能,使得恐惧者似乎总处在失败的边缘。但交往能力的提高只有在交往实践中完成。

主动参加交往,应对外界各种刺激,应激能力和解决复杂问题的能力才能逐渐得到培养并提高,才能逐渐掌握摆脱困境的能力、方式和技巧,这时导致恐惧的威胁和危险也就不存在了,那么还有什么理由恐惧呢?

4. 咨询和治疗

严重的交往恐惧不能自拔,深刻影响了个人的正常生活,必须积极采取心理咨询和心理治疗的方法。咨询是前提,治疗是关键。

可以适当作一些克服人际恐惧的适应性训练,在开始交往时,不妨只简单地考虑自己的表现,自己该怎样做和该怎样说,而不去顾忌他人的反应如何,这样先从心理上居于主动地位,有利于形成交往过程中的心理良性循环。

还可以在专业人员的指导下采用系统脱敏法,这是一种用于消除焦虑的行为疗法,也可有效地治疗恐惧。专业人员的帮助,提供的积极的心理疏导,可使恐惧者认清自己恐惧的真实原因,最终使恐惧彻底消失。

五、猜疑心理障碍

小贴士

> 人与人之间的提防戒备似在情理之中,但不应成为人际交往的借口。

我国传统的交往观念中有这样的训示"逢人只说三分话,不可全抛一片心""害人之心不可有,防人之心不可无""知人知面不知心"等,即便在现代社会中,这些训示仍不无道理。

尽管人与人之间的真情历来被全社会所称颂,但欺骗蒙蔽、虚情假意等现象依然存在,人与人之间的提防戒备似在情理之中。这不应视为对人际猜疑的辩护,因为我们更容易看到,有些人防备心理过重,或疑虑重重,或无中生有,甚至怀疑一切,以为人人不可信,人人不可交,这就成了心理障碍。

(一) 猜疑心理的危害

历史教训具体形象地向我们诉说着猜疑的弊病。《三国演义》中的曹操便是疑心极重的人,因刺杀董卓的阴谋暴露,逃至世交吕伯奢家,吕欲杀猪款待曹,可曹操因听了磨刀之声和"缚而杀之"的话,便大起疑心,不问青红皂白,拔剑刺杀八口无辜。再有,楚汉战争,刘邦采用离间计,使项羽对足智多谋的范增顿生疑心,弃而不用,使不少部属寒心离去,终成孤家寡人。这样看来,离间计正是对人际猜疑的扩大利用。

日常交往中,原本友好相处的朋友,由于听信流言蜚语,由疑生怨,继而侧目相向,乃至反目成仇,友谊破裂,知心朋友却成陌路。猜疑简直是败事之本,是害己害友的祸根。实际上,猜疑是交往中每个人都会有的一种自我保护现象,但程度不同。

这里所讲的猜疑,是指一种由主观推测而产生的不信任的复杂情感体验。其危害之大,迫使我们要深入剖析猜疑的起因。

(二) 猜疑的起因

第一,思维偏差所致。许多猜疑是在无中生有的基础上产生的,一旦猜疑者有了疑点,他对外界信息的摄取范围便缩小了一半,将所有的分析、推理和判断都建立在试图证明自己的设想上,一些无意义的琐事被赋予了个人倾向性的解释,一个偶然的手势、一句无意的话、一个无意动作等都成了猜疑的来源,"疑邻偷斧"的典故讲的就是这样一种情境。当怀疑是邻居的儿子偷了自己的斧时,疑者发现邻居的儿子的言谈、神色、一举一动都是偷斧的样子,几乎确信无疑了。

第二,与不良的个性品质有关。猜疑之心,人皆有之,但胸怀坦荡、豁达大度的人不会轻易猜疑别人,而心胸狭隘、目光短浅、比较自私的人猜疑心重。其中,自私总与猜疑相伴,所谓"疑人者,人未必皆诈,己则先诈矣"。私欲越重,猜疑心理也越强。

第三,缺乏自信。缺乏自信的人总认为自己在某些方面不如他人,总以为他人在议论自己、算计自己,即便是他人在一起说话时不经意地瞥了自己一眼,也以为他们正在说自己的坏话,还经常将他人听说与自己毫无关联的话理解为指桑骂槐。

第四,挫折使然。猜疑可能是由挫折引起的防卫,遭受严重挫折的人容易猜疑。有些人曾经因为轻信他人,蒙受挫折和损失,便"吃一堑,长一智",警惕重蹈覆辙,从此不再相信任何人。一般来说,被他人的伤害越大,就越容易产生"一朝被蛇咬,十年怕井绳"的情绪死结。

第五,环境影响。生活在人际关系复杂、宗派纷争的社会环境中的人极易猜疑。这种环境中,人际关系紧张,宗派林立,内耗严重,人与人之间相互提防、戒备心理便大大发展了。

(三) 如何克服猜疑心理

可以从以下5个方面克服猜疑心理障碍。

第一,用理智战胜冲动。当疑窦顿生时,应先问为什么自己起疑,查明自己怀疑的原因,而不是为自己的怀疑寻找证据。这时,最好选择正反两方面的信息,而不是任由冲动去进行自以为是的主观推测,要提示自己一分为二地看待被怀疑者,学会全面具体地看问题,用经验来巩固自己的理智,而不是让猜疑驾驭自己。

第二,不要让自己的思想总是停留在过去的挫折经历中,遭受蒙骗的痛苦回忆中,要学会节制、驾驭并最终战胜痛苦,摆脱挫折的阴影。

第三,培养自信,看到自己的长处,认识自己能给他人带来的益处,相信自己会与周围的人友好相处,而不是怀疑别人的挑剔、为难。

第四,认识他人,信任他人。对并不熟悉的人而言,防备心理是很正常的,因为我们不了解他，不能预测他的行为，不能把握其品质，为避免疑神疑鬼，应当在交往中认真观察，全面了解他人。而对于熟悉的朋友，信任是最重要的。

第五，锤炼自己的个性。改变自己患得患失的心理，不要让一己之私欲支配和折磨自己，无私则无疑。

六、孤僻心理障碍

小贴士

> 播种冷漠，你只会收获寂寞；播种温情，你才会收获友情。

正常人都有交往的需要，有合群的需要，但在我们周围总有一些超俗者，他们不愿与人交往，常常无话可说，厌恶与人交谈，他们不随和、不合群，将自己与外界隔绝开来，很少或根本没有社交活动，如天马行空，独往独来，这即是孤僻。孤僻者排遣自己内心寂寞的方式是完全个人化的、与他人无关的，如写日记、吟诗作画等，他们更像是真正的孤家寡人。

（一）孤僻的类型

孤僻分为以下3种类型。

1. 怪癖型

怪癖型孤僻者往往有与众不同的特殊习惯，与他人格格不入，他人无法容忍，不愿接纳。

2. 清高型

清高型孤僻者自命清高，孤芳自赏，将他人都看成低级无聊、庸俗肤浅。

3. 性格型

性格型孤僻者性格过分内向，内心体验非常深刻，自甘孤独寂寞，凡事深藏心底，从不说与人知，这也堵塞了他人认识他们的通道，孤僻者更以为他人不可能理解自己，遂离群索居，逃避现实。

（二）造成孤僻的原因

孤僻者的不同类型提示我们，造成孤僻的原因是多样的。

第一，性格原因。性格内向，喜好内省，乐于享受孤独。

第二，认识原因。过度关注自己独立的内心世界，关心自己的内心体验，对外界事物淡薄。

第三，挫折经历。在社会生活中遭遇挫折打击，不主动疏导矫治，精神压抑愈积愈重，对周围世界变得异常敏感，为避免伤害，出现回避社会的行为。

第四，环境影响。家庭环境对孤僻者的影响不容忽视。研究表明，父母离异是威胁儿童的最严重、最复杂的精神健康危机之一，其中带来的最恶劣的后果即是儿童会形成孤僻的性格。父母的离异，使儿童过早接受了烦恼、郁闷、焦虑等不良体验，产生消极心境，诱发心理疾病，形成孤僻性格。

从孤僻者的表层行为来看，似乎他们与别人交往的动机不够强烈，甚至是没有，其实他们只是将交往的需要和动机压抑在潜意识中,严重影响着他们的正常交往,也使自身深受其害,他们的心灵常会被寂寞、孤独、无助吞噬着,但又不能自拔。

(三)孤僻心理的矫正

首先,要正确认识自我。这是矫正孤僻心理的基本前提和突破口。孤僻者多对于自我有扭曲的认识。他们自命不凡,总是夸大自己的优点和长处,同时又责人过严,不对称的对比,使得其优越感膨胀,傲然独立成了他们的典型心态。

孤僻者还应通过对内心世界的反省来认识自己,反省是与自我内心进行的对话,自己既是观察主体,又是自我观察的客体和对象。但须注意,正确的内省必须遵循现行社会中的社会文化价值观念、普遍的社会文化准则和行为规范,否则反省不仅不能得出关于自己的正确认识,甚至有害。

其次,优化性格。前已述及,孤僻的重要内在因素是性格的过于内向、固执,应着重培养他们乐观开朗、乐于交往、善于听取他人意见的性格特征,而性格特征的塑造必须在正当、良好的交往活动中进行,在社会活动中、在与他人的相互接触中体验人际情谊,感受人际温暖,产生与他人成为朋友的愿望,树立甩掉孤僻的信心。

第三节　沟通中的其他障碍

一、语言障碍

语言是最重要的沟通工具。但语言又是一种极复杂的工具,掌握运用语言的能力决不是一件轻而易举的事。由于语言方面的原因而引起的沟通麻烦到处可见。

🔍 小贴士

> 语言不仅是信息最有效便捷的媒介,也是与他人共享文化经验及个人经验的工具。

案　例

语言带来的误解

有一次,在工地的早晨碰头会上科长说:"缺了一份工程图纸,看样子是施工人员把图纸随身带走了。"参加碰头会的一位老工程师疑惑不解地看了一下科长说:"怎么这样没脑子呢。"科长马上发火说:"你要说什么我知道,你已经不是第一次侮辱我了!"那位老工程师慌忙解释说:"我不是说您没有脑子,而是说那个施工人员。"在这种情况下产生的语言障碍是由于误解所造成的。

不少的误会、争吵和冲突是由于不能明确表达自己的意思而引起的。最后你会说:"您不理解我!我根本不是这么说的!"在这种情况下应抱怨的是自己,障碍很可能出现在语言表达上。

一个人语言掌握得不好,容易使自己陷入尴尬的境地。

(一)语音差异造成隔阂

中国地域辽阔,是个多民族的大家庭,许多民族有自己的语言,不同民族间的交流便面临着语言的障碍。此外,现代汉语又可分北方话、吴语、湘语、赣语、客家话、闽北话、闽南话、粤语八大方言区。而每个地区方言还可分出大体上近似的一些方言,如闽南话又有厦门话、漳州话、泉州话之分;四川话"鞋子",在北方人听来颇像"孩子";广东人说"郊区",北方人常常听成"娇妻",等等,类似的笑话很多。

(二)语义不明造成歧义

语义不明,就不能正确表达思想,不能成功地沟通。如某学生给学校领导写信:"新学期以来,张老师对自己十分关心,一有进步就表扬自己。"校领导感到纳闷,这究竟是一封表扬信还是一封批评信?因为"自己"一词不知是指"老师自己"还是"学生自己"。幸好该校领导作风扎实,马上进行询问调查,才弄清这是一封表扬信,其中的"自己"乃是学生本人。

在与孩子、外国人和非专业人员谈话时也会产生交往的语言障碍。儿童对名词术语知道的不多,常常把概念混淆(倔强和粗野,顽强和固执等)。与说方言的人和不同专业的人在一起工作也要带来困难,这已无须赘述。同一术语有不同的理解,如果事先能准确地弄清楚所用术语的含义,就会减少争论。有人曾这样说:"能确切地弄清楚词义,就会使人类减少一半误解。"

我们可以从以下几个方面克服语言方面的障碍。

1. 克服语言不同、语音差异造成的沟通障碍

中国是一个拥有56个民族的大家庭,不同的民族都有自己的语言,即使是同一个民族,由于地域的不同,语音也有很大差异。所以当不同民族、不同地域的人们进行交流时,由于语言或语音上的差异,肯定会对沟通造成一定的影响。为了克服这种沟通障碍就需要沟通双方的语言、语音一致。

例如一个汉族人和一个蒙古族人在交流时,要么统一说汉语,要么统一说蒙古语,或者统一为一种大家都听得懂的语言。同一民族不同地域的人要尽量说标准的民族语言,例如汉语中要说标准的普通话。总之,语言一致是沟通顺畅的重要前提。

2. 克服语义不明造成的沟通障碍

语义不明大多为语言表达上的失误所造成的。表达中措辞不当或者内容失调都可能使对方不知所云。所以在语言表述中要注意词语搭配得当,根据场合和沟通双方地位、品位的不同而分别选用恰当的词语,在内容上要求表述完整,分清主次。

3. 克服不良的说话习惯造成的沟通障碍

如果没有养成良好的说话习惯也会对沟通造成十分不好的影响。

例如习惯用鼻音说话,声音过高或者过低,语音、语速生硬,缺少应有的变化,动作过多,过多使用口头禅等。要克服这些不良的说话习惯,需在平时说话中多加注意,多按照正确的说话方式来练习,还可以找人来监督。

二、不同国家、不同地区的习俗障碍

小贴士

> 忽视习俗因素,从而导致沟通失败的事情是屡见不鲜的。

不同的国家、民族和地域由于历史的沉淀形成了各具特色的风俗习惯,从而为沟通设置了一道无形的屏障。要想在沟通中打破这些屏障,就要求在沟通前对沟通对象的风俗习惯有所了解,从而在沟通中避免触犯对方的禁忌。

习俗即风俗习惯,是在一定文化历史背景下形成的具有固定特点的调整人际关系的社会因素,如道德习惯、礼节、审美传统等。习俗世代相传,是经过长期重复出现而约定俗成的习惯法,虽然不具有法一般的强制力,但通过家庭、邻里、亲朋的舆论监督,往往促使人们入乡随俗,忽视习俗因素而招致沟通失败的事例屡见不鲜。

（一）不同的礼节习俗带来的误解

一位德国企业家到日本去磋商合同问题,在谈判期间,他受到日本某商社代表的热情款待。当他提出自己的意见时,日本代表微笑着频频点头。德国企业家高兴地回国了,可是,等他满怀希望地期待了三个星期后,却得到日本方面完全出乎意料的回音——他所提的意见,有半数以上没得到日本采纳。这位德国企业家实在不清楚,日本人的微笑和点头,有时只是一种礼貌之举,绝不是同意的表示。

（二）不同的时空习俗带来的麻烦

例如北美人与拉丁美洲人在交谈时就有不同的空间要求。在北美洲,如果谈话内容是业务联系,那么双方之间的合适距离大约是 2 英尺。这种距离在鸡尾酒会那样的社交场合会缩短,但任何时候,如果近到 8～10 英寸,就会使北美人感觉不舒服。而对拉丁美洲人来说,2 英尺距离显得太冷淡、太不友好了。于是,他会主动接近谈话对象,甚至无视北美人设置的"禁区",拉丁美洲人如果把身子探过桌子与北美人交谈,这样的空间处理方式常常会引起北美人的紧张。

再如,北美人与拉丁美洲人对交谈的时间的要求也不同。拉美人不习惯于太严格的准时约会,如果因为某种原因让对方久等了,他们一般不认为有认真解释的必要,只是略带表示一下歉意就心安理得了。而北美人则把迟到看作是靠不住的表现。

（三）不同的审美习俗带来的冲突

审美习俗的深层是文化知识,奏一支美好的乐曲,有音乐细胞的人会闻乐起舞。可是,对于音乐细胞少的人来说,则视音乐为"丝弦之乱耳",再好的乐曲也是"对牛弹琴"。因此,不提高整个民族的文化素质和审美能力,也会在一定方面造成沟通限制。

有这样一个有趣的事:有一些来自不同国家的贸易代表,应开会国地主之邀,坐上豪华游轮,一面旅游,一面洽谈商务。没想到船开到了大海中时,竟然因为机器部件过热爆炸,船舱进水,船开始缓缓下沉。船长让大副通知所有乘客,赶快穿上救生衣跳到海里去,可是这些贸易代表不肯跳入漆黑冰冷的大海里,即使大副用威胁强迫的口气命令他们,也无法说服这些伶牙俐齿的贸易代表。

船长只好亲自来到客舱,说服各国代表。船长分别将他们带到旁边说了几句话,没想到,船长说完之后,大家都乖乖穿上救生衣跳入海里,等待救援。就在船长弃船前,大副好奇地问他:"你是怎样说服他们的?"

"啊,没什么,我只是顺着他们的心理去说。我对英国人说:跳水绝对有益健康,不用担心;对德国人说,这是船长的命令;对法国人说,跳到水里获救时会上电视,很出风头;对俄国人说,这是伟大革命的一刻;对美国人说……"

"对美国人说什么?"大副追问道。

船长笑了笑说:"上船前我为他们买了高额保险。"

看,这位船长多么擅长与不同国家的人打交道。他了解他们不同的文化背景,懂得他们的不同需要,才获得了与他们沟通的成功。

三、环境障碍

小贴士

> 环境的好坏,会直接影响沟通的效果。

沟通时的环境如何也同样能在很大程度上影响到沟通的效果。

如果选择光线昏暗、声音嘈杂、空气炙热、位置偏僻的地方来进行交流,肯定不会有什么好的效果。所以环境因素也不可忽视。

1. 光线

可以将沟通的环境选在光线明亮的地方,但也应避免光线太强。

2. 颜色

注意沟通场所的颜色,一般黄、橙、红等暖色调颜色的场所使人感到温暖、愉快;蓝、紫、绿等冷色调颜色的场所让人觉得安宁;浅黄、灰褐、象牙色等特殊色调颜色的场所使人兴奋。可以依据沟通的对象、沟通目的的不同来选择不同的颜色搭配。

3. 空气

选择通风好,温度、湿度等各方面环境条件都适中的场所。室内温度依据具体的季节和天气的不同以及个人的身体状况来定,相对湿度在40%~60%比较理想。

4. 声音

一定要选择比较安静的地方来交流,否则沟通将无法顺利进行。一般要求声音控制在60分贝以内,否则沟通的双方都会受到噪音的干扰而变得心情烦躁不安,无法静下心来心平气和地进行沟通。

5. 位置

沟通的地点一般选在沟通双方都比较方便的地方,避免去一些特别边远、偏僻的场所。在沟通过程中也要保持适当的距离,不可过于疏远或者过于亲密。要依据对方的性格、与对方的熟悉程度、空间的大小等具体情况来确定最合适的沟通距离。以体现双方的亲密程度,使双方都比较放松。

在沟通过程中,可能经常会被各种障碍所困扰。为了完成有效的沟通,需要在思想上引起足够的重视,尽量避免产生沟通障碍。如果确实遇到了这样或那样的麻烦,一定要依据具体情况沉着应对。

本章小结

本章着重讨论了影响人际交往中可能遇到的主要障碍及如何克服的主要方法。

影响沟通的主要障碍有:心理障碍,语言障碍,习俗障碍以及环境障碍等。

在影响人际关系的因素中,心理障碍产生的影响最大,也最直接。

心理障碍包括:嫉妒障碍、羞怯障碍、自卑障碍、恐惧障碍、猜疑障碍、孤僻障碍等,其中嫉妒障碍又是影响人们交往的主要障碍之一。

影响沟通的障碍很多,这里只是对普遍存在的、影响比较大的一些障碍进行介绍。同时讲述了克服这些障碍的一些技巧。

希望通过本章的学习,使大家不但了解影响人际沟通的主要障碍,还能学会克服这些障碍的方法。

复习思考题

(1) 影响人际沟通的主要障碍有哪些?
(2) 结合实际,试分析语言障碍对你生活中的影响。
(3) 羞怯心理障碍应如何克服?
(4) 猜疑心理障碍是如何影响沟通的?
(5) 根据自己的理解和经历,你认为还有哪些因素能影响人们的交往?

案 例 分 析

小 M 的烦恼

"哐"的一声,会议室的门被重重地撞上了,小 M 满脸愤怒地冲出来,脸色通红,双唇紧闭,同事们都吓坏了:小 M 平时不是这样。

小 M 在该企业创办之初就开始参与各项筹备工作。但最近,小 M 觉得加班的时间太长,几乎每天都加班,白天却总是开会,而且开起会来没完没了,一开就是一下午,害得应该白天做的工作不能完成,只好晚上加班,因此小 M 对总经理的开会方式一直有意见,也向经理提过,但过不了几天又恢复了原来的样子。

经理是一个要求完美的人,一个方案写之前要讨论若干次,写的过程中还要反复讨论,写完之后,要改个七八次,而且要不同的人改。所以,很多任务在正常工作时间内都无法完成,客户又催得急,只好加班。

小 M 尽管已经做到了管理者的位置,但很多事情做不了主,大小事都要总经理决定。因此,小 M 也很郁闷,觉得经理还是不信任自己。自己工作很努力,但是每次经理都会挑很多毛病,很少肯定员工的工作,一个方案总是改了又改,很让人心烦。

刚开始,小 M 的工作热情很高,对加班也不太在乎,但是时间一长,身体吃不消了,饮食没有规律,睡眠不足,小 M 和经理多次提到加班的事,但效果不大,再加上小 M 对经理的一些做法不认同,因此一直她对经理有些不满,但一直忍着。最近小 M 和经理之间冲突的次数不断增加,终于小 M 控制不住自己的情绪,和经理大吵了几次,特别是"摔门"事件之后,两人之间的对立更白热化。

小 M 觉得睡眠很不好,记忆力减退,上班也没心思工作,心情特别压抑、消极、愤怒。身上出现皮疹,用药的效果也不大。尤其是和经理争吵之后,她情绪激动、心跳加快、满脸通红。小 M 每天上班都不舒服,一想到要和经理讨论问题她都觉得紧张,特别是开会的时候,感觉自己很焦虑,坐立不安,她尽量回避和经理接触,觉得身心疲惫。小 M 自己在北京,朋友平时也很忙,所以她觉得自己有很多委屈却没有人诉说,更觉得失望、孤独。

问题:
(1) 小 M 的问题出在哪里?
(2) 如果是你,应该如何处理类似的问题?

实 践 课 程

经历交流

请同学们想一想,在生活中你的亲身经历,有哪些是受某种障碍影响而导致了沟通失败或是克服了某种障碍而取得了成功。

要求把你的经历写下来,并尝试与大家交流。

暗示的游戏

(1) 培训师可以拿出一样东西,比如衣服、照相机等,然后让大家估计它的价值,但是注意每个人只能将自己的估计写在纸上,不能被他人看见。

(2) 提供这个东西的一些信息,比如购买地、品牌、受众等,再让大家重新估计一下它的价值,写在纸上但不要说出来。

(3) 选一些同学说出他们的估计价格,并进行解释,让大家再判断一次这个商品的价值,然后让大家看一下这三次估计值的不同。

阅 读 材 料

你善于交谈吗?

不善于与人们交谈,常常容易引起纠纷或误会。每一个人与别人交往的要求都不同,而表达自己及领会他人意思的本领也因人而异。

你想知道自己与人交谈的能力吗？不妨测试一下，每题有三种答案可供选择，答题后可以计分评判自己的交谈能力。

(1) 你有否时常觉得"跟他多讲几句也没意思"？

(2) 你是否觉得那些太过于表现自己感受的人是肤浅的和不诚恳的？

(3) 你与一大群人或朋友在一起时，是否时常觉得孤独或失落？

(4) 你是否觉得需要有时间及一个人静静地才能清醒一下和整理好思绪？

(5) 你是否只会对一些经过千挑百选的朋友才吐露自己的心事？

(6) 在与一群人交谈时，你是否时常发觉自己在胡思乱想一些与交谈话题无关的事情？

(7) 你是否时常避免表达自己的感受，因为你认为别人不会理解？

(8) 当有人与你交谈或对你讲解一些事情时，你是否时常觉得很难聚精会神地听下去？

(9) 当一些你不太熟悉的人对你倾诉他的生平遭遇以求同情时，你是否觉得不自在？

结果分析：每题选"是"记3分，选"有时"记2分，选"否"记1分。

如果你得分22～27，表示你只有在极需要的情况下或者对方与你志同道合时，才问别人作较为深入的交谈，但你仍不会把交谈作为发展友情的主要途径。除非对方愿意主动频频跟你接触，否则你总处于孤独的个人世界里。如果你得分接近21，则表示接近孤僻的性格。如果你得分15～21，你大概比较热衷跟别人做朋友。如果你与对方不熟识，你开始会很内向似的，不大愿意跟对方交谈。但时间久了，你便乐意常常搭话，彼此谈得来。如果你得分9～14，这表示你与别人交谈不成问题。你非常懂得交际，善于营造一种热烈气氛去鼓励别人多开口，同你谈得拢，彼此十分投机。

CHAPTER 5 第五章

沟通技巧

🔑 **学习目标**

(1) 充分认识沟通技巧在人际交往中的重要性和复杂性。
(2) 领会在日常交往过程中的注意事项,掌握人际交往的技巧,并能灵活运用。

🔑 **技能要求**

(1) 能灵活应用学到的人际交往技巧与各类人接触。
(2) 客观地分析自己,并能逐渐改善自己待人接物的方式。

谁最有价值

古时有一个国王,想考考他的大臣,就让人打造了三个一模一样的小金人让大臣分辨哪个最有价值。最后,一位老臣用一根稻草试出了三个小金人的价值,他把稻草依次插入三个小金人的耳朵。

第一个小金人的稻草从另一边耳朵里出来,第二个小金人的稻草从嘴里出来,只有第三个小金人,在稻草放进耳朵后,什么响动也没有,于是老臣认定第三个小金人最有价值。

同样的三个小金人却存在着不同的价值,第三个小金人之所以被认为最有价值,是因为它能倾听。

其实,人也同样,最有价值的人,不一定是最能说会道的人。

善于倾听,消化在心,这才是一个有价值的人应具有的最基本的素质。

第一节 倾听与交谈

一、倾听技巧

听是一种行为、一种生理反应;倾听则是一种艺术、一种心智和一种情绪的技巧,可认为我们了解他人,甚至不需出声即可达到沟通目的。听可以说是除了呼吸之外,我们最常做的事。然而,真正懂得倾听的人不到 25%。

(一) 倾听的重要性

沟通中语言的有效性并不仅仅取决于如何表达,而更多的是取决于人们如何来倾听。

小贴士

你是一个优秀的倾听者吗?请进行表 5-1 中的技能测验。

表 5-1 "倾听"技能测验表

项目	几乎都是	常常	偶尔	很少	几乎从不
态度					
(1) 你喜欢听别人说话吗?	5	4	3	2	1
(2) 你会鼓励别人说话吗?	5	4	3	2	1
(3) 你不喜欢的人在说话时,你也注意听吗?	5	4	3	2	1
(4) 无论说话人是男是女,年长年幼,你都注意听吗?	5	4	3	2	1
(5) 朋友、熟人、陌生人说话时,你都注意听吗?	5	4	3	2	1
行为					
(1) 你是否会目中无人或心不在焉?	5	4	3	2	1
(2) 你是否注视听话者?	5	4	3	2	1
(3) 你是否忽略了足以使你分心的事物?	5	4	3	2	1
(4) 你是否微笑、点头以及使用不同的方法鼓励他人说话?	5	4	3	2	1
(5) 你是否深入考虑说话者所说的话?	5	4	3	2	1
(6) 你是否试着指出说话者所说的意思?	5	4	3	2	1
(7) 你是否试着指出他为何说那些话?	5	4	3	2	1
(8) 你是否让说话者说完他(她)的话?	5	4	3	2	1
(9) 当说话者在犹豫时,你是否鼓励他继续下去?	5	4	3	2	1
(10) 你是否重述他的话,弄清楚后再发问?	5	4	3	2	1
(11) 在说话者讲完之前,你是否避免批评他?	5	4	3	2	1
(12) 无论说话者的态度与用词如何,你都注意听吗?	5	4	3	2	1
(13) 若你预先知道说话者要说什么,你也注意听吗?	5	4	3	2	1
(14) 你是否询问说话者有关他所用字词的意思?	5	4	3	2	1
(15) 为了请他更完整地解释他的意见,你是否询问?	5	4	3	2	1

将所得分加起来。90~100 分,你是一个优秀的倾听者;80~89 分,你是一个很好的倾听者;65~79 分,你是一个勇于改进、还算良好的倾听者;50~64 分,在有效倾听方面,你确实需要再训练;50 分以下,你注意倾听吗?

有人说,人之所以长两只耳朵一张嘴,就是让我们少说多听。这种说法虽没什么科学依据,但"少说多听"还是十分有现实意义的。

"倾听"既然是一门艺术,这种艺术的首要原则就是全神贯注地听取对方发表意见。要听清楚别人讲话的内容就得全神贯注,这是对他人的尊重,对此绝不能掉以轻心。汽车推销大王乔·吉拉德说:"当你听到顾客要说什么时,你必须凑上前去,以表现出急于要听的样子;当你说话时,你通常应该双眼注视着他;而当你听他说话时,也需要表情自然,双目始终注视着他。这种眼神的对视接触是重要的,它表明,你在真诚仔细地听他讲述。"

如果你想使自己的谈话成功,你必须学会倾听。因为倾听是交谈成功的要诀。我们每一个人都需要忠实的听众。如果倾听的愿望能如愿以偿,就是心灵上的极大享受,因此,我们喜欢那些愿意听我们讲话的人。因为他愿意听我讲,就是愿意了解我,就是愿意与我作感情交流,就是对我的尊重,我们容易与这样的人交朋友,并且信任他们。

在现代社交中,倾听是搞好人际关系的需要。越是善于倾听的人,他的人际关系就越理想。倾听也是褒奖对方说话的一种方式,它等于告诉对方,你是一个值得我倾听你讲话的人。这无形中提高了对方的自尊心,加深了彼此的感情。

学会倾听,是建立良好人际关系的重要方法之一。倾听的确是一门值得研究的学问。

(二) 倾听的技巧

倾听作为一种人格魅力,是达到理想交流的一种必不可少的技巧,应该如何掌握呢?

1. 用积极的态度倾听对方讲话

通常,大多数人在倾听时只能集中20%的注意力。因此在理解上就会出现差异,尤其是当一个人说话缺乏吸引力时,集中精力就变得非常困难,但也非常重要。所以,在与他人交谈时,要静下心来、用积极的态度听清对方的全部信息,这是沟通顺畅的重要保障。

周总理在听别人讲话时态度极其认真,不论对方职位高低,年龄大小,都同样对待。

对此,美国一位外交官曾评价道:"凡是被他亲切会见过的人都不会忘记他。他身上焕发出一种吸引人的力量,长得英俊固然是一部分原因,但是,使人获得第一印象的是他的眼睛……你会感激他全神贯注于你,他会记住你和他所说的话。这是一种使人一见之下顿感亲切的罕有天赋。"

2. 不要以自我为中心

你是妨碍自己成为有效倾听者的最大障碍。因为你会不自觉地被自己的想法缠住,而漏失别人透露的语言和非语言信息。不要坐立不安、抖动或看表。如果你能决定会议的场地,选一个不会被干扰、噪音少的地方;如果在你的办公室,走出有权威障碍、妨碍沟通的办公桌,站或坐在你谈话对象的身旁。如此,会让对方觉得你真的有诚意听他说话。

3. 不要有预设立场

如果你一开始就认定对方很无趣,你就会不断从对话中设法验证自己的观点,结果你所听到的,都会是无趣的。抱定高度期望会让对方努力表现出他(她)良好的一面,你只要认真地关注与适当地发问,就可以帮助对方提升他(她)的说话技巧。

4. 边听边沟通

眼睛注视着对方,不时点头称是、身体前倾;把手边的事先放下,表示你关心对方所说的话,而且给对方信心,让他把话说完。

5. 不要随便打断别人的话题

打断别人的话表示你要说的比对方的还重要。即使对方只是反复说那几件相同的事,你仍然要耐心等候,这样会比插嘴收获得更多。

小贴士

倾听的四要点

倾听是一种完整地获取信息的方法。听包含了四层内容,即听清、注意、理解、记住。

(1) 听清内容。作为信息接受者,首先要能完整地接收到信息。"听清"不仅要有好的听力,还要设法排除干扰。要注意相互间的距离,要改善环境,切断噪音。

(2) 注意要点。在听清内容的同时,信息接受者要能抓住要点。"注意"是指要去掉一切会转移注意力的因素,全神贯注地聆听,以抓住其中的关键点。要注意控制自己的情绪,保持耐心,认真地听。

(3) 理解含义。信息接受者不仅要完整地接收到信息,还要能正确地加以理解。"理解"要求对信息进行准确的综合和评价,注意对方的语气和身体语言,理解对方真正的含义。这就要求设身处地地考虑对方的看法,客观地加以归纳;对不清楚的地方,及时向对方查对,或扼要地向对方重述要点,以保证理解准确。

(4) 记住要点。在理解了对方的意思后,为了据此采取正确的行为,就要记住对方传递过来的信息。"记住"是指要用脑记住要点,为了防止遗忘,还要学会记笔记,并能很好地加以分类和整理,以便需要时查用。

案 例

一定要听别人把话讲完

美国某知名节目主持人,负责主持少儿节目。有一次,在有一万多人观看的情况下,现场直播。她请上了一名9岁的男孩。

主持人:"请问小朋友,你长大后的理想是什么呀?"

男孩:"我要做一名飞行员。"

主持人:"如果有一天,你驾驶的飞机飞在空中,可你突然发现没有油了,你会怎么办呢?"

"嗯……嗯……"小朋友思索片刻,"我会先告诉大家,让他们坐好,系好安全带,然后我就跳伞。"

"哈哈!真是年少老成。"主持人一声大笑,台下的听众也笑成了一片,笑声持续着。这时只听见小朋友非常着急地喊着:"不要笑,不要这样。"一开始大家也没在意他,直到大家看到他伤心地哭了,才停下了笑。

"你不是个好阿姨,你没有听完我要讲的话,就取笑别人,我是说,我要跳伞回去找油,找到油,再让别的飞机送我上来,加上油我再继续开。"

主持人愣住了,她意识到了自己的错误,刚刚大笑的表情还没有来得及收敛,就一下子变得严肃起来了,她走到了小朋友的面前,蹲了下来擦掉小朋友脸上的泪水,非常诚恳地说了一句:"对不起,阿姨错了。"接着她转过身来,面对所有的观众说了一句话:"一定要听别人把话讲完。"

台下掌声如雷。

分析:抢话、插话是一种不礼貌的行为,是不尊重他人的表现,没等别人把话讲完,就盲目地发表自己的高见,很有可能误解别人的意思,会造成很不快的交流。

所以,一定要认真听别人把话讲完。

二、交谈技巧

交谈是人际交往的一种重要形式。一个人的风度、气质、修养以及知识水平、认识能力,在交谈中能充分地表现出来。交谈是人与人沟通的纽带。

交谈要注意的几个问题:谈话前的准备、行之有效的开场白、向别人提问的要领、引起他人的共鸣、不时调剂一下气氛。

(一)谈话前的准备

准备谈资的方法如下。

(1)每天至少读一种报纸,每月读几本杂志,以使自己时刻掌握时事动态。当你访问一个城市时,读一读当地的报纸的确是个顶好的办法。

(2)注意观察周围的世界。你可以谈论周围发生的事情、天气情况、文化动态等。甚至连交通堵塞、新的建筑以及展览会开幕式都可以成为你的谈资。

(3)阅读本行业的杂志。这些杂志可为你提供有关本行业的最新消息。

(4)坚持对有趣的故事、统计资料和情况作笔录,包括剪贴报纸杂志、收集某城市主要工业的情况、城市的口号及奋斗的目标等。在面对棘手的场合之前,不妨翻看一下记事本。

(二)行之有效的开场白

交谈过程中最困难的就是如何找出话题,等待时间越长,就越困难。

开场白可以打破与某人初次见面时的可怕沉默。

案 例

意大利著名记者采访邓小平

意大利著名记者法拉奇采访邓小平时,是从祝贺生日开始的。她从邓小平传记中知道他的生日是8月22日,邓小平自己却忘了……

邓:"我的生日?我的生日是明天吗?"

法:"不错,邓小平先生,我从你的传记中知道的。"

邓:"既然你这样说,那就算是吧!我从来不知道什么时候是我的生日。就算明天是我的生日,你也不应祝贺我呵!我已经76岁,是衰退的年龄了!"

法:"邓小平先生,我父亲也76岁了。如果我对他说那是一个衰退的年龄,他会给我一巴掌呢!"

邓:"他做得对。你不会这样对你父亲说的,是吧?"访问气氛就是这样融洽而轻松地展开了。

邓小平在会见英国女王伊丽莎白二世和她丈夫爱丁堡公爵菲利普斯亲王开始时笑着说:"这几天北京的天气很好,是对贵宾的欢迎。当然,北京的天气比较干燥,要是能'借'一点伦敦的雾,就更好了。我小时候就听说伦敦有雾。在巴黎时,听说登上埃菲尔铁塔就可以望见伦敦的雾。我曾登上过两次,可惜天气不好,没有看到。"

爱丁堡公爵说:"伦敦的雾是工业革命时的产物,现在没有了。"邓小平风趣地说:"那么,'借'你们的雾就更加困难了。"公爵说:"可以'借'点雨给你们,雨比雾好。你们可以借点阳光给我们。"于是气氛一下子就活跃起来了。

(三)向别人提问的要领

要领一 要平等待人,不能问之失情

提要求和中间插话要语言谦和,摒弃"你要……""你必须""你应该"等义务性陈述和指手画脚的味道。多运用"如果能……""你感到……""我希望……"等商讨性和合理性的语言,使对方心理上易于接受,乐于回答。

要领二 要由浅入深,不能问之失序

《学记》中说:"善问者如攻坚木,先其易者,后其节目。"提问者要有耐心,循序渐进地进行。一般来说,开始多提一些"是什么",继而多提一些"为什么",然后再联系实际多提一些"怎么办"之类的问题。

要领三 要把握火候,不能问之失时

提问前,如发现对方正忙得不亦乐乎,宁可稍等片刻或改日再谈,不要生硬地打搅、妨碍对方,以免引起不悦。

交谈中,当对方谈兴正浓,畅所欲言时,要抓住时机持续下去,不能坐失良机。当发现对方有急需处理的事情,要适时中止交谈,另找机会,不能强人所难;当提问交谈时间超过一个半小时,对方有厌倦神情的暗示时,要主动安排休息,或结束谈话,下次再谈。

要领四 要因人而异,不能问之失度

由于被提问者的素养不同,他们的认识能力和智力发展也不相同。因此对深浅、难易不同的问题,特别是当提的问题与对方有联系时,要因人而异,使提问的形式、用词、范围,能适应对方的阅历、水平和习惯等。

为了达到良好沟通的目的,在提问前要对提问对象所从事的职业、经历、文化程度、性格和兴趣等特点有个大致的了解。

(四)引起他人的共鸣

见过罗斯福的人,都认为他是一个非常博学多才、知识渊博的人。而罗斯福做到这一点的方式很简单,就是在与人接触的前一个晚上,花点时间研究一下客人的兴趣爱好,于是一见面,共同话题就源源不断,谈话自然让双方兴趣盎然。

戴尔·卡内基评价说:"罗斯福和其他领导者一样,都知道通向别人内心的坦然大道,那便是谈论他们感兴趣的事。"对于那些成功的企业家来讲,如果他们没有从工作中找到乐趣,如痴如醉地沉迷于工作之中,他们就不可能开创自己的事业。

因此,了解别人的兴趣爱好,并表示出一种共鸣,不仅是对对方的尊重,而且是对对方的有效激励。如生日相同、同一个学校、同乡等。

（五）不时调剂一下气氛

幽默是一种富有魅力的语言艺术,也是人的乐观精神的一种表现,它能给人以轻松有趣的感受,可以调剂沟通的气氛,还可以给人以智慧和力量。因此古今中外不少沟通高手常常自觉或不自觉地用它来达到各种不同的目的。

如领导者对下级做思想工作,或者是领导者之间商谈问题,祥和的气氛是非常重要的。如果气氛不和谐,存在着人际隔膜或心理障碍,工作是不会取得好的效果的。而要创造或保持祥和的气氛,幽默则是一种重要的手段。

在我国古代,国君具有至高无上的权威,某些大臣向国君进谏,常采用幽默的方法,以便让国君乐于接受。

案 例

晏婴进谏

春秋时代齐国的宰相晏婴就是善于运用幽默的高手。有一次齐景公的管鸟人烛邹一时不慎,丢失了一只鸟,齐景公一怒之下要杀死烛邹。满朝文武都知道这样惩处太过分了,但是没有人敢出面劝阻。

这时晏婴站了出来,向齐景公奏道:"烛邹的罪过有三,请允许我列举他的罪过以后再杀他行吗?"齐景公一听是附和自己的意思的,于是很高兴地说:"好,请讲吧。"晏婴走到烛邹面前说:"烛邹,你替我们君王管鸟而丢失了鸟,这是第一大罪状;由此导致我们国君因为一只鸟的缘故而杀人,这是第二大罪状;让各国诸侯知道以后,认为我们君王重鸟轻士,这是第三大罪状。"

说完以后请齐景公下令行刑。这时齐景公对晏婴说:"寡人受到先生的指教了。"晏婴列举烛邹的三条罪状中,只有第一条是其真正的过错,其余两条都是从侧面来劝齐景公的。

其中第二条是说烛邹罪不当死,第三条是说在诸侯中影响不好,等于今天说的国际影响不好。说理可谓深刻。

但是,如果这些看法从正面提出来触犯"龙颜",齐景公盛怒之下,不但不易接受,说不定晏婴还会招来杀身之祸呢。晏婴掌握了齐景公的心理,借助于幽默的手法,顺着齐景公的意向去说,从责备烛邹的罪过中委婉地表达自己的意见,让齐景公醒悟到自己的错误,自己去纠正,落个"虚心纳下"的贤君的名声。既起到了进谏的作用,又照顾了国君的面子,效果很好,在历史上留下了一段运用幽默向国君进谏的佳话。

幽默不仅是调节人际关系的润滑剂和委婉说理的一种手段,而且在特定场合,它还可以成为战胜对手的一种有力武器。

当然,幽默绝不是一般的说说笑笑,而是有明确目的的一种沟通方法。要想将这种方法用得恰当、巧妙,也不是一件简单的事。这除了与人的个性有关之外,还和人的高度的思想修养、广博的文化知识、乐观的情怀以及机敏的反应能力等密切相关。只要从多方面去加强自身的修养,是可以具有这种能力的。

第二节 其他技巧

一、真诚地表露出对对方感兴趣

小贴士

> 有一位诗人说过:"我们对他人产生兴趣之日,也是他人对我们产生兴趣之时。"

在沟通中,尤其是跟陌生人打交道时,遇到的一个尴尬问题就是,想要交谈又找不到合适的切入话题,致使交流无法进行。

那么不妨试试这个建议,就是真诚地表露出你对对方感兴趣。你会发现奇迹就这样发生了,原本互不相识的人之间的交流变得轻松、愉快,而且有意义。

怎样才能真诚地表露出对对方感兴趣呢?主要途径有以下3条。

(1) 真诚地询问对方从事现有职业的经过,这样可以打开对方的话匣子。在这里,真诚至关重要,它应该是发自内心的,不仅在你的言语中表露出来,而且应当让人能从你的面部表情中"读"出来。

(2) 熟记对方或对方家属的最大爱好、最大愿望,并尽量以实际行动表示你的关心。

(3) 记住对方的生日,并在对方过生日时送上你的生日贺卡。

案例

记住别人的生日

著名的人际关系学家戴尔·卡耐基就非常重视这一方法的运用,他曾在一本书中这样写道:多年来,我一直很重视查找朋友们的生日。怎么会这样做呢?虽然我一点也不相信星相学,但我开始时询问对方,他是否相信人的生日同人的性格和气质有关。

然后,我就请他告诉我他的生日,如果他说是11月24日,我就不断地重复,11月24日、11月24日——等他一转身,我就写下他的名字和生日,然后再记进一本专记生日的本子里。

每年年初,我就将这些生日在日历上做上记号,这样我就自然而然地注意起来了。生日一到,我就写信或拍电报祝贺。此举打动了多少人啊!我时常是在世上唯一记得别人生日的人。

二、记住对方的名字

小贴士

> 赢取别人好感最显著而简单的方法,就是记住对方的名字。

卡内基强调指出:"如果你不重视别人的名字,又有谁来重视你的名字呢?如果有一天你把人们的名字全忘掉了,那么你也很快就会被人们遗忘。"

对任何人而言,名字并不仅仅是一个符号,他更是人生的延伸。在任何语言中,对某一具体的个人来说,最动听、最重要的字眼就是他的名字。谁能把握住这点,谁就能建立起良好的人际关系,如果企业的内部公众,尤其是商业企业的内部公众,能巧妙地把这一点运用到工作中,那么获得的将不仅仅是良好的人际关系,还将获取极大的经济效益。

案 例

记住客户的名字

有位经营美容店的老板在谈及他的经营诀窍是曾这样说:"在我们店里,凡是第二次上门的,我们规定不能只说'请进',而要说'请进!某某小姐(太太)'。所以只要来过一次,我们就存入档案,要求全店人员必须记住她的尊姓大名。"

当你走在陌生的人群中,突然听到有人唤你的名字时,你是什么感受?大多数人都会和你有同样的感觉,记住他人的名字吧!

三、对人要笑口常开

小贴士

> 笑容是一种令人感觉愉快的面部表情,它可以缩短人与人之间的心理距离,为深入沟通与交往打下好的基础。

微笑,作为一种特殊而又重要的表情语言,它是少数能超越文化的传播媒介之一,可以说是一种世界性的语言。

西方经营专家们在企业管理中十分推崇微笑服务。如日本一些经营管理者严禁服务人员因心情不好而对客人发脾气。他们提出"微笑是打动人心弦的最美好语言""微笑是通往全世界的护照"。

新加坡店员的礼貌守则共有9条,开宗明义第一条就是:"顾客到跟前时,先微笑表示欢迎。"

案 例

微笑是一种资源

名声显赫于全球的美国希尔顿旅馆总公司,能有今天显赫的业绩有赖于服务人员微笑的影响力。希尔顿每天向各级人员问得次数最多的一句话必定是"你今天对客人微笑了没有"。

心理学的研究指出,人的心情具有弥散性和感染性。

微笑不需要声音,不需要色彩,却能发出像磁石一般的引力。微笑能给顾客留下宽厚、谦和、热情、含蓄、亲近的印象。微笑表现出对顾客的理解、关心和爱意,使顾客的"自尊需要"得到满足。于是,顾客与企业之间由生疏变得亲密,由隔阂变得融洽,由不满变得顺心,由恼怒化为微笑。这正是微笑的特殊功效。

四、慷慨地赞美对方

小贴士

> 小小的赞美,可以产生巨大的效果。

每个人都渴望得到别人和社会的肯定和认可,我们在付出了必要的劳动和热情之后,都期待着别人的赞许,即使是一句简单的赞美之词,也会使人获得自信和不断进取的力量。

赞许别人的实质,是对别人的尊重和评价,也是送给别人的最好的礼物和报酬,是搞好人际关系的一笔暂时看不到利润的投资。它表达的是你的一片善心和好意,传递的是你的信任和情感,化解的是你有意无意间与人形成的隔阂和摩擦。对人表示赞许有如此多的好处,何乐而不为呢?

赞美别人说起来容易,做起来相当困难。因为首先要有恢宏的气度;其次要具有辨别力,才不致瞎吹乱捧;最后要具有诚意地去欣赏别人的优点,而不是存心"我捧你,你一定要捧我,否则我会找机会把你打下来"。

五、拒绝的技巧

小贴士

> 喜剧大师卓别林曾说:学会说"不"吧!那样你的生活将会美好得多。

拒绝是生活中常有的事,别人的请求违反你的意愿,你会拒绝;别人的要求超出你的能力范围,你会拒绝;有时,别人友好的邀请由于种种原因你不能接受,你也会拒绝。但是拒绝又是件尴尬的事,它会使被拒绝者不快,甚至影响彼此的友谊。有什么办法既拒绝了别人又不伤感情呢?

(一)延时拒绝法

当一个好友或亲戚向你提出一些不切实际或根本办不到的事情时,如果你说"你的要求办不到",这一定会使对方伤心。此时,你可以用缓兵之计,对他说"能否让我考虑考虑再答复你?"或"我个人没有意见,但我还需要同别人商量一下"或"你的意思我明白了,请让我想想这个忙该怎么帮?"或"嗯,我来想想办法,试一下,是不是能办成,不敢肯定,你看怎样?"延时说明你还是想帮忙,这比"一口回绝"给对方的刺激要小,你不妨试一下。

有时候,被拒绝的人耿耿于怀的往往是别人的态度,或是官腔十足,或是漫不经心,或是……若别人已经尽心尽力,那么,即使事情最终没有办成,也不至于牢骚满腹。

(二)幽默拒绝法

学着运用适当的幽默方法委婉拒绝不切实际或不可能实现的要求。

案 例

幽默的拒绝

萧伯纳是举世公认的大文豪、幽默大师。一次,一位十分美丽的电影女明星写信给萧伯纳求爱。信中说:"如果我们结婚,生的孩子有你的头脑,我的面孔,那有多好!"萧伯纳十分感激这位女明星,但他又不想与这位女明星结为伉俪,如何拒绝对方呢?萧伯纳使用了幽默拒绝法。萧伯纳在回信中写道:"如果生下的孩子有你的脑筋,我的面孔,那该有多糟。"萧伯纳的机智幽默,能使遭到拒绝的人不那么难堪,让人在诙谐中知难而退。

(三)先扬后抑拒绝法

如果有人邀请你去参加野游,或参加娱乐晚会,你又无此愿望或无法同去时,可以用先扬后抑法拒绝对方。"你组织这个活动太好了,真该随你去好好玩一玩,可惜我手头还有一些事情没处理完,否则,我决不会放弃这次机会。"

当对方向你推销一件不感兴趣的商品,或让你采纳他的建议而你又不愿意接受时,你可以说"确实不错,可惜它现在还派不上用场"。或"这是个好主意,可惜目前还用不上。"或"你讲得很有道理,不过暂时……"或"我理解你,这确实是个问题,但是……"肯定、温和的语气缓和了双方的关系,"可惜""不过""但是"的说法又给对方留有余地,不致使场面变得尴尬。

(四)入瓮拒绝法

入瓮拒绝法也是表达否定的极好手段。需要否定时,我们不妨在言语中安排一两个逻辑前提,不直接说出逻辑结论,逻辑上必然产生的否定结论留给对方自己去得出。

案 例

保守秘密

美国总统罗斯福当年在军界服务时,一位朋友想从他嘴里打听一项机密,罗斯福悄悄地向朋友问道:"你能保守秘密吗?"那位朋友连声说:"当然,我一定保守秘密,不告诉任何人!"这时罗斯福说:"你能保守秘密,那么我也能!"

六、发问的技巧

小贴士

> 提问能高度吸引别人的注意力,熟练的提问技巧能很好地表达你的想法,获取信息。

一个不懂得提问的人,他的沟通肯定是很糟糕的。提问,是你对别人感兴趣的一种表现,每个人都希望别人对自己感兴趣,同时也是你引发别人兴趣的最好方式。发问还是获取信息、协调观点的重要途径。

提问的主要方式有开放式和封闭式两种。开放式的问题指对方回答你提出的问题没有任何局限性。如你问："您为什么要到北京去发展呢？"对方可以从很多方面来回答。"您对哪方面感兴趣呢？"对方可能有很多的兴趣。如果改一下，您是去北京还是去上海发展呢？您对看书还是对音乐感兴趣呢？这是封闭式提问。封闭式指对方回答你提出的问题带有一定的局限性。

开放性提问，便于了解别人，掌握信息，引发别人的兴趣。

如你要拜访一位成功人士。要想与对方进行沟通，你要先了解他，让他对这次谈话产生兴趣，可提类似的问题。"您能有今天的成就，真的很了不起，但您以前肯定也经历过很多坎坷，能跟我讲一讲您是如何战胜一切挫折的吗？""能跟您这样的成功人士交流，我感到很荣幸，请谈一谈您的成功之道，好吗？"

对方听到这样的问题会很开心，他会乐意跟你讲他过去是如何的坚强、勇敢、聪明，你再运用倾听的技巧，便会收到一种很好的沟通效果。

很多成功的记者都有一个非常好的习惯，就是身上总会带着笔记本和笔。当与人沟通时，他会提出一些能引发对方兴趣的开放性问题。当对方讲到一些很好的观点或是精彩部分，他会迅速认真地记下来，对方看到他把所讲的话当成哲理记下来，便会更加兴奋，更加卖力地讲了。等对方讲完后，再及时地提出另一个开放性问题。

试想一下，如果你和某人在交谈时，当你讲的一句话很有道理。某人说："请等等，我要把它记下来。"你是不是感到自豪呢？

观察这些人后，你会发现他们很少提封闭式的问题，因为封闭式提问，一般是让对方做出决定或是帮他做出决定，一般会让人心情紧张。所以要想达到目的又让人心情愉快，需要很高的技巧。

七、批评的技巧

小贴士

> 批评对谁来说都不是一件让人愉快的事。但是如果你能够掌握适当的批评技巧，相信你的交流会更顺利。

"请提宝贵意见。"人们说这句话的时候，心里期待的往往是对方的赞扬。坦率提出批评意见的人，即使不因此招人怨恨，至少也难以受到欢迎。这是因为人类都有脆弱的自尊心，都希望受到表扬而排斥批评。

然而，明知别人有过失而不及时批评指正，无异于怂恿其继续犯错误；而在批评的时候将人一棍子打死，则无异于将脏水和孩子一起泼掉。为了避免别人和自己的过错，必须进行批评。为了避免由于批评而招惹怨恨或整垮别人，必须讲究批评的艺术。

(一)私下式批评

> **案 例**
>
> **女儿的批评**
>
> 美国一家年销售额超过3亿美元的化妆品公司的女总经理玛丽·凯买了一件粉红色的蝉翼纱衣服,打算穿它参加一个重要的宴会。她觉得这件衣服很美,可是她的女儿却当着朋友的面问道:
>
> "妈妈,你不会穿这件衣服去参加宴会吧?"
>
> "穿呀,干吗不呢?"
>
> "可是,妈妈您穿上这件衣服就像个大奶牛似的。"
>
> 玛丽·凯默然不知所措,感到很沮丧和气恼。从此,玛丽·凯将那件衣服藏了起来。

私下式批评就是单独批评,以免被批评者当众出丑。上述案例启发人们思考有关批评的艺术:当着别人的面批评、嘲笑别人,是不可原谅的残忍行为。

(二)暗示式批评

老张常年住在单位职工宿舍二楼,多少年来晚上睡觉都很踏实。可是,近来晚上他老是休息不好,原因是三楼新住进两个单身小青年小王和小李。他们经常很晚才回宿舍,二人回到宿舍,又是洗又是刷,叮叮当当,折腾得老张经常失眠,苦不堪言。

批评小王和小李吧,磨不开面子。不批评吧,每天晚上难以入睡。老张真是左右为难。

偶然的机会,一位同事向老张介绍了暗示式批评方法。老张半信半疑地用了此法,向小王和小李讲述了"一个老同志,因楼上邻居深更半夜动静太大难以入睡的故事",小王和小李听懂了老张的意思,此后,晚归的习惯改了不少,即使偶尔晚归,也格外小心,以免响声太大。从此,老张又睡上了安稳觉。

(三)鼓励式批评

小张是初中二年级的学生,学习很用功,可是数学成绩一直很不好。其父亲经常这样教训孩子:"你学习很用功,但是数学没学好,这可不行。"这样的教育方式效果不佳,不如鼓励式批评效果好。"你学习很用功,只要继续努力,数学成绩也会和其他科目一样好的。"这样说,孩子就有信心学好数学。

(四)关心式批评

例如某工地的工人经常不戴安全帽,若直接训斥他,可能会激起他的反抗情绪,但若改成关心式批评,讲清戴安全帽的重要性,会收到意想不到的效果。

(五)安慰式批评

例如某人犯了错误,这时若笑着对他说:"谁都免不了会犯错,吃一堑,长一智嘛。"他一定会向你投来感激的目光,保证下次不会犯同样的错误。

（六）理解式批评

案 例

将军的宽容

"第一次上战场都这样,慢慢就好了。"面对新兵在战场上出事故,美国的艾森豪威尔将军说出了这样一句话。谁都知道"军令如山",一次小小的事故就可能使一场战役陷入僵局,而艾森豪威尔将军却能如此宽容地面对新兵的失误,哪个战士能不为他奋勇杀敌呢?

常言道:"良药苦口利于病,忠言逆耳利于行。"然而,只要注重批评的艺术,批评者献给别人的"良药""忠言"就并非一定"苦口""逆耳"。

八、学会自我克制

小贴士

> 世上最应该约束而最难约束的是自己;如果你善于控制自己,那么约束别人就太容易了。

在现实生活中,当一个人与他人发生矛盾,或遇到不顺心的事;当一个人受到侮辱和侵犯,愤怒之火似乎便油然而起。然而,轻易上火发脾气效果并不佳,怒气常常搅乱正确的判断。盛怒之下常常没有法则,容易使人失去理智,导致人际关系中的强烈"地震"。因此,应当制怒,所谓制怒,即克制怒气,通俗地说,也就是指避免或消除自我在人际交往中上火发脾气的现象。制怒是自我克制的重要内容之一。怎样制怒呢?

第一,善于忍耐。先哲们说得好:伟大的人物在限制中才能表现自己。忍耐痛苦,但其果实却香甜。

案 例

胯下之辱与张良拾履

西汉时,韩信在街上受恶少胯下之辱,愤怒的热血一下子涌遍周身,可他咽下了这口气,从恶少胯下钻了过去。不仅如此,当韩信功成名就时,还到处找当年的"恶少",对他表示感谢。这一千古流传的故事形象地说明了不发脾气或制怒的首要条件——忍耐,化一时的怒气为奋发的动力。

一些人易怒的重要原因是缺乏忍耐之心。他们应该向西汉的另一位名人张良学习。这位当年辅佐刘邦创立西汉伟业的谋臣,年轻时桀骜不驯,好行侠仗义。传说,有一次他在桥上闲逛时,迎面走来一位老翁,故意将鞋掉到桥下,并叫他给拾起来。张良好生恼火,但按捺未发,闷闷地把鞋捡了。

谁知,陌生的老翁又叫他给穿上。张良想将老翁一掌推到桥下,但他忍住了,给老人穿上鞋子。老人最后笑着说:"孺子可教矣。"便授以张良《太公兵法》。日后,张良朝夕诵读,终成就一番伟业。如果张良当时忍不住扬长而去,甚至举起手将老人愤而推之,很可能就此改变了命运。

所以古人云,小不忍则乱大谋。我们也可以说,小不忍也难息怒。

当然,忍耐是有限度的,不能绝对化。当正义受践踏的时候,当人格受无端侮辱的时候,一味忍耐,则是软弱的表现。在这种情况下,盛怒一下不是没有必要的。有时,怒气可变为一种特殊的促进力量。这里的关键是,忍耐要适当、适时。

第二,平等待人。有时,一些人发脾气,生怒气,是与不平等待人分不开的。

例如下属办错了事,有些领导居高临下,大声训斥,似乎天经地义;儿女不听话时,有的父母常火冒三丈,轻则破口大骂,重则棍棒相加,似乎理所当然;学生犯了错误,有的老师把桌子一拍,审讯似地训一通甚至将其赶出教室,似乎合情合理……领导、家长、老师之所以在下级、子女、学生面前一触即发,是因为他们觉得居人之上。殊不知,这样极力维护的尊严,反而更容易丧失。

所以,与对方平等相处,动之以情,晓之以理,耐心劝诫,及时阻止,问题决不会发展到动怒发火的地步。

第三,转移怒气。懂得发泄怒气的有效途径是转移,也能息怒。

要记住,在你生气或者完全失去理智的时候,千万不要做出任何决定。对物不对人,对事不对人,也是息怒之道。有些人在自己要发脾气时,懂得赶紧离开这个典型环境,想一想生活中美好的东西;或者把自己关起来,闭目养神,在寂静中灭掉愤怒之火。

"唯有知道什么是孤独的人才真正懂得息怒"。或者拼命地工作、活动、转移注意力;或者说几句笑话,让笑声化解怒气,减轻情绪上的压力,等等。

总之,转移怒气的渠道很多,每个人可根据自己的情况,寻找一条或几条。

本 章 小 结

本章共二节,着重讨论了在人际交往中要掌握的一些技巧。

第一节主要介绍了人际交往中两个比较重要的、需要重点掌握的"倾听与交谈"技巧,之所以把它们放在很重要的位置,是因为有研究表明,在听、说、读、写四种沟通形式中,听别人说话占沟通时间的40%,说话占31%。而阅读、写作各占15%、11%。因此,掌握了听和说的能力,是使人际交往顺畅的关键。

第二节介绍了在与人交往中应掌握的一些技巧,其中包括:真诚地表露出对对方感兴趣、记住对方的名字、对人要笑口常开、讲话要考虑别人的兴趣、慷慨地赞美对方、拒绝的技巧、发问的技巧、批评的技巧等。

我们在与人交往中往往忽视一些细节的问题,希望通过这节的学习,引起读者的注意,并能学会应用。

复习思考题

(1) 沟通的技巧中你认为哪一条最重要?

(2) 为什么要成为一位好听众?

(3) 你认为交往中还应该注意什么?

实 践 课 程

名字不仅是一个代号

(1) 将与会人员分成 2 人一组,让每一个小组就以下问题进行交谈。
① 他们生命中发生过的最重要的问题。
② 什么人在他们的生命中扮演了非常重要的角色?为什么?
③ 他们喜欢什么?厌恶什么?
④ 什么颜色最能描述他们的性格?什么动物最像他们?

(2) 让每一个人准备一个自我介绍,应该以以下方式开始:"我的名字叫作××。我有一个绰号是××,是××给我起的,这个绰号后面的故事是……我的名字有××的含义,我很喜欢这个名字,如果再给我选择,我会选××名字。"

(3) 所有人围成一圈,击鼓传花,花落到哪个人手中,那个人就要讲一个上述的问题,比如影响他最深的人,但是注意在第一次被抽到的时候,不要说出自己的姓名(主持人应该注意让每个人的机会均等)。

倾听游戏

(1) 发给学员每人一张纸,让他们在纸上写下 1~15 的数字作为题号。
(2) 请学员们认真听培训者提出的每个问题,在心里计算再写在相应的题号后面,不可以在纸上计算或标记。
(3) 请培训者以正常语速读出下面的 15 个问题。

跟从口头指示工作表:
① 从 8 开始,乘以 2,加上 4,再除以 5,应该等于多少?
② 从 11 开始,减去 3,加上 4,再加 3,然后除以 3,等于多少?
③ 从 15 开始,加上 10,除以 5,乘以 6,加上 6,再除以 4,等于多少?
④ 有一个数字比 13 大 4,将它加上 5,除以 2,减去 3,等于多少?
⑤ 有一个数字比 9 小 2,加上 6,加上 5,乘以 2,除以 4,等于多少?
⑥ 6 加上 12,减去 9,加上 10,减去 13,翻一倍,等于多少?
⑦ 4 加上 5,加上 6,加上 7,加上 9,加上 9,除以 4,等于多少?
⑧ 从 11 中减去 6,加上 5,乘以 5,减去 15,再减 10,加上 1,等于多少?
⑨ 比 6 大 6,加上 3,除以 5,乘以 4,加上 1,等于多少?
⑩ 有一个数字是 36 的平方根,将它加上 5,加上 14,除以 5,加上 3,除以 4,等于多少?
⑪ 比 6 大 5,减去 3,加上 2,加上 3,加上 9,除以 2,等于多少?
⑫ 在下面一系列数字:4-7-8-6-9-12 中,前三位数是多少?
⑬ 下面一系列数字:4-6-9-9-7-6-3 中,前三位数的和是多少?
⑭ 在下面一系列数字:7-9-6-8-4-9-6-10 中,最小的一个奇数是多少?
⑮ 在下面一系列数字:4-5-7-8-6-2-1-9 中,各数字之和是多少?

(4) 正确答案:①4;②5;③9;④8;⑤9;⑥12;⑦10;⑧26;⑨13;⑩2;⑪11;⑫4;7;8;⑬19;⑭7;⑮42?

提供赞美

(1) 将学员分成2人一组。
(2) 让每个小组的成员分别就下面的三个方面赞美对方。
① 相貌外形。
② 个人品质。
③ 才能和技能。
(3) 要求每个人的每个方面至少要有两条。
(4) 最后大家要分别说出对自己搭档的赞美。

阅 读 材 料

(一) 从口头语了解你的性格

心理学家指出,每个人都有口头语。口头语虽无实际的意义,却是在日常说话时逐渐形成的。之所以形成某一口头语,和一个人的性格有一定的关系。例如:不少人常说的口头语"差不多",便反映了"随便""圆滑"的性格。

人的口头语虽不相同,多种多样,但归纳起来可分为6种类型。

(1) "说真的"型

"我储足了20万元便结婚,说真的。""这事要拜托你了,说真的。"……常说"说真的"一类口头语的人,有一种担心对方误解自己的心理。所以在说话时加说"说真的",以表明自己的重视程度。说这种口头语的人,性格有些急躁,内心常有不同,故用"说真的"来表白。

这一类型的口头语还有"老实说""的确""不骗你"……从事商业的人,有此类口头语,反映博取别人信赖的心理。

(2) "应该"型

常说"应该"的人,也常说"不该"。这一类人自信心极强,显得很理智,为人冷静。自认为能够将对方说服,令对方相信。但从另一个角度看,"应该"说得过多时,反映了有"动摇"的心理。

"必须""必定会""一定要"……也属这一类型的口头语。长期担任领导职务的人,易出此类口头语。

(3) "听说"型

"听说她和人同居了,是不是这样我不清楚。"

"听说"这一口头语不少人常用,具有一种给自己留有余地的心理。这种人的见识虽广,决断力却不够。

类似"听说"的口头语有"据说""听人讲"……很多处事圆滑的人,都有这类口头语。

(4) "可能是吧"型

"小王和小张闹翻了,可能是性格不合吧。""由她当主角,可能是真的吧。"

说这种口头语的人,自我防卫本领很强,不会将内心的想法暴露出来。在处事待人方面冷静,所以此类人的工作和人际关系都不错。"可能是吧"这类口头语也有以退为进的含义。事情一旦明朗，他们会说"我早就估计到这一点了"。从事政治的人多有这类口头语。类似的口头语有"或许是吧""大概是吧"……这一类口头语都隐藏了自己的真心。

(5)"但是"型

"这事好是好，但是我不能做。""但是她为人太恶呀。"

常说"但是"这一口头语的人，有些任性，所以总提出一个"但是"来为自己辩解。"但是"这一口头语，也是为保护自己而使用的。从另一方面看，"但是"也反映了"温和"的特点，它显得委婉，没有断然的意味。

类似的口头语有"不过"等，从事公共关系的人常有这样的口头语，因为它的委婉意味，不致令人有冷淡感。

(6)"啊""呀"型

"啊""呀"型，常是词汇少或是思维慢，在说话时利用间歇的方法而形成的口头语。年幼时受到宠爱，也会养成说这种口头语的习惯。因此说这种口头语的人，应是较迟钝的，或是有骄傲性格的人。

类似的口头语有"这个、这个""嗯、嗯"……公务员多有这种口头语，因怕说错话，需有间歇思考。

(二) 从信手涂画看你的性格

我们时常发现许多人都有信手涂鸦的习惯。在通电话或百无聊赖时，往往会在纸上信手乱写。心理学家认为：此种无意识的乱涂鸦，往往能反映涂鸦者的性格。纽约市的心理学家夏理迪士通过近30年的深入研究发现，人们的随手涂鸦可分为以下10类。

(1) 喜欢画三角形者。

(2) 喜欢画圆形者。

(3) 喜欢画多层折线者。

(4) 喜欢画单式折线者。

(5) 经常画连续性环形图案者。

(6) 喜欢在(小)格子中画上交错混线条者。

(7) 喜欢画波浪形曲线者。

(8) 喜欢在一个方格内，胡乱涂不规则结条者。

(9) 一些爱画不规则之曲线接合圆形的人。

(10) 画不定形而棱角分明者。

而以上10类涂鸦代表的人物性格如下。

(1) 此种人思路明晰、理解力极高，擅于逻辑思维，富有判断力和决断性。

(2) 此种人具有创造力并善于策划。在他的心目中，经常对事物有一定的规划设计，对自己的前途有一定的计划与展望，凡事按部就班，谋定而动，是最佳的策划者和设计者。

(3) 此种人具有高度的分析能力，反应敏捷。

(4) 此种人心理经常处于紧张状态，情绪飘忽不定，折线是内心不安的表现。

(5) 适应力极强，而且善于体谅别人，对人生充满信心；对生活感到满足安全，换句话说，这种人有安全感，对人生充满希望。

(6) 此种人的生命力极强，凡事一往无前，不达目的，誓不罢休。

(7) 是一个随和而富于弹性的人,适应力极强,凡事专向光明面着想,极富朝气。

(8) 此种人心理压力重重,情绪低沉,但却对人生抱有希望,会尽力寻找解决和克服困难的方法。

(9) 此种人豁达大度,玩世不恭,心境经常开放和平,不论顺境逆境,都能应付自如。

(10) 此种人极具有竞争性,事事希望能够胜人一筹,千方百计寻找成功之路。

(三) 从握手方式看你的性格

握手是常见的礼节。据专家分析,从握手也可以看出一个人的性格。握手方式大致有下列7种,而每种不同的握手方法,均能显出不同的性格。

(1) 出手犹如打拳,而握手时更如击出右勾拳般猛烈,好像要把别人的手握至粉碎为止。

(2) 握手时,手臂不愿长伸,肘的弯度成直角,手近贴身体。

(3) 当你与他握手时,会发现他的手指软弱无力,手也握不紧。

(4) 这种人通常做出滑稽而尴尬的局面。那就是当你伸出手来时,他的手还在口袋中,直到你尴尬地把手缩回时,他才把手伸出来。

(5) 不问为何,总之握手为上的人。

(6) 视握手为例行公事。

(7) 一直握着你的手,直至把话说完为止的人。

分析如下。

选"(1)"者:这种人多是喜欢逞强而自大的人。

选"(2)"者:这种人谨慎、保守。

选"(3)"者:多是悲观者。

选"(4)"者:处事欠缺判断力。

选"(5)"者:内心不安自卑。

选"(6)"者:毫无诚意,做事草率,不值得信赖。

选"(7)"者:这种人或是对你有意思,否则他多是口水多过茶水的人。

第六章

CHAPTER 6

几种基本人际关系沟通

🔑 学习目标

(1) 了解沟通的三大流动方向,领会章节中的案例,并用心加以体会。
(2) 掌握沟通的三大流动方向的沟通原则、沟通技巧,并在实际中加以运用。

🔑 技能要求

(1) 掌握沟通三大流动方向的沟通原则。
(2) 学会沟通三大流动方向的沟通技巧,并实际加以应用。

沟通赢得机遇

演讲大师戴尔·卡耐基讲过这样一个故事:一个失业的英国青年,常常独自一人徘徊在费城的大街上,不论是清晨还是夜晚,他总是惹人注目的经过,据他说是想找一个职业!

有一天,他突然闯进了该城巨贾鲍尔·吉勃斯先生的写字间,请求他牺牲一分钟时间接见他,容许他讲一两句话。这位陌生的怪客真使吉勃斯先生感到惊奇,因为他外表太刺眼了,他的衣衫已经破旧,浑身透着一种极度贫穷的窘态,可他的精神却是饱满的。也许是好奇或者是怜悯吧,吉勃斯先生竟然答应与他一谈。原想与他只谈一两句话,可是两个人竟然说了一个多小时,还没有停止。结果呢,吉勃斯先生立刻打电话给狄诺公司的费城经理泰勒先生,这位著名的金融家泰勒邀请陌生怪客共进午餐,并给以他一个极优越的职位。

这位失业的英国青年通过自己积极主动的寻找机会与人沟通,赢得了机会。

沟通有三种主要的流动方向,分别为与上级的沟通、与下级的沟通以及平行沟通。这三种沟通各有各的特性,现作如下说明。

1. 与上级的沟通

员工向上级陈述意见、提出建议、报告工作进程或提出问题,甚至抱怨、批评或者表达有关意见,都要向上级沟通。

2. 与下级的沟通

组织内高层所拟定的政策、目标、计划,必须向下传达,使部属知晓并遵循。另外还有员工教育训练、业务指导以及激励诱导等,也需要由上向下沟通。

3. 平行沟通

同阶层人员的横向联系,包括各单位或个人在工作上的交互作用以及工作外的来往交谈,都需要平行沟通,以促进彼此的了解、关怀和协调,免得产生隔阂而形成本位意识,影响合作与团结。

这三种沟通方向,对任何人而言都是常用的。就算是最高领导,有时也有向上报告的情形。即使最基层的员工,当情势良好时,也可能感受到向下传达的气氛。这三种流向和身份、职位的关系并非一成不变,同一个人,三种流向都有可能需要应用,都应该多加练习,以利沟通。

向上、向下或平行沟通,实际上是变动的。主管以平行的心态来和部属沟通,部属就应该更加谨慎,以向上沟通的心态来响应。否则主管只好改采向下的心态,部属反而不好受。有些部属,主管对其稍为客气些,便得意忘形,便和主管没大没小起来,弄得主管不得不摆出上司的样子,此时部属会觉得没有面子,其实也是一种自作自受。

小贴士

> 现代管理建立在相互沟通的基础上,并非是一种绝对地服从。要想把工作做得更好,只下达命令是不行的,还需要沟通。也就是说要针对一件事情,让大家各抒己见,表达自己的观点和看法,然后进行综合处理。

第一节　实现与上级的有效沟通

人际沟通中最重要的就是与上级沟通。人力资源大师皮鲁克斯说:"一个人必须要精通与领导相处的策略,才能以最完善的方式通向成功之路,因为每个人都不是孤立的,都是处在一定的等级关系之中。"在一个单位里,直接决定你命运的就是顶头上司。因此,面对上级,唯唯诺诺、唯命是从并不是最佳表现,借助沟通,展现个性,凸显才能,方可游刃有余、平步青云。

在工作场合中,上级对员工来说是关系重大的。他能使你节节高升,也可以给你小鞋穿,甚至炒你的鱿鱼。如果你觉得自己得罪了上司,那就需要谨慎思考是在哪些方面做的有问题,为了自己的事业有个良好的发展空间,就一定要学会如何与上级沟通,并能在沟通中让双方的关系正常、健康地发展。

要想使上司对你另眼相看,最实际的就是在工作尽责之外,还要学会沟通策略。

我们通过下面的案例可以看出与上级沟通的重要性。

案 例

主动提合理化建议

位于日本千叶县的迪士尼乐园,原来叫作"千叶迪士尼乐园",如今改名为"东京迪士尼乐园",这是为了吸引更多的游客而重新命名的。改名前的很长一段时期该乐园处于萧条状态,几乎到了破产的边缘。

就在乐园老板一筹莫展时,员工山本提出了一个绝妙的建议,其内容之一是将"千叶迪士尼乐园"改名"东京迪士尼乐园"。山本向老板解释道:"游客不愿光顾千叶迪士尼乐园,是因为觉得千叶县是个偏僻的地方。而将乐园改为'东京迪士尼乐园',游客们就会认为千叶县离东京很近。实际上,这两个地方离得很远。游客由于产生了这种错觉,就会认为去趟迪士尼乐园很值,都到东京了,顺便去趟迪士尼乐园。这样,游客们到乐园游玩的兴致就能大大提高。"

老板采用了山本的提议。事实果然如此,名字一改,乐园里游客大增,"东京迪士尼乐园"也从此兴旺起来,山本也因此受到了重用。

作为下级,要积极寻求改进工作的方案,提出合理化建议,为上级分忧。

一、与上级沟通的十个原则

(一)了解你的上司

兵法说:知己知彼,百战不殆。你应该弄清楚领导的背景,他在公司中的历史,以及他的工作习惯、奋斗目标与个人喜好等,这对于你大有好处。

一个精明强干的上司欣赏的是能深刻了解他并知道他的愿望和情绪的下属。不要武断地下结论,例如上司没有上过大学,你可能怀疑他会嫉妒你的学位,但事实上,他很可能认为有硕士当自己的下属而感到骄傲。

(二)积极工作

成功的领导大都希望下属和他一样,都是乐观主义者。积极的作风并非只是一种策略,而且是一种态度。一位干练的下属很少使用"难题""危机"或"挫折"等字眼,而把他的困难称为"考验""挑战",并制定出解决的办法迎接挑战。

在跟上司谈到同事时,只说他们的长处而不要说短处。这样做既有助于你和别人的合作,亦能增进你善于与别人相处的声誉。

(三)说话简洁

时间是上级最宝贵的东西,所以言简意赅至关重要。办事简洁利索是每名工作人员的基本素质。简洁,并非急急忙忙将许多事情一口气讲完,而是能选择重点,说得直截了当而又清楚明白。

如果必须提出详尽的报告,能使上司在较短的时间内明白你报告的全部内容,最好附上一页摘要。文笔好不但可以展示写作能力,更能反映思考能力,所以下笔前务必深思熟虑。

（四）仔细聆听

善于倾听的人不仅能听见上司说些什么，而且能听懂他的意思。如此才能够把握重点，回答得体中肯。

要注意缓解神经紧张，凝神聆听上司说话。眼睛注视着他，必要时作一点笔记。上司说完之后，你要等待一下，用心体会他的意思。也可提出一两个问题，真正弄懂其意图。然后将上司的话扼要复述一遍。切记：上司赏识的是那些不必反复叮嘱的人。

（五）保持适度关系

不要使自己和上司的关系过度紧密，以致卷入他的私人生活之中。你与上司在机构中的地位归根结底是不平等的，而亲密的友谊则会产生平等化，这往往会起到有害的作用。因为不同寻常的关系，会使上司过分地要求你，也会导致同事们对你的信任度发生变化，还有可能有人暗中与你作对。

切勿因为想跟上司维持良好的关系而过分操心，以致妨害你的创造能力与生产能力，尽量做好自己的工作乃是对待上司的最佳办法。不过，良好的关系有助于增进双方的工作效率，并能使大家受惠。

（六）信守诺言

只要你的长处能够抵消短处而有余，上司便会容忍你。他最不能容忍的是言而无信的人。如果你表示能完成某项任务而结果没有做到，你的上司便会怀疑你是否能守信用。

发现自己能力未及时，应尽快向他说明。虽然他会有暂时的不快，但比起最后失望产生的不满会轻微得多。专业管理顾问狄朗尼说："宁可让人知道自己犯了无意的过错，也不要有意地去犯错。"

（七）解决好自己职责内的难题

下属解决不了自己职责内的困难而把难题上交，会浪费上司的时间，同时也会损害自己在公司的影响力。因此，如果你能解决自己面临的困难，不但有助于培养自己的才能和建立必要的人际关系、打开工作局面，而且可提高你在上司心目中的地位。

（八）圆通委婉

如果想提出新建议，应尽量收集可用作支持的事实，然后将这些事实加以说明，使上司能够接受你的方案。若能提出多种方案供他参考，更是一个良策，你可以列举出各种方案的利弊，供他权衡决策。

切勿直接否定上司提到的建议。如果你认为不合适，最好用提问的方式，表示反对。如"我们可以这样改变而不妨碍工作的进行吗？"如果你的观点基于某些他不知道的数据或情况，效果就再好不过了。不要害怕向上司报告坏消息，当然要注意时间、场合和方法。愿意优雅地向上级告诫"皇帝没穿衣服"的下属，最终会比一味奉承上司使他做出愚蠢决策的下属的命运要好得多。

（九）勤奋工作

早到而不迟退足以显示你的工作热情与对企业的忠心。想多工作一些时候，应在上班之前，而不应在下班之后。因为早上精力充沛，你不会感到疲乏。而且，早到还表示"急于着手工作"，迟退则表示"工作还没有做完"。

（十）维护上司的形象

良好的形象是上司经营管理的核心和灵魂。你应经常向他介绍新的信息，使他掌握自己工作领域的动态和现状。不过，这一切应在开会之前向他汇报，让他在会上说出来，而不是由你在开会时大声炫耀。当你的上司形象好的时候，你的形象也就好了。

小贴士

> 作为下属，切忌目中无人，尤其当能力很强的时候，更应该留出一点空间，让你的上司立足有余。这是一种与上司相处的艺术，也是一种求己生存的手段！

二、与上级沟通的几个技巧

（一）处理好与直接上司的关系

1. 为上级出谋划策

不要以为出谋划策是上级的事，员工只要听从指挥就行了。只要你的意见是可行的、有利于工作进展的，不妨提出来，只要能对工作起到促进作用，上级就会对你另眼相看。

案 例

妙计吸引客源

日本有家乡间旅店，由于地理位置不佳，生意一直很萧条。一天下午，旅店老板望着后面山上的一片空地出神，忽然间，他的脸上露出笑意，想出了植树使旅店生意火起来的妙计。

但由于旅店生意冷清，也缺乏资金植树，老板整天闷在屋子里发愁。一天，一个员工提醒老板："能不能想办法让顾客种树？"老板茅塞顿开，马上与这名员工商量怎样才能让顾客种树。第二天，该旅店登出了一则别出心裁的广告：

尊敬的旅客，您好！本店后面的山上有片空地，宽阔而幽静，特为旅客朋友种植纪念树所用。如有兴趣，不妨种下小树一棵，本店派专人为您拍照留念。树上可留下木牌，刻上您的尊姓大名以及植树日期……

广告一出，旅客们纷纷携树而来，没过多久，旅店后山已是满眼绿色。那些栽过树的人，也常来这里看望，旅店从此夜夜灯火通明。旅店生意的好转，完全是因为那名员工的妙计，老板也为他记了一功，并给了一定的奖赏，以示感谢与鼓励。

其实上级最需要的不是只知道唯命是从的员工，而是富于创新精神、有谋略的好助手。要想得到上级的赏识，在关键时刻挺身而出帮助上级，是让上级对你另眼相看的最佳途径。

一个灵活的、不死板的人，总是会引人注意的。

2. 勇于为上级做出牺牲

案　例

衷心为人

安东尼是位著名的服装缝纫师。他出生在西西里岛，17岁来到美国加州的一个小镇，拜一个叫莫亚德的服装店老板为师，学习服装缝纫技术。由于天资聪颖，又肯上进，时间不长，安东尼缝纫的服装便在小镇上小有名气。

安东尼是个很会办事的人，每次城里的富人到小镇找他们缝制服装，完成后都是他抢先把衣服给富人们送去。老板莫亚德心里明白，在所有顾客中，给富人送衣服是最麻烦的，那些人总是横挑鼻子竖挑眼，故意说衣服没做好而对你横加指责，而安东尼总是这样为自己"顶雷"，这让他有些过意不去。于是他给安东尼涨了工资，幅度比别人的两倍还高。安东尼心安理得地接受了，一如既往地工作着，继续为老板"顶雷"。

最终，安东尼受到莫亚德的重用，两人合伙干起了大事业，将服装店搬到底特律，在那里创建了"法兰克礼服出租店"。他们生产的服装在市场上占有很大的份额，一年下来总能获得巨额利润。莫亚德明白，这一切都离不开安东尼的努力，他尽最大可能去回报安东尼。

作为上级，也难免遇到棘手的事情，这时往往人人向后躲，生怕撞上马蜂窝。作为一个聪明、有魄力的下级，在这种时候，理智的做法不是往后躲，而是站出来为上级做出牺牲。上级的眼睛是明亮的，谁付出得多，他心里最清楚。对于勇于为他做出牺牲的人，他是绝不会亏待的。

（二）让上司关注的方法

1. 不时向自己的上司"请教"

有些东西明明你懂得比他还多，但你还是要尊重他的职位，和他讨论某项计划，请他"指点指点"。上司看到你如此尊重他，当然就对你放心了。不过，如果你"请教"之后，一个"指教"都没采纳，那也许会得到相反的效果。因此，你的计划与行动要多多少少考虑上司的"指教"——他对此一定很在乎！

2. 不要忘记赞美你的上司

要记住，员工需要上司的夸奖，上司其实也需要下属的赞美，尤其是在上司的领导在场的情况下。你对他的赞美，一方面表明了你对他的服从；另一方面，你也替你的上司做了一次公关活动，他怎不对你心存感激！

3. 在上司面前不要计较个人得失

如果你喋喋不休地向上司提出物质利益要求，超过了他的心理承受能力，在感情上，他会觉得压抑、烦躁。如果"利益"是你"争"来的，上司虽做了付出，但并不愉快，心理上会认为你是个"格调"较低的人，觉得你很愚蠢。如果你的上司是个糊涂虫，与他争利益得失，反倒会把你的功劳一扫而光。"利"没有得到，"名"也会丧失。

最好的办法是让上司主动地给予，而不是你去"争"。但在你的作用最不可取代和上司离不开你时，你的待遇与你的价值又过分背离，你也可以婉转地点到为止。

(三) 处理好上司的发火

1. 先让上司把火气发出来

对待上级领导的发脾气,最好的办法是"以静制动""以柔克刚"。硬起头皮来洗耳恭听,正确则虚心接受,不对则事后再找机会说明,这比马上辩解,风助火势,火上浇油要高明得多。因为对情绪尚处于激动状态的上级领导做任何辩白,在效果上都是徒劳的,甚至会适得其反。

甘当上级领导的"出气筒",不但可以显示你容人的胸怀和气度,也会给上级领导留下"听话"的好印象,你会因此得到上级领导更多的善待和信赖。

2. 先道歉,再做事后解释工作

当受到上级领导的责备和训斥、在其火气正盛时,解释的话是多余的。但是,你可以找机会在其他时候把问题解释清楚。

最好的方法是在上级领导发完脾气、安静下来后,再找个时间做解释。而且,最好能经过一个夜晚的间隔,使上级领导有时间平息心境,反省自己的态度、措辞和方式方法问题。

一般来说,人们发完脾气后,都是会有些懊悔,这种心理正好可被中层领导利用,从而使谈话能够趋于平和,并创造一种有利于自己的心理氛围。

作为负责一方或一面事务的中层领导,如果你的确做错了事,一定不要羞于见上级领导,或害怕再被训斥。高明的上级领导是绝不会为同一个问题动两次肝火的,但你在事后深刻地检讨和表明决心却是十分必要的。因为这表明,你并没有忽视上级领导的训话,并且进行了自我反省,希望有机会进行改正。

如果上级领导对你的责难是错误的,你就更应该在事后澄清,洗去不白之冤。但是,虽然真理在手,你仍要讲究策略。具体的技巧是,先承认自己的一点错误,然后再话锋一转,向上级领导解释事情的真相和原委。

3. 拿出实际行动

有时候,上级领导干部发脾气,你一言不发也决非万全之策。当需要解决问题时,面对上级领导怒气冲冲地质问,你最好的办法是拿出实际行动来。事实胜于雄辩,行动胜于表白。如果你在工作中的确出现了失误,在上级领导发火之余,你一定要积极地展开行动,使错误得到补救和改正。

因为这说明,上级领导的话已起了作用,拿出实际的行动是最好的"败火剂"和"清凉剂"。如果你受了委屈,并且有确凿事实或材料加以证明,那不妨坚持一下自己的看法,用事实而不是用解释来证明自己。但要注意,你一定不要暴跳如雷,针锋相对,而是要镇静自信,并且说话言简意赅。

小贴士

> 作为下属,要想与上级领导融洽相处,重要的是你必须考虑到他的目标和压力。要进行换位思考,试着站在上级领导的地位看问题、想问题。

（四）面对上司的冷落

1. 调整好自己的心态

大凡事业有成者都是调整自我的高手,即使是在逆境中也能把握自我,保持心态的某种平衡。

中层领导受到冷遇时,最高明的办法莫过于坦然地接受它,并努力使自己的心态做到平和,不为逆境所困扰、所挫伤,使自己的精神永远不能被打败。调整心态,不是一时的权宜之策,是今后做好工作所不可或缺的修行。失意会给你一个使自己更加坚强的机会,而这种坚强又是事业有成的一个重要因素。

2. 不断"充电"武装自己

受上级领导的冷落,并不意味一生就失去了发展的机会,中层领导应该认识到这点。同时,为迎接这种机遇做好最充分的准备。而其中最好的准备莫过于武装自己,充实自己,增长自己的才干。因为万事都在变,养精蓄锐等待时机,是成大事的人应有的心态。

有时候你不得领导赏识,可能确实是因为工作能力不佳,不能够胜任上级领导分派的工作,或不能与上级领导形成心有灵犀的合作关系。这时你更应该为自己补课了。

在受上级领导冷遇的日子里,你可以从繁忙沉重的工作负担中解脱出来,拥有一片闲适的自由空间。在此期间,可以去大学进修、考取一项职称、读读史书或者去完成一项思虑已久却没空去做的任务。不颓废,不绝望,用心去做,就会有收获。

3. 增加与领导的接触

有许多时候,上级领导冷落某一个中层领导,是因为他不大了解他,没有深入地知道他的才干,或者对他的忠诚没有把握。因此,在中层领导尚未得到重视之前,是很难得到上级领导重用的。很多时候,这就是中层领导被上级冷落的一个原因。属于这种情况的,中层领导就应该采取主动措施加强与上级领导的沟通和接触,或者注意提高自己的知名度。

（1）有意识地去寻找与上级领导交流的机会。如请教一个问题、提出一个建议、与领导聊天等。

（2）不妨在某一领域一显身手,从而引起上级领导的注意。如跳舞、书法、写作等。

（3）通过增加在上级领导面前出现的频率,增加上级领导对自己的印象和兴趣,为交流奠定某种心理基础。

（五）如何巧妙地拒绝上级

1. 以委婉的方式表达自己的立场

在拒绝、反驳上级的时候,应委婉地提出自己的观点,这样既可维护上司的面子,也能让他感觉你说得很有道理,从而容易使上级改变原来的主张。

> **案 例**

委婉的表达方式

约翰·沃德爵士于1599年出版了著名的传记小说《亨利四世》。但出乎他意料的是,这差点儿给他招来了杀身之祸,因为当时的伊丽莎白女王认为作者是借古讽今,在含沙射影地抨击国家的现行政策。于是,女王召开大会,决定以谋反罪对沃德提起诉讼。

培根读过此书,了解作者的一片苦心,便站起来表示反对,极力为作者开脱。他说:"我不敢保证这本书里没有谋反的证据,但我敢说,书里确实有不少重罪的证据。""你怎么知道?"女王急切地问。

"在他从古罗马历史学家泰西塔斯那儿剽窃来的好多段落中,就能找到这类罪证。"培根回答。他说完,立刻把资料找出来对证。女王见培根所言属实,又见他说话十分风趣幽默,便不再追究此事。

培根所言是要证实约翰·沃德爵士并没有写讽刺意味的语句,只是引用了别人著作的原文,但他没有直接说约翰·沃德抄袭了泰西塔斯的文字,而是以另一种形式表达出来。这种委婉的表达方式成功地替约翰·沃德洗脱了罪名,可谓反驳上级的绝佳技巧。

2．借助于他人的力量

当上级要求你做某件事,你想拒绝但又不好说出口时,不妨请来两位同事和你一起到上级那里去,借助他人达到拒绝的目的。

去见上级之前,你要与同事商量好,他们两个谁是赞成的一方,谁是反对的一方,然后与上级争论。争论一会儿后,你再向反对的一方靠拢,说:"原来是这样,那可能太勉强了。"这样一来,就可避免直接拒绝上级,而表明自己的态度。通过这种方法,上级会认为"大家是经过讨论之后,才做出这种结论"的,而包括上级在内的所有人,都不会觉得哪一方受到了伤害,从而上级会自动放弃原来的想法。

对上级说"不"的时候,一定要注意方式,采用一定的技巧,使拒绝巧妙而见成效。拒绝上司决不能用生硬的语气,言辞不能过于直白,对于如何运用技巧,运用什么样的技巧,应因时、因地、因人、因事灵活机动地随机应变。

小贴士

"激"出上司的同情心

世界上所有的人差不多都具有同情弱小和怜悯困难者的情感,利用上司善良的同情心说低头话,如果运用沟通的方法恰当,即使对方铁石心肠,也能收到"以情感人"的奇效。因为大凡能激发人的公正之心、慈悲之心和仁爱之心的事情,都能引起人们的同情和帮助,都能使人在帮助他人之后产生一种伟大的济世之举。

第二节 实现与下级的有效沟通

优秀领导者的主要任务之一,就是能够不断地提高下级的干劲,使下级的能力有所发挥。作为领导要切记:下级不是宣泄的对象,而是与你并肩作战的伙伴。凭借沟通,我们将得到一个和谐愉悦的全新团队。

如何才能叫下级信服,充分发挥其能力呢?可以用孙权的一句话概括:"贵其所长,忘其所短。"对下级的缺点或短处,不必在意,使他的能力得以在毫无牵制地情形下尽情发挥。

一位知名企业大中华区的总裁在员工祝酒会上说:"我真心地期望大家成功,只有你们每个人都成功了,我才能成功,我们的公司才能成功!"

有些企业领导人错误地认为:决策是领导做的,部下只需要执行上级决策,不需要相互沟通。其实沟通是双向的。领导要使决策合理和有效必须要广泛收集信息、分析信息,才能做出科学判断。

如果企业管理者不信任自己的员工,不进行必要的沟通,不让他们知道公司的进展,员工就会感觉自己被当作"外人",轻则会打击员工士气,造成部门效率低下;重则使企业管理者与员工之间相互不信任,产生严重隔阂,无法达成共识,员工有时甚至会误解领导的意图,认为决策是领导的事,与员工无关,而消极抵抗。

在实际生活中,影响对下沟通的主要因素就是领导没"心",缺少热忱。一些企业领导也注意跟员工沟通,但是由于没有交心,隔靴搔痒,沟通的效果也就大打折扣。上级对下沟通,关键是要一个"诚"字,用心去沟通。

作为一名企业管理者,要尽可能地与员工们进行交流,使员工能够及时了解管理者的所思所想,领会上级意图,明确责权赏罚。避免推卸责任,彻底放弃"混日子"的想法。而且员工们知道得越多,理解就越深,对企业也就越关心。一旦他们开始关心,他们就会爆发出数倍于平时的热情和积极性,形成势不可当的力量,任何困难也不能阻挡他们。这正是沟通的精髓所在。

一、与下级成功沟通的六个原则

(一)发挥下属的能力

在企业面临激烈竞争、既定目标总达不到的情形下,如果想让组织活跃起来,就需要每位职员在自己的岗位上勤奋地工作。能否使下级有这种干劲,是领导者的首要任务。如何才能叫下级信服,充分发挥其能力呢?

案 例

善 用 其 能

三国时代,局势混乱,权谋纵横其间,在这方面孙权似乎难望曹、刘之项背,但孙权仍能凭借江南地势,与曹操、刘备抗衡,并且有了相当的发展,除了其过人的才干之外,巧妙地统率部下是关键之一。

首先,孙权拥有众多的优秀人才,那是因为他对部下的缺点不斤斤计较,而让部下展其长才,以此手腕难怪能得天下诸多英才而用之。其次,依赖自己所栽培出来的部下,把实权交给他们。正因为孙权培养了众多优秀人才,并善用他们的特长,而与双雄形成鼎足的局面。

(二)调整自己的态度

领导者只有以冷静沉着的态度,才能做出精确的决断,《孙子兵法》中说:"主不可怒以兴师,将不可愠以致战。"荣辱不惊才是大将风度。

案例

谢安喜不形于色

西晋之后,东晋偏安江左,建都建康,当时北方民族势力日益强盛,不断地以武力胁迫东晋,使得司马王朝深受其苦。当时东晋由谢安执掌相权。有一次,北方前秦大举南侵,以号称百万的大军渡江南来,而东晋迎敌部队只有数万人,以寡敌众的例子虽然不少,但兵力如此悬殊,连东晋人民都失去了信心,人人准备再临劫难。

而宰相谢安虽处于这种非常不利的局势中,却异常冷静沉着。当他一切准备妥当后,便悠闲自在地饮酒下棋,好像不知前方有战事似的。

在谢安的运筹下,东晋艰难地打败了前秦,获胜的消息很快地传回在京城的宰相谢安处,这时谢安正与人对弈,看完捷报后,他仍若无其事地下棋。

"有什么重要的事吗?"客人好奇地问。

谢安答道:"没什么,不过是前方的将士打败了敌人而已。"在客人面前,即使是大军获胜,谢安也依然不改其沉着的态度。送走客人后,谢安返回屋内,一不小心脚踢到了门槛,撞断了木鞋的鞋齿,但谢安竟毫无所觉,原来他是将喜悦之情硬生生地压制在心中。

其实,这正是领导者必须具备的素质之一。

(三) 对下属要宽严相济

上级对于下级,应是慈母的手紧握钟馗的剑,平时关怀备至,犯错误时严加惩罚,恩威并施,宽严相济,这样方可成功统领。

每一个领导者都应具备慈母的手、慈母的心。对于自己的下级,要维护和关怀。因为,他们是你的同路人,甚至是你的依靠。也只有如此,才能团结他们,共达目标。

案例

批评的学问

三洋机电公司前副董事长后藤清一先生年轻的时候,曾在松下公司任职。有一次因为一个小错误,他惹恼了松下。当他进入松下的办公室时,松下气急败坏地拿起一只火钳死命地往桌子上拍击,然后对后藤大发雷霆。后藤被骂得狗血喷头,正欲悻悻离开,忽然听见松下说道:

"等等,刚才因为我太生气了,不小心把这只火钳弄弯了,所有麻烦你费点力,帮我弄直好吗?"

后藤无奈,只好拿起火钳拼命敲打,而他的心情也随着这敲打声逐渐归于平稳。当他把敲直的火钳交给松下时,松下看了看说道:"嗯,比原来的还好,你真不错!"然后高兴地笑了。

批评之后,反以题外话来称赞对方,这是松下的高明之处。

松下认为,经营者在管理上宽严得体是非常重要的。尤其是在原则和制度面前,更应该分毫不让,严厉无比;对于那些违反了条规的,就应该举起钟馗剑,狠狠砍下,绝不姑息。松下说:"上级要建立起威严,才能让下级谨慎做事。"当然,平常还应以温和、商讨的方式引导下级自动自发地做事。当下级犯错误的时候,则要立刻给予严厉的纠正,并进一步地积极引导他走向正确的方向,绝不可敷衍了事。所以,一个上司如果对部属纵容过度,工作场所的秩序就无法维持,也培养不出好人才。

(四)与下属要坦诚交流

近年来,一些竞争力强的美国公司纷纷成立"员工协助"单位,目的在于提供员工心理保险,以解决员工的个人与家庭问题。

无论你的公司是否有这种管理制度,关心员工的心理健康已成为现代管理趋势中较重要的一环。要做好这种心理辅导工作,管理者首先应与员工面谈。

面谈时要注意下列原则。

时间上选择一个星期中的前几天而不是接近周末的后几天,选择早上而不是下班之前。选择让员工感觉有隐私的地方,譬如办公室附近的安静咖啡厅,可供散步的花园或公司内的会议室,以使得面谈的过程不受干扰,让员工轻松自在地和盘托出。

使用"我"而不是"你"的关心语言。如"我对于你造成的意外事件感到焦虑不安",而不是"你这样焦虑不安,以致引起许多意外事件";"我对你的不理睬命令感到生气",而不是"你用不理睬命令的方式激怒我";"我要与你谈谈",而不是"你来找我谈谈"。

注意聆听而不作任何建议或判断。此外,要将谈话的内容保密,会谈后不与其他同事讨论细节。

不良行为来自各方面:容易生气、悲哀或恐惧,感到孤单、忧郁、情绪不稳,酗酒或吸食药物。亲朋好友的去世,高度的压迫感,无法专心,容易失眠,有自杀的想法,有体重肥胖的烦恼,缺乏自信,害羞,对工作、对自己或对这个世界感到悲观,人际关系不良,缺乏激励自己的欲望,家庭及经济的困扰。

(五)让下属发表意见

松下允许员工当面发表不同意见与不满。第二次世界大战前期,有一位候补员工向松下再次发表过不满。那时的松下电器员工分一、二、三等和候补四级。这位候补员工迟迟未获升迁,就直截了当地对松下说:"我已经在公司服务很久,自认为对公司有了足够的贡献,早已具备了做三等员工的资格。可直到现在,我也没有接到升级令。是不是我的努力还不够?如果真是如此,我倒愿意多接受一些指导。其实,恐怕是公司忘了我的升级吧?"

松下对此很重视,责成人事部门查处,还真办了升级手续。接着,除了立即发布升级令外,松下明确表示,非常赞赏员工这种坦白的请求。松下鼓励大家把不满表达出来,而不是闷在心里。如此就不会增加自己的内心痛苦,对公司也会有很多好处。

(六)让下属大胆去做

作为领导者,不要过多干涉员工去做自己的工作,放手让他们去做就可以。只有在一个目标明确,又有充分自由空间去实现目标的环境下,员工才有可能最大限度地发挥自己的才智。如果规定了他们的工作目标,又为他们划定了许多做事的条条框框,他们当然就失去了行为的主观能动性。所以培养员工拥有自己的头脑,发挥员工的智慧是大有必要的。

离开员工是检验领导者是否成功的最好方式。如果你已经能够培养员工按照你所构想的方式去做,如果你让他们真正承担起自己的责任,如果你能让他们自行其是,那么,当你离开的时候,所有的一切可以照样圆满地完成。

作为领导者,你只需为员工指引方向,而且这一方向不应在三个星期或三个月内就做出改变。即使出现一些问题,员工也应该像你一样能够妥善地处理。当然,如果是一个十分重大的问题,那他们不可能自行其是,必须报告于你。

小贴士

> 只有能进行有效沟通的领导,才能真正激励员工,从而成就自己、成就事业。

二、与下级沟通的七个技巧

(一)让下级知道你关心他们

每个人都有自己的尊严,都希望得到别人的认可。而上级对下级的关心,对下级倾注的感情,尤其是对下级生活方面的关怀与照顾,可以使他们的这种尊严得到满足。有许多身居高位的大人物,总会记得只见过一两次面的下级的名字。如果在电梯或门口遇见时,点头微笑之余,叫出下级的名字,就会令下级受宠若惊,感到被重视。

领导对于下属,不仅仅是在工作上的领和导,还应在下级的生活方面给予一定的关爱。特别是下级碰到一些特殊的困难时(如意外事故、家庭问题、重大疾病、婚丧大事等),作为领导,此时应伸出温暖的手,才是雪中送炭。下级这时会对你产生一种刻骨铭心的感激之情,并且会时刻想着要如何报效于你。他时刻像一名鼓足劲的运动员,只等你需要他效力的发令枪一响,就会冲向前去。这时的"雪中送炭"比"锦上添花"更有价值。

(二)宽容大度、虚怀若谷

案例

大 将 风 度

公元199年,曹操与实力最为强大的北方军阀袁绍对峙于官渡。袁绍拥兵十万,兵精粮足;而曹操的兵力只有袁绍的十分之一,又缺粮,明显处于劣势。当时很多人都以为曹操必败无疑了。曹操的部将以及留守在后方根据地许都的好多大臣,都纷纷暗中给袁绍写信,准备一旦曹操失败便归顺袁绍。

半年以后,曹操采纳了谋士许攸的奇计,袭击袁绍的粮仓,一举扭转了战局,打败了袁绍。曹操在清理从袁绍军营中收缴来的文书材料时,发现了自己下属的那些信件。他连看也不看,命令立即全部烧掉,并说:"战事初起之时,袁绍兵精粮足,我自己都担心能不能自保,何况其他的人!"这么一来,那些动过二心的人便全部都放了心,这对稳定大局起了很好的作用。

曹操的做法的确非常高明,它将已经开始离心的势力又收拢回来,没有气度的人是无法做到的。作为领导,就应具有这样的胸怀,只有这样下属才会尽心竭力为他做事。

（三）诚心接受下级的意见

卡耐基承认，每当有人开始批评他的时候，只要他稍不注意，就会马上很本能地开始为自己辩护——甚至可能根本不知道批评者会说些什么。卡耐基说，每次这样做的时候，他就会觉得非常懊恼。每个人都不喜欢接受批评，而希望听到别人的赞美，也不管这些批评或赞美是不是公正。

领导者应该有足够宽阔的心胸，能够容纳下级的批评，以此来不断促进自己的工作。一个合格的领导者应向员工传达批评与自我批评的观念，最有效的方法莫过于当面痛快地承认自己的过错。领导者必须能够勇于接受下级的批评，否则就不可能在批评他人时有说服力。即便是听到那些不很审慎的坏话，也不要先替自己辩护。

身为领导者，有必要表现得与众不同，要谦虚、明理，要成为下级模仿的榜样。只有这样，领导者才能依靠自身，而不是凭权力去赢得别人的喝彩。

（四）正确对待下属的越级沟通

在你的部门里，是否经常有人越过你直接向你的上司提出意见或建议？你是否曾为这样的沟通而苦恼过？如果有，说明你的组织存在着越级沟通现象。这里仅讨论常见的、简单的、自下而上的越级沟通形式。

下属产生越级沟通的基本条件：一是下属认为他通过与其主管的中层领导进行信息沟通无助于问题解决，或不能满足其沟通期望，如晋职、提薪和对部门的合理化建议等；二是员工认为只有越级沟通才是解决问题的最优方式，才能达到沟通效用最大化和目标最大化。越级沟通只有满足了以上两个条件，才成为可能。

面对下属的越级沟通，中层领导应持以下态度。

1. 要肯定下属的越级沟通行为

一方面，下属实施越级沟通面临着巨大风险，需要有一定的胆识。这些风险主要有：组织高层领导可能不采纳自己的建议而自讨苦吃；直接上级知悉此事的负面压力，引起周围同事的警惕、疏远以及冷眼旁观；引起下属更大范围的模仿等。另一方面，下属相信会引起高层领导重视才实施了越级沟通，因而可认为这些人对组织具有较高的责任感和信心，尤其是那些以组织发展为沟通目标的越级沟通行为。

2. 不提倡对越级沟通的事大包大揽，要讲究分层管理

高层领导对下属的越级沟通可予以肯定，但不必事事都要亲力亲为。高层领导不可能也不应该淹没在冗杂的日常事务上，而要把精力放在组织重大决策和进行战略思考上。因而对沟通的内容和形式要有一定的要求，切不可事无巨细都包揽起来。要根据组织规模、结构层次，实施有效的面向越级沟通的分层管理体系。

3. 倡导下属沟通的信息对事不对人

越级沟通有别于"打小报告"，要强调越级沟通是面向组织的而非针对个人，上级领导要有保护好中层领导的姿态。这一方面对于中层领导而言"心无余悸"，越级沟通能够接受。另一方面唤起组织成员有效的民主参与意识，形成沟通"无级限"的气候。另外，对涉及的问题要先从组织全局、部门工作入手，切勿直接针对个人，甚至作为考评主管的依据或实施个人报复的材料。

4. 对于沟通信息要有反馈

反馈是沟通有效实施的根本。高层领导对沟通内容要进行信息加工和处理，要给中层领导以反馈，力求营造"大事小事有人谈，大事小事有人管"和"人人关心组织，组织关心人人"的良好组织氛围。

（五）帮助下属改进工作方法

下属工作不力，该怎么办？是声色俱厉、横加呵斥，还是越俎代庖、亲力亲为？不同的人有不同的看法。其实，最明智的做法是深入调查，找准下属工作不力的原因，从而对症下药，帮助下属优质高效地完成工作任务。具体地说，对策有四点。

一曰"导"。下属工作不力，思想不顺，认识不高，态度不端是原因之一。有的对你安排的工作不满意，或者与你之间有矛盾，以致干起活来情绪低落、心不在焉；有的因某种原因，对你分配的工作的重要性缺乏足够的认识；面对这种下属，中层领导应该头脑冷静，耐心细致地加以引导。一要放下架子，亲近下属，听取意见和呼声，把准思想脉搏，缩短上下级之间的心理距离；二要帮助下属理顺思想，消除疙瘩，振奋精神；三要帮助下属正确认识自己所承担的工作的重要性，勉励其积极主动地把工作做得又快又好。

二曰"扶"。胆量不大、能力不强，往往也会使得下属工作不力。对待这样的下属，决不能轻言放弃，闲置不理。因为这些下属并非真的是天生迟钝的懦弱无能之辈，有的还很具潜力，只是缺乏培养锻炼。倘若着意雕琢，他们是完全有可能成才的。况且合适的人选短时间内难以找到，即使自认为找到了，干起活来也未必真行；何谓"扶"？就是不断创造机会，让其在实践活动中提高素质、增强能力和胆识。

三曰"逼"。有的下属工作不力，完全是因为惰性太强，懒散成性。但这样的人往往脑子好使，行动起来爆发力强。他们之所以不能按质如期完成工作任务，主要原因是律己不严、自由散漫、工作缺少紧迫感，习惯于到"火烧眉毛"之时方欲认真"作答"，无奈时间所剩不多，只得糊弄几下，硬着头皮交差。调教这种下属，最有效的办法就是增加压力、加强督促、时常鞭策，一个"逼"字足矣。

四曰"换"。对于实在不能胜任工作的人，也只能采取能上能下的办法，请其另谋高就。但有几个前提，一是他各方面的素质和能力确实不适合现岗位，属于当初选人时没有把握准，这是常会发生的事情，不要有顾虑；二是要提前有后备的更强的人选供你使用；三是你在之前出于与人为善的心态提醒和帮助过下属，并与你的上级进行了必要的沟通。

案 例

开明的老板

玛丽小姐是一位食品包装业的行销专家，她的第一份工作是一项新产品的市场测试。可是，她却犯了一个大错，导致整个测试都必须重来一遍。当她开会向老板报告时，她恐惧得浑身发抖，以为老板会狠狠训她一顿。可是老板并没有像她想象得那样，而是谢谢她的工作，并强调在一个新计划中犯错并不是很稀奇的。而且他有信心等待第二次测试对公司更有利。老板保留了玛丽的面子，使她深为感动。果然第二次测试她进行得十分成功。

（六）纠正下属的"老毛病"

一些下属由于受工作和生活环境中不良习惯的影响，日积月累，便会形成"老毛病"。诸如办事粗心、拖拉现象严重，经常迟到早退，或者贪杯误事等。中层领导者在对待这一问题上，既不能听之任之，也不能过于苛求，而要宽严适度，正确对待。

1. 暗语相示巧点醒

一是可以给那些下属一个失望的眼神，一声无奈的叹息，让他们察言观色，反思自己的行动，然后进行自我剖析和改正。诸如对那些上班爱迟到、工作中爱聊天和搞小动作的下属，就可假以辞色。

二是可以通过一些幽默的解嘲或调侃来对待那些办事拖拉、粗心大意的下属，既给他们施加一种无形的思想压力，同时也给他们一个台阶下，使他们去认识和改正自己的"老毛病"。

三是可以采取"放一放"式的冷处理，让那些经常因"老毛病"影响正常工作的下属尝尝受冷落的滋味，让别人暂时代替其工作，然后迫使其改正。

2. 直言相告善批评

既然是"老毛病"，有时候就具有较强的反复性，如果点醒不能促使其提高觉悟或改正，那么就应该采取批评的办法来解决，但前提应是一个"善"字。因为，善意的批评能够更好地使下属认识和改正自己的不足，进而增强工作积极性。如果不是这样，一味地认为批评是公事公办，那么就不易把握分寸。批评不到位，无济于事；批评重了，容易引起下属的反感，出现事与愿违的结果，挫伤下属的工作积极性。

因此，在批评时，首先要开诚布公，直言相告。通过"老毛病"做工作，分析利害，动之以情，晓之以理，并热心地为其指明改进的方向。其次，要抓住要害，有的放矢。对那些错误性质比较严重的下属，可当众点名批评，限期改正，以观后效，但不能泛泛而批，或者是乱扣"帽子"，影响群体情绪。再次，要把握分寸，适可而止。不能因为下属有"老毛病"就大会"批"、小会"点"。那样不仅不利于领导者正确处理与下属的人际关系，而且会让下属认为领导度量狭小、不能容人，进而影响领导形象和工作。

3. 强化管理严奖惩

一是要根据单位的实际工作情况和现状，建立健全各项工作制度。只有靠制度来约束下属，消除"老毛病"存在的温床，才能有效防止"老毛病"给工作带来的危害。

二是管理要有针对性和灵活性，可以根据实际情况和部门的职责任务，明确指出禁止什么，反对什么和提倡什么，要紧贴实际，让下属能自觉接受，但也不能过于宽松，让下属钻空子，以致达不到初期的目的。

三是制定适当的奖罚措施，在工作中给予那些比较顽固的下属一定的经济处罚，让他们体验到另一种切"肤"之痛，并记住教训，更好地去工作。但处罚一定要考虑其承受能力，对处罚的经济收入要正确使用，做到方法得当，奖优罚劣，公道合理，而不能有营利之目的。或者奖罚不明，使下属产生抵触情绪，因小失大，酿成后患。

（七）处理员工上班时间办私事

作为中层领导，要处理员工在工作时间办私事的问题，得先找出原因，然后可就不同的情况，作弹性处理。

有些职员在工作时间办私事的原因,是因为他的工作岗位过于清闲、无事可做,唯有找别的事情打发时间。中层领导可给他安排较多或较有挑战性的工作,情况会自然地改善。

现在有不少员工有数份兼职,由于工作之余没有足够时间应付兼职工作,于是便利用正职的工作时间。或许他的工作能力较强,尚能应付工作"量"的要求,但在"质"的方面,可能是马虎了事。对待这些员工,你要清楚地表明立场,要求他不要在办公时间另赚外快;在下班后,如果他的兼职工作没有与公司利益发生冲突,你便无须提出严格的要求。

令员工遵守公司的纪律,当然是中层领导的职责,但切勿忘记你要做一个有人情味的中层领导。有些情况下,员工办理私事是情有可原的,例如员工家庭发生事故,或者只在工作较清闲时,偶然打私人电话。如果在上述情况下仍要严格执行纪律,终会招致员工的反感,在有需要时,很难要求他们通力合作。

(八)处理下属的"抵抗运动"

假如你刚成为某公司或单位的一名中层领导,而一群老牌员工总是与你作对,从第一天起就不服管教。那么,你该怎样对待这一难题呢?

迎接挑战的最好办法是保持与该群体经常性的接触与双向沟通,比如在拟定部门计划与目标时请他们也参与进来。还有这些员工在设计有助于部门工作目标和私人目标的过程中,你积极给予指导和支持,会让他们感到鼓舞。

此外,你还要了解到这个"抵抗"群体中,肯定有一个头儿,对大家是否接受某种行为观点做出决定。尽管你向这个群体兜售你的观念颇为困难,然而对这个头儿来说,事情就简单多了。你如果知道头儿是谁,则应与他见面,让他明白你尊重老员工的情怀,让他明确自己在群体中应发挥怎样的带头作用,让他也明白与你合作会得到的好处与机会。

如果这些员工还不响应你的亲善行为,那么你可以采取备用措施。让员工知道,他们的所作所为属反抗行为。如果继续闹下去违背了公司部门的制度、规范,你将按规章给予他们严厉的制裁。让他们明白员工是组织中的"固定资产",但如果自视过高,那也完全可能会变成"流动资产"。

小贴士

批评下属要讲究方式方法

批评下属也是一门领导艺术,如何对待犯错误的下属,是领导者必须慎重对待的一个大问题。处理得当,双方满意,可以促进工作;处理不得当,则可能为自己树敌,增加工作上的阻力,应注意批评惩罚的尺度,方能惩前毖后,一箭双雕。

第三节 实现与同级的有效沟通

平行沟通最难,因为大家职务相当,不可以带有丝毫指令,必须把握"敬人者人恒敬之"的原则,由尊重对方做起。关键在于建立自己的沟通信用,使同人充分了解自己"不爱占便宜"的作风。"多琢磨事,少琢磨人",是处理好同事关系的一条原则。

要知道善于与他人团结协作的人,大都会取得事业上的成功,因此合作是许多成功人士的共同特征,而且合作本身就是一件快乐的事情。有些事情人们只有互相合作才能做成,不合作彼此都得不到好处。

案 例

关于相互协作的故事

一个人请求上帝带他参观一下天堂和地狱这两个地方,希望在比较之后能选择他将来的归宿。上帝满足了他的要求,先带他看了魔鬼掌管的地狱。进去之后的第一眼让他大吃一惊,他看到所有的人都坐在酒桌旁,面前摆满了美味佳肴,包括水果、蔬菜和各种肉食。但当他仔细看那些人时,却发现他们一个个愁眉苦脸、没精打采地坐在桌子旁,一副营养不良的样子。原来这里每个人的左臂都捆着一把叉,右臂捆着一把刀,刀和叉都有4尺长的把手,根本就不能送到自己嘴边,所以每个人都在挨饿。

随后,这个人又跟随上帝来到了天堂。那里的景象和地狱几乎一模一样,同样的食物、刀、叉以及那些很长的把手,可是天堂里的人们都笑容满面。

这位参观者开始的时候感到很困惑,但随后就发现了其中的原因。原来天堂的每一个人都是喂对面的人,而且也被对面的人所喂,他们互相帮助,所以非常快乐。而地狱里每一个人都试图喂自己,可是一刀一叉以及4尺长的把手使他们根本吃不到任何东西。

这个故事告诉我们,如果你想得到别人的帮助,首先要帮助其他人,而且你帮助的人越多,你得到的也越多。只有彼此间的相互协作才能使大家都幸福快乐。

现实生活中,平级之间以邻为壑,缺少知心知肺的沟通和交流,因而相互猜疑或者互挖墙脚。这是因为平级之间都过高看重自己的价值,而忽视其他人的价值;有的是人性的弱点,尽可能把责任推给别人;还有的是利益冲突,唯恐别人比自己强。

一个优秀的企业,强调的是团队的精诚团结,密切合作。因此平级之间的沟通十分重要。平级之间要想沟通好,必须开诚布公,相互尊重。如果虽有沟通,但不是敞开心扉,而是藏着掖着,话到嘴边留半句,仍然达不到沟通的效果。

一、与同事有效沟通的五个原则

(一)主动帮助他人

不要错误地认为帮助别人,自己就有所牺牲,别人得到了的自己就一定会失去。实际上,帮助别人也是帮助自己,你在帮助别人的同时收获了快乐,这就是付出得到的回报。

(二)主动参与集体活动

在团队中,每个成员都应具有奉献精神,贡献自己的聪明才智。如果你不敢抛头露面,不敢大胆地表述自己的观点,或觉得你的观点不如他人的有价值,那么,你就无法培养自己的社交能力,也无法赢得团队中其他成员对你的认识和尊重,更无法对团队的决定施加影响。

(三)积极表述自己的观点

清楚地表达你的观点,并阐述理由。认真地聆听他人的意见,努力了解他人的观点及理由。这些做法可以提高自己在团队中的参与性。

（四）尊重他人

即使你确信自己比其他同事更有知识、更有能力，也不要太张扬，而要尊重其他人的意见。重要的是，你要让他人充分地表达自己的观点，不要随意打断或表现出不耐烦，做到这些对于团队力量正常地发挥是很必要的。

（五）倾听他人的意见，不要过于武断

除了提出自己的观点外，你还应该注意倾听其他同事的观点。当他人提出自己的观点时，要做出积极的和建设性的反应。要客观地评价别人的观点，不要意气用事。即使不同意也不要冷冷地反驳，要平和地表达自己的意见。

小贴士

> 大家都集中精力干工作，不过多地关注别人的缺点，人际关系就会比较正常、简单，工作效率就会提高。

二、与同事沟通的几个技巧

（一）认识和了解同事

要达到与别人有效沟通的目的，你必须了解同事的秉性、脾气、个人爱好、能力特长、之前的阅历和经历，特别是他最成功的那段经历。这样，首先使你们有了很多共同的话题，沟通之初就相见恨晚，就一定能够成为谈得来的好朋友，后续工作上需要支持的沟通自然也就顺理成章了。

小贴士

> **飞走的订单**
>
> "气死我了！"一回到办公室，杜尚就愤愤地把手里的方案拍到了桌子上。现在网站的竞争越来越大，他手里的这个客户是花了大力气才争取到的，经过了连续半个月的谈判和觥筹交错后，终于在前天凌晨，客户口头上答应了下单，但同时也要求，两天内拿出方案。正在兴头上的杜尚立刻赶回公司，找到了技术部门要求协助此事。
>
> 他再三叮嘱道："这是个大单，很急的，两天后就要交货，你们快点，要不耽误了事情就不好办了。"谁知两天后，当杜尚到技术部门拿结果时，却被告之，这两天活儿太多，还没时间处理他的事情。杜尚和技术部门的同事大吵一顿后，他只能回头又向客户再三赔礼道歉，但客户却以他们不守信用为由终止了合作。事后，竹篮打水一场空的杜尚百思不得其解：为什么明明是公司的业务，到了最后，却好像成了他的私事一般？

> 曾为企业解决了大量因沟通不畅而导致效率低下案例的心理咨询师指出,类似这种跨部门合作因为沟通不畅而引发矛盾的事情实在太多了。她到公司了解情况,技术部门的人说业务部门的人每次来交涉工作都"像大爷一样",而且来的时间总是很突然,比如这次,杜尚派活的时候将近半夜三点了,问候都没有一句,就让干活。听到同事的这番抱怨后,杜尚也很委屈:"我有什么办法,这单太难得了,我也是争取到那个时候才敲定的,难道我就不辛苦吗?"
>
> 在杜尚的公司,业务部和技术部的矛盾由来已久。专家建议,杜尚在以后的工作中,不妨多了解一下技术人员的性格特点,比如:性格清高、对自己的专业能力比较看重等,在日常交往中,多和他们交流感兴趣的问题,多向他们请教,多体谅他们的难处,时间一长关系自然就好了。"不要等有需要了才去找别人,只要成了哥们儿,就算是半夜四五点把他们从被窝里拽起来估计也没有问题的。"
>
> 专家认为,现在很多人都在宣传沟通技巧,但她认为,沟通要从了解人性开始,技巧始终只是辅助手段。"你首先要充分了解人性,知道比如自私、嫉妒等都是人性的一部分。举例来说,很多人都会抱怨,获得了升职或出国培训等机会后,同事和自己越来越疏远,越来越难沟通了。其实这是很正常的。你不妨在以后谈论此事时多讲讲它的负面影响,多自嘲一下,尽量减少这件事给其他人带来的心理落差。"

(二)主动关心和帮助同事

好多人上班时都遇到过这样的尴尬,刚换到一个新的工作岗位,总会感到万分别扭、战战兢兢,对很多事情都是既新鲜,又提防,总想尽快磨合,适应新环境,可是一些资深的同事却对你爱理不理。甚至在一些事情上还故意跟你作对,使你觉得简直无所适从,可又别无选择。谁让他们是你的同事呢?

不跟他们好好合作、套近乎,今后简直难以工作。该如何面对这种处境呢?

人天生都是需要别人关心的:高兴的事情愿意有人与你分享;痛苦的时候,愿意有人关心,为你化解。在工作中最好不要只寄希望于对方总向你伸出援手,而是要多考虑自己如何去关心和帮助别人。特别是与关系不太好的人。首先,你可以尝试着去了解对方的难言之隐,如能化敌为友,说不定还会有意想不到的收获。同时应扪心自问无法与对方精诚合作的原因,究竟出在对方还是自己身上?自己是不是也应该负一点责任?清楚这些之后,应努力营造愉快融洽的气氛,学会与同事和平相处、友好合作。

(三)**真诚相处**

与同事相处应该真诚,当他工作上有困难时,你应该尽心尽力予以帮助,而不是冷眼旁观,甚至落井下石;当他征求你的意见时,你不要给他发出毫无意义的称赞;当他在无意中冒犯了你,又没有跟你说声对不起时,你要以无所谓的心情,真心真意原谅他,如果今后他还有求于你时,你依然要毫不犹豫地帮助他。

有人会问:"为什么我要待他这么好?"答案是:因为你是他的同事,你每天白天一大半的时间都是跟同事在一起,你能否从工作中获得快乐与满足,与你经常相处的同事有很大关系。当你在办公室里,没有人理你,没有人愿意主动跟你讲话,也没有人向你谈心时,你还会觉得工作有意思吗？一般来说同事之间有一点竞争、有摩擦是很正常的现象。但是我们要懂得如何把这种摩擦降到最低限度，应该学会怎样把这种竞争导向对自己有利的方向。

如果你还是觉得与同事相处很困难，请试试以下办法，相信你一定会有收获。

第一，当同事们聚在一起聊天的时候，你应该暂时放下工作，走过去跟他们很融洽地开些无伤大雅的玩笑，让同事感觉你与他们很合得来。

第二，不能随便把同事对你说的话告诉上司，否则你会很容易招致大家联手反对。

第三，同事有意无意表示自己有多能干，想获得上司的信任时，你切勿妒忌他，而应该诚心诚意欣赏对方的优点。

无论你跟谁共事，要想创造辉煌业绩，首要条件是双方默契配合，共同努力。

（四）保持适度距离

在任何时候只有和同事们保持合适的距离，才会成为一个真正受欢迎的人。你应当学会体谅别人，不论职位高低，每个人都有自己的工作范围和责任，所以在权力上千万不要喧宾夺主。但也不能说"这不是我的事"这类话，过于泾渭分明，只会破坏同事间的关系。在筹备一个任务前，应该谦虚地问上司："我们希望得到些什么？""要顺利完成任务，我们应该再做些什么？"

不要在背后议论别人长短。比较小气和好奇心重的人，聚在一起就难免说东家长西家短。你一定不要加入他们的一伙，偶尔批评或调笑一些公司以外的人，倒无所谓，但对同事的弱点或私事，保持沉默才是聪明的做法。

公私分明也是重要的一点。同事众多，总有一两个跟你特别投机，可能私底下成了好朋友。但不管你职位比他高或低，都不能因为关系好而进行偏护纵容，一个公私不分的人是成不了大事的，更何况上司对这类人最讨厌，认为这是不能信赖的人，所以你应该知道有所取舍。

与同事相处，太远了显然不好，人家会误认为你不合群、孤僻、性格高傲；太近了也不好，因为这样容易让别人说闲话，而且容易使上司误解，认定你是在拉帮结派。所以不即不离、不远不近的同事关系，才是最合适的和最理想的。

有人认为好朋友最好不要在工作上合作，这句话有一定道理。一天，公司来了一位新同事，他不是别人，正是你的好朋友，而且，他竟分为你的拍档。如果上司将他交托与你，你首先要向他介绍公司分工和其他制度。而不能跟他拍肩膀拉关系，以免惹来闲言碎语。大前提是公私分明。在公司里，他是你的搭档，你俩必须忠诚合作，才会有良好的工作效果。私底下，你们十分了解对方、关心对方，但这些表现最好留到下班以后，你们可以跟往常一样一起去逛街、闲谈、买东西、打球，完全没有分别，只是奉劝你一句，此时少提公事。

还有一种情况就是：当一位旧同事重返公司工作时，你也要注意自己的态度。因为旧人对你和公司都有一定的了解，虽然和他并不需要时间去适应，但是首先你得清楚，这位旧同事以前的职级如何？他的作风属哪种类型？与你的关系怎样？如今重返旧巢，他的地位会有所改变吗？

如果他以前与你共过事，请不要在人前人后再提以往的事，就当是新同事合作，这样可以避免大家尴尬。要是他过去与你不相干,如今却成了搭档,不妨向对他有些了解的同事查询一下他的情况,但注意要装作轻描淡写,不留痕迹。

有些同事生性暴躁,常因小事就唠叨不已,虽然事后他会把事情忘得一干二净,但当时粗声粗气或过烈的反应会叫你闷闷不乐。对待这种脾气的人,最好的办法是以静制动。然而,消除误会,并非是采取凡事忍耐的策略,相反,这恰恰是积极和主动。你不妨细想一下,有同感的肯定不只你一个,所以不妨就由对方猛烈地说下去,你只要处之泰然,即使有其他同事表示不同,你也保持缄默,直至事情明朗化,对方的态度平静下来,你再摆出明白事理的态度来,细心分析事情,如此便能化解不良情绪。

(五)多听同事说话

繁体的"聽"字是很有讲究的:要用耳朵(左上)、要把说话者当王(左下)、要用十个眼睛注视着对方(右上)、要一心一意(右下)。而现代的"听"字却总是用嘴打断别人,总与人斤斤计较,说人家讲得不对,这又如何与人和睦相处呢?

要知道在同事间的交往中,每个人都希望能得到别人的肯定性评价,都在自觉不自觉地强烈维护着自己的形象和尊严,如果有人对他过分地显示出高人一等的优越感,那么无形之中是对他自尊的一种挑战与轻视,同时排斥心理乃至敌意也就应运而生。

法国哲学家罗西法古说:"如果你要得到仇人,就表现得比你的朋友优越;如果你要得到朋友,就要让你的朋友表现得比你优越。"这句话很对。当我们让朋友表现得比我们优越时,他们就会有一种得到肯定的感觉,但是当我们表现得比他还优越时,他们就会产生一种自卑感,甚至对我们产生敌视情绪。

日常工作中就不难发现这样的同事,他们虽然思路敏捷,口若悬河,但刚说几句就令人感到狂妄,所以别人很难与他苟同。这种人多数都是因为太爱表现自己,总是想让别人知道自己很有能力,处处想显示自己的优越感,以为这样才能获得他人的敬佩和认可,结果适得其反,这样做只会在同事中失去威信。

在这个世界里,那些谦虚豁达的人总能赢得更多的知己;相反,那些妄自尊大、小看别人、高看自己的人总是令别人反感,最终在交往中使自己到处碰壁。

老子曾说"良贾深藏若虚,君子盛德貌若愚",是说商人总是隐藏其宝物,君子品德高尚,而外貌却显得愚笨。这句话告诉我们,平时要敛其锋芒,收其锐气,千万不要不分场景地将自己的才能让人一览无余。你的长处短处被同事看透,就很容易被他们支配。

另外还要谦虚一些,谦虚的人往往能得到别人的信赖,因为谦虚,别人才不会认为你对他有威胁。这样你就会赢得别人的尊重,更好地与同事建立关系。

所以,我们对自己要轻描淡写。我们必须学会谦虚,只有这样,才会永远受到别人的欢迎。

小贴士

卡耐基曾有过一番妙论:"你有什么可以值得炫耀的吗?你知道是什么原因使你没有成为白痴的吗?其实不是什么了不起的东西,只不过是你甲状腺中的碘而已,价值并不高,才五分钱。如果别人割开你颈部的甲状腺,取出一点点的碘,你就变成一个白痴了。在药房中五分钱就可以买到这些碘,这就是使你没有住在疯人院的东西——价值五分钱的东西,有什么好谈的呢?"

(六)公平竞争

处理同事之间的竞争关系,好比行走在沼泽地一样,稍有不慎就会陷入泥坑里,别慌,解脱你的救星来了。

美国斯坦福大学心理系教授罗亚博士认为:人人生而平等,每个人都有足够的条件成为主管,但必须懂得一些待人处事的技巧,他提出以下6条建议。

(1) 无论你多么能干,多么自信,也应避免孤芳自赏,更不要让自己成为一个孤家寡人。在同事中,你需要找一两位知心朋友,平时大家有个商量,互通声气。

(2) 要想成为众人之首,获得别人的敬重,你要小心保持自己的形象,不管遇到什么问题,不必惊慌失措,凡事都有解决的办法。你要学会处变不惊,从容面对一切难题的本领。

(3) 当你发觉同事中有人总是跟你唱反调时,不必为此而耿耿于怀,这可能是你"人微言轻"的关系,对方以"老资格"自居,认为你年轻而工作经验不足,你应该想办法获得公司一些前辈的支持,让人对你不敢小视。

(4) 若要得到同事的赏识与信任,首先你要对自己有信心,自我欣赏,不要随便对自己说一个"不"字;尽管你缺乏工作经验,但不必感到沮丧,只要你下定决心把事情做好,必定有出色的表现。

(5) 凡事须尽力而为,也要量力而行,尤其是你身处的环境中,不少同事对你虎视眈眈,随时准备找出你的错误,你需要提高警觉,按部就班把工作做好,是每一位成功主管必备的条件。

(6) 利用时间与其他同事多沟通,增进感情,消除彼此之间的隔膜,有助于你的事业发展。

(七)给同事留点面子

在与同事交往的过程中,聪明人从不会把话说死、说绝,说得自己毫无退路可走。例如"我永远不会做出你所搞砸的那些蠢事""谁像你那么不开窍,要是我几分钟就做完了""你跟×××一样缺心眼,看他那巴结相",如此种种,估计谁听了都不会痛快,因为人人都爱惜自己的面子。而这样绝对的断言显然是不给别人面子的一种表现。

保留他人的面子是个非常重要的问题。但是在现实生活中,我们很少会考虑到这个问题。我们常喜欢摆架子、我行我素、挑剔、恫吓、在众人面前指责同事或下属,而没有考虑到是否伤了别人的自尊心。其实,只要多考虑几分钟,讲几句关心的话,为他人设身处地想一下,就可以缓解许多不愉快的场面,使沟通更加愉快地进行。

🔖 小贴士

《圣经·马太福音》有句名言:"你希望别人怎样对待你,你就应该怎样对待别人。"这句话被大多数西方人视为工作中待人接物的"黄金准则"。

真正有远见的人不仅要在与同事一点一滴的日常交往中为自己积累最大限度的"人缘",同时也会给对方留有相当大的回旋余地。给别人留面子,其实也是给自己挣面子。在言谈交往中,可以多用一些"可能""也许""我试试看"和某些感情色彩不强烈、褒贬意义不太明确的中性词,以便自己能"伸缩自如"。

人人都有自尊心和虚荣感,甚至连乞丐都不愿意受嗟来之食,因为太伤自尊、太没面子,更何况是原本地位相当、平起平坐的同事。但很多人总喜欢扫别人的兴,当面令同事难堪,以致当面撕破脸皮,互不相让,翻脸成仇。

纵使别人犯错,而我们是对的,如果没有为别人保留面子也会毁了友谊。同事其实是很复杂的一个群体,这个群体中有各种各样的人,有君子、有小人、有好人、有坏人、有光明磊落的、有阴险狡诈的,但你必须和他们相处下去,因为你们是同事。

(八) 化解同事间的矛盾

人与人之间,除非有不共戴天之仇不可化解,但工作中的矛盾一般不至于达到那种地步。毕竟是同事,都在为同一家单位而工作,只要矛盾并没有发展到你死我活的关头,总是可以化解的。记住:敌意是一点一点增加的,也可以一点一点消灭。中国有句老话"冤家宜解不宜结"。同在一家公司谋生,低头不见抬头见,还是少结冤家比较有利于自己。不过,化解敌意也需要技巧,并非一味迁让与软弱。

怎样化敌为友?在工作中是一门高深的学问。他与你曾经为一个职位争得不可开交,今天你俩已分别为不同部门的主管,虽然没有直接接触,但将来的情况又有谁能明白呢?所以你应该为将来铺好路,做好准备。

如果你无缘无故去邀约对方或送礼给他,太唐突,也太贬低了自己,应该是见机行事。如从人事部探知他的生日,在公司发动一个小型生日会,主动集资送礼物给他……真诚的善意,谁也不好拒绝。

要是对方获得升职,这就是最佳的时机了,写一张贺卡,衷心送出你的祝福吧。如果其他同事替他搞庆祝会,你无论多忙,也要抽空参加,否则就私下请对方吃一顿午餐。恭贺之余,不妨多谈大家在工作方面的喜与乐,对以往的不愉快事件绝口不提,拉近双方的距离。

这些亲善工作必须在平常就抓紧机会去做,否则到了你与他有直接来往时才行动就太迟了。那时,也只会给人们一种"市侩"之感。所谓"和气生财""和为贵",商场上很忌讳结成仇敌,长期对抗。在商场上树敌太多是经营者的大忌,尤其是如果仇家联合起来对付你,或在暗中算计你,你纵有三头六臂也应接不暇。

小贴士

> 在工作中可能与同事之间产生各种误会,误会给我们带来痛苦、烦恼、难堪,甚至会产生恶劣的后果。所有,一旦发现自己陷入误会的圈子后,必须调整自己,及时采取有效的方式予以消除,使自己与同事能尽快消除误解、友好相处。

本章小结

本章着重讨论了在人际交往中的三大沟通流动方向：与上级的沟通、与下级的沟通和与同级的沟通原则以及沟通技巧。

与上级沟通的10个原则：了解你的上司、积极工作、说话简洁、仔细聆听、关系要适度、信守诺言、解决好自己职责内的难题、圆通委婉、早到而不迟退、维护上司的形象。

与下级沟通的6个原则：发挥下属的能力、调整自己的态度、对下属要宽严相济、与下属要坦诚交流、让下属发表意见、让下属大胆去做。

与同级沟通的5个原则：主动帮助他人；主动参与集体活动；在会议或讨论中表述自己的观点；要尊重他人；倾听他人的意见，不要过于武断。

我们还分别就三大沟通流动方向列举了一些沟通技巧。然而，实际情况是错综复杂的，具体情况还需要具体分析。望同学们在掌握基本原则的前提下，灵活处理各种事宜。

复习思考题

(1) 作为大学生，应为走向社会做好准备，从你的实习经历或周围工作者的人那里收获一些工作中遇上、下级和同事之间沟通的经验（教训），在课堂上讲给大家听。

(2) 从与老师和同学的沟通中体会如何与领导和同事打交道。分别谈一个实例。

(3) 与你的父母交谈，了解他们在单位工作时是怎样与领导和同事进行沟通的？如果你的父母是某单位的领导，请他（她）谈一下，他们是怎样和下级沟通的？写出书面材料与同学交流。

案例分析

快乐的美国西南航空公司

美国西南航空公司创建于1971年，当时只有少量顾客、几架包机和一小群焦急不安的员工。它现在已成为美国第六大航空公司，拥有18万名员工和下属，服务范围已横跨美国22个州的45个大城市。

(1) 总裁用爱心管理公司

现任公司总裁和董事长的赫伯·凯勒是一位传奇式的创办人，他用爱心（LUV）建立了这家公司。LUV说明了公司总部设在达拉斯的友爱机场，是他们在纽约上市股票的标志，也是西南航空公司的精神。这种精神从公司总部一直感染到公司的门卫、地勤人员。

当踏进西南航空公司总部大门时，就会感受到一种特殊的气氛。巨大、敞亮、三层楼高的门厅内，展示着公司历史上值得纪念的事件。当穿越欢迎区域进入把办公室分列两侧的长走廊时，你就会沉浸在公司为员工和下属举行庆祝活动的气氛中——令人激动地布置着有数百幅配有镜框的图案，镶嵌着成千上万张员工和下属的照片，歌颂内容有公司主办的晚会和集体活动、垒球队、社区节目以及万圣节、复活节，还有早期员工和下属们的一些艺术品,连墙面到油画也巧妙地穿插在无数图案中。

(2) 公司处处是欢乐和奖品

在西南航空公司,你到处可以看到奖品。饰板上用签条标明心中的英雄奖、基蒂霍克奖、精神胜利奖、总统奖和幽默奖,并骄傲地写上了受奖人的名字。你甚至还可以看到"当月顾客奖"。

当员工和下属们轻松地迈步穿越大厅过道、前往自己的工作岗位时,他们都洋溢着微笑和欢乐,谈论着"好得不能再好的服务""男女英雄"和"爱心"等。公司制定的"三句话训示"挂满了整个建筑物,最后一行写着:"总之,员工们在公司内部将得到同样的关心、尊敬和爱护,也正是公司盼望他们能和外面的每一顾客共同分享。"也许有人会想:是不是走进了好莱坞摄影棚里?不!这是西南航空公司。

这里有西南航空公司保持热火朝天的爱心精神的具体事例:在总部办公室内,每月作一次100%的空气过滤,饮用水不断循环流动,纯净得和瓶装水一样。

在西南航空公司,节日比赛丰富多彩。情人节那天有最高级别的时装展,复活节有装饰考究的节日彩蛋,还有女模竞赛,当然还有万圣节竞赛。每年一度规模盛大的万圣节到来时,总部大楼全部开放,让员工和下属们的家属及附近小学生们都参加"恶作剧或给点心"游戏。

公司专为后勤人员设立"心中的英雄"奖,其获得者可以把本部门的名称油漆在指定的飞机上作为荣誉,为期一年。

(3) 透明式的管理

如果要见总裁,只要他在办公室,你可以直接进去,不用通报,也没有人会对你说:"不,你不能见他。"

每年举行两次"新员工和下属午餐会",领导们与新员工和下属们直接见面,保持公开联系。领导向新员工和下属们提些问题,例如:"你认为公司应该为你做的事情都做到了吗?""我们怎样做才能做得更好些?""我们怎样才能把西南航空公司办得更好些?"员工和下属们的每项建议,在3天内必能得到答复。一些关键的数据,包括每月载客人数、公司季度财务报表等,员工和下属们都能知道。

"一线座谈会"是一个全日性的会议,专为那些在公司里已工作了十年以上的员工和下属而设的。会上副总裁们对自己管辖的部门先做概括介绍,然后公开讨论。题目有:"你对西南航空公司感到怎样?""我们应该怎样使你不断前进并保持动力和热情?""我能回答你一些什么问题?"

(4) 领导是朋友也是亲人

当你看到一张赫伯同员工和下属们一起拍的照片时,他从不站在主要地方,总是在群众当中。赫伯要每个员工和下属知道他不过是众员工之一,是企业合伙人之一。

上层经理们每季度必须有一天参加第一线实际工作,担任订票员、售票员或行李搬运工等。"行走一英里计划"安排员工和下属们每年一天去其他营业区工作,以了解不同营业区的情况。

为让员工和下属们对学习公司财务情况更感兴趣,西南航空公司每12周给每位员工和下属寄去一份"测验卡",其中有一系列财务上的问句。答案可在同一周的员工和下属手册上找到。凡填写测验卡并寄回全部答案的员工和下属都登记在册,均有可能得到免费旅游。

这种爱心精神在西南航空公司内部闪闪发光,正是依靠这种爱心精神,当整个行业在赤字中跋涉时,该公司连续22年有利润,创造了全行业个人生产率的最高纪录,1999年有16万人前来申请工作,人员调动率低得令人难以置信,连续三年获得国家运输部的"三皇冠"奖,表彰该公司在航行准时、处理行李无误和客户意见最少三方面取得的最佳成绩。

问题:

(1) 这个案例用到了本章讲的哪些内容?

(2) 通过这个案例你从中得到什么收获?

(3) 假如你参加工作后,会给你的老板提哪些建议?

实 践 课 程

提高集中注意力的能力

每2人一组;并排站立,听意思举牌;让A发命令,B根据A的命令做动作;A举起红牌;B举起红牌。

A：放下黄牌；B：放下红牌。

A：不要放下黄牌；B：举起黄牌。

A：放下红牌；B：放下红牌。

A：不要不放下红牌；B：放下红牌。

A：不要不举起黄牌；B：举起黄牌。

A：我喊一声后就举起红牌；B：不举牌。

A：说：举起黄牌；B：举起黄牌。

A：千万不要不举起黄牌；B：举起黄牌。

A：不要放下红牌；B：举起红牌。

A：不要不放下黄牌；B：放下黄牌。

A：千万不要不举起红牌；B：举起红牌。

A：举起双手、原地跳一下、放下黄牌；B：放下黄牌、举起红牌。

A：放下红牌；B：放下红牌。

A：不要放下黄牌；B：举起黄牌。

A：千万不要不举起黄牌；B：举起黄牌。

A：不要不举起黄牌；B：举起黄牌。

CHAPTER 7 第七章

演讲与谈判技巧

🔑 学习目标

（1）了解演讲的概念与作用，熟知演讲的准备工作内容，掌握培养演讲的方法。
（2）理解谈判的概念与作用，重点掌握谈判的策略与技巧。

🔑 技能要求

（1）掌握克服演讲中遇到各种障碍的能力。
（2）在熟练掌握谈判策略和技巧的基础上，能进行较高质量的谈判。
（3）尝试扮演不同的谈判角色。

罗斯福总统关于珍珠港事件的演讲

昨天，1941年12月7日——必须永远记住这个耻辱的日子——美利坚合众国受到了日本帝国海空军突然的蓄意的攻击。美国和日本是和平相处的，根据日本的请求仍在同它的政府和天皇进行会谈，以期维护太平洋地区的和平。

实际上，就在日本空军部队已经着手开始轰炸美国瓦湖岛之后的一小时，日本驻美国大使和同僚还向我们的国务卿提交了对美国最近致日方消息的正式答复。虽然复函声称继续现行外交谈判似已无用，但并未包含有关战争或武装攻击的威胁或暗示。

历史将会作证，由于夏威夷离日本的距离如此之遥，显然表明这次进攻是经过许多天甚至许多星期精心策划的。在调停期间，日本政府蓄意以虚伪的声明和表示继续维持和平的愿望来欺骗美国。

昨天对夏威夷群岛的攻击给美国海陆军部队造成了严重的损害。我遗憾地告诉各位，许多美国人丧失了生命。此外，根据报告，美国船只在旧金山和火奴鲁鲁（檀香山）之间的公海上也遭到了鱼雷袭击。

昨天，日本政府已发动了对马来西亚的进攻。

昨晚，日本军队进攻了中国香港。

昨晚，日本军队进攻了关岛。

昨晚，日本军队进攻了菲律宾群岛。

昨晚，日本人进攻了威克岛。

> 今晨,日本人进攻了中途岛。
>
> 因此,日本在整个太平洋区域采取了突然的攻势。昨天和今天的事实不言自明。美国人民已经形成了自己的见解,并且非常清楚这关系到我们国家的安全和生存的本身。作为陆、海军总司令,我已指示,为了我们的防务采取一切措施。
>
> 但是,我们整个国家将永远记住这次对我们突袭的性质。不论要用多长时间才能战胜这次有预谋的入侵,美国人民将一定要以自己的正义力量赢得绝对的胜利。
>
> 我们现在预言,我们不仅要做出最大的努力来保卫我们自己,我们还将确保这种背信弃义的形式永远不会再次危及我们。我这样说,相信是表达了国会和人民的意志。
>
> 敌对行动已经存在。毋庸讳言,我国人民、我国领土和我国利益都处于严重危险之中。相信我们的武装部队——依靠我国人民的坚定决心——我们将取得必然的胜利——愿上帝帮助我们!
>
> 我要求国会宣布:自1941年12月7日星期日,日本发动无端的、卑鄙的进攻时起,美国和日本帝国之间已处于战争状态。

这是一篇短小精悍的演讲词,让我们充分体会到演讲不在于时间的长短,而在于内容的精彩绝伦。

第一节　演　讲

小贴士

> 演讲是在公共场合经常使用的一种效果显著的沟通方式,它虽然可能缺乏面对面沟通的亲切感,却有着不可思议的鼓动和煽动力。

一、演讲的含义及作用

(一)演讲的含义

演讲又称演说、讲演。它是一个人在公共场合向众多人就某一问题发表意见或阐明事理的传播活动,其基本模式为一个人讲,众人听。

讲,就是陈述,就是运用口头语言把要发表的意见或阐明的事理表达出来,达到说服公众的目的。

演,包含着演绎和表演两种意义,特指运用非语言行为来体现和辅助口头语言表达的内容,给人以艺术化的具体表象,强化口头语言表达的效果。

因此,演讲是以讲为主,以演为辅,讲演结合的信息传播形式。从本质上看,演讲就是艺术化地发表意见或阐明事理。

(二)演讲的作用

演讲向来是人际沟通的重要手段。也是宣传鼓动的重要方式。哪一位出色的政治家、外交家、活动家不具有出色的演讲才能？拿破仑对出征前战士的演讲，激动得他们热血沸腾；林肯在葛底斯堡的两分多钟演讲奠定了几百年的治国纲领，其影响超越了国界；列宁的每场公开演讲都使工人欢欣鼓舞，让敌人闻风丧胆。

在现代社会，演讲也是传授文化知识，促进科学理论发展的重要手段。如《财富》论坛活动中的专家讲演。管理沟通需要出色的演讲才能。它不仅是杰出人物必备的品质，也是普通人应具的才华。

二、演讲的准备

一次成功的演讲，取决于充分的准备。在动手撰写讲稿以前，演讲者必须对以下两个问题做到心中有数。

一是演讲的主题，也就是说，我为什么要来演讲，准备讲什么。公关演讲的话题一般须紧密结合组织的当前形势和发展环境，及目前公众迫切关心的问题，能够给公众带来新知识、新信息。

二是了解公众。公众由于职业、职务、年龄、性别、文化水平的差异，对演讲的内容和方式有不同的要求。只有把握住公众的这些要求，演讲者才能写出受公众欢迎的演讲稿。

另外，演讲者对公众数量也要有一定的了解，数量不等的公众会在场上形成不同的气氛，因此演讲者事先要有所准备。

（一）如何确定演讲的题目

演讲的题目要做到以下四点。

第一，准确、直接、具体。和写作其他文章一样，演讲的题目也要起到画龙点睛的作用，使公众一眼就能看出演讲的主要内容。第二次世界大战时期，保加利亚共产党总书记季米特洛夫在德国法西斯的法庭上，发表了"控诉法西斯"的演讲，题目简单直接，震动了世界。

第二，新颖、醒目、有吸引力。演讲最怕没有新意，新意则当自题目始。题目应不落俗套，给人以新鲜感，甚至使公众产生悬念。

第三，生动活泼。演讲是一种与公众直接交流的语言艺术，容不得反复琢磨，应当让人一听就懂。因此演讲应当避免咬文嚼字，故弄玄虚。

第四，富有时代气息。演讲题目要想吸引公众注意，必须紧密结合时代，使人产生亲近感。

（二）写好演讲的开场白

出色的演讲高手总是在开篇便一鸣惊人，他们会立即抓住听众的心。作为演讲者，你必须从登上讲台的那一刻起就吸引听众的注意力。否则，你将不能顺利传递信息，无法保持听众对你演讲话题的兴趣，最终丧失你在讲话中的主导地位——这一切都是阻碍讲话成功的障碍。

作为演讲者，不管你准备了多少演讲内容，最初的30秒都是最重要的。不要小看这短短的开场白，听众将根据你给他们留下的第一印象来决定是否耐心聆听你的演讲。因此，你必须把握好开篇。

案 例

引人入胜的开场白

好的开场白,会收到引人入胜的良好效果。

1883年恩格斯在伦敦安葬马克思时,在马克思墓前的讲话:"3月14日下午两点三刻,当代伟大的思想家停止思想了……永远地睡着了。"恩格斯不说"逝世",而说"停止思想",说"睡着了",他用委婉的修辞手法,表达了对伟大革命导师去世的巨大悲痛,渲染了悼念的气氛。

一次,上海某单位请陈毅市长做报告,讲台上铺了洁白的台布,花瓶里插上了鲜花,还备了些茶点瓜果。

陈毅见此情景,略一迟疑,顺手将花瓶移到了台下,并搬走了糕点,然后风趣地说:"我这个人做报告容易激动,激动起来就会手舞足蹈,这花瓶就碍手碍脚了,说不定碰翻砸碎了,我这个供给市长还赔不起呢!"顿时整个会场一片活跃。

(三)演讲的内容

从演讲的内容来看,常见的开场形式有:

第一,从一件具体事件开始。

第二,陈述一件惊人或意外的事件。

第三,从演讲的题目入手。

第四,由当时的社会形势引入主题。

第五,要求公众举手提问。

第六,给公众提一个问题。

第七,使用展示物。

第八,引用他人的言论等。

从演讲的风格来看,常见的开场方式有以下4种。

第一,轻松幽默型。即在演讲开篇的时候,演讲者故意讲一些与主题看似无关的、诙谐幽默的话,给听众一个惊喜。

第二,感情趋近型。演讲者为了在心理上与公众拉近距离,注意找一些公众熟悉的关系到他们切身利益的话题开始。

第三,悬念吸引型。演讲者在演讲开始前先提出一些能调动公众想象力、思维能力的问题,以引起他们对演讲的注意。悬念的设置要与演讲的内容相呼应,让公众在不断的猜想中逐渐进入演讲的主题。

第四,先声夺人型。演讲者事先估计听众会从某个方面思考问题,得出结论,故意在演讲开始时就主动提出来,然后立即进行反驳,用先声夺人的方式树立自己的观念,显得非常有力。

案例

鲍威尔·希丽的开场白

下面是鲍威尔·希丽在宾夕法尼亚州费城运动俱乐部演讲的开场白。

140年前,伦敦出版了一本被公认为不朽的小说杰作,很多人都称它为"全球最伟大的一本小说"。当小说出版初期,市民们在街头巷尾遇到朋友,都要彼此相问:"你读过这本书吗?"答案总是一成不变的:"是的,上帝保佑,我读过了。"

它出版的第一天便销售了1000册,两周内销售了15000册,自那时起,它无数次地再版,并且很快被翻译成各国文字。数年前,银行家J.P.摩根以不菲的价格买到了这本书的原稿,现在它正与许多无价的珍宝安憩于纽约市的美术馆里。

当观众被这本好奇的书所吸引,急切想知道书名和作者时,鲍威尔这才点破了谜底:这一部世界名著就是狄更斯在19世纪40年代写的《圣诞欢歌》。

(四)演讲的主体

演讲的主体指正文部分,是演讲的核心内容。要求演讲在主体部分必须内容丰富、信息量大,能够给听众以充实的知识、富有启发性的思想。写作演讲的主体部分要符合以下要求。

第一,脉络清晰,紧扣主题。演讲需要才华横溢,幽默生动,但绝不能为了说笑话而说笑话,东拉西扯,不着边际。在组织演讲材料时,演讲者一定要根据设定的主题选取材料,没用的话不说。

第二,层次分明,结构严谨。演讲如同一篇文章,每个段落、每个小节的内容安排必须有内在的联系,纲目分明,推理过程符合逻辑。

第三,内容充实,语言简练。演讲的内容要经过充分的选择,避免说一些人人讨厌的空话、大话、假话,要根据实事求是的原则,如实向公众说明问题。同时演讲者还要注意语言的简练,华而不实、过分修饰的文字都会引起公众的反感。

第四,节奏适度,张弛有致。演讲是说给公众听的,不同于文章可以自由选择阅读速度。所以演讲者在撰写演讲稿的时候,必须考虑公众的接受能力,方便问题的提出,有张有弛,便于公众理解要说明的问题,同时使公众在听演讲的过程中享受到一种乐趣。

(五)演讲的结尾

演讲的结尾要顺理成章,深刻精彩,压得住台。合理的结尾应当能够起到对演讲的主题进行强化和提升的作用,使整个演讲得以升华。

如果演讲在主题尚未充分展开之前就仓促收尾,会给人"虎头蛇尾"的印象,使听众不知所措。反之,演讲该结尾了,公众已经几次鼓掌致谢,演讲人还在那里"再强调几点",就会有"画蛇添足"之累。演讲结尾的方式很多,常见的有以下几种。

第一,总结式。在结尾部分总结全篇,突出重点,深化主题,揭示题目的主旨,使公众加深认识。这种方式不仅可以使演讲的内容主体更加突出,而且有利于公众留下长久的印象。

第二,激情式。利用感情激昂、动人心弦的语言将演讲推向结束,引起听众激烈的掌声。激情式结尾通常是提出某种美好的前景,向公众发出充满激情的呼吁,往往具有很强的感染力。

第三,深思式。当一些演讲不能立即得出明确的结论时,可以提出一些问题让公众去思考,使他们自己寻找问题的答案,促人深思,耐人寻味,强化公众对演讲的印象。

第四,幽默式。运用各种寓意深刻的反语、富有喜剧性的诙谐、充满学识的机智,生动地结尾,使听众在轻松的笑声中回味无穷。

第五,借用式。引用名人名言、名著的段落、著名的诗词来结尾,以强化自己的观点,并显得学识渊博。

总之,演讲的结尾很有学问,没有现成的模式可以照搬照抄,演讲者一定要充分运用自己的大脑认真思考,追求一种"语不惊人死不休"的境界。

在演讲稿写好以后,有时为了达到预期的效果,演讲者可以在小范围内进行试讲,请一些有经验的朋友提意见。这也可以使演讲者熟悉自己演讲的内容,对如何安排演讲的时间和节奏做到心中有数,删除一些不上口的语词。

三、演讲的心理准备和上台演讲

(一)演讲的心理准备技巧

1. 调整认识

用演讲成功有效的积极声明来取代消极声明。如果总是担心"会把准备好的内容忘得一干二净……""我不适合做演讲……",那么担心真的可能会变成现实。可以按以下方法进行调整。

第一,建立正确的认识,并承认这样一个事实:怯场是一种心理上的反应,只要能放开来讲,就可以改变——要相信自己的实力。

第二,了解消极声明的主要内容,然后审查剖析,看其有无合理之处。

第三,以积极声明代替消极声明,自我鼓励"只要我不慌不忙地讲,就能获得演讲的成功""凭我的实力和充分的准备,我完全能行"。

第四,在专家指导下进行针对性地训练,有效减轻怯场心理,了解害怕当众说话的实情。

你害怕当众说话并不奇怪。某种程度的登台恐怖感反而有用,我们天生就有能力应付环境中不寻常的挑战。许多职业的演说家也从来没有完全消除登台的恐惧。

即使登台的恐惧一发而不可收,造成心灵的滞塞、言语的不畅、肌肉过度痉挛无法控制,因而严重降低了你说话的效力,你也无须绝望。只要你多下功夫,就会发现这种上台恐惧的程度很快便会减少到某一地步,这时它就是一种助力,而不是阻力了。

2. 充分准备

怯场心理大多是对准备工作心中无数而产生的。克服怯场心理有以下办法:要自信;演讲提出的论题能被有趣而具体的实例证明;演讲的结构已成竹在胸,并已在演讲前演练;有一篇条理清晰的稿子,演讲时能轻松自如,举止适度;而且准备记录资料的摘录卡片,记下演讲的思路、重要的词和短语,可帮助回忆论题;提前几分钟入场,熟悉环境氛围,调整自己的状态。

3．做些设想

预先想一下将要做的事情,越具体越好;牢牢记住自己的形象,这有利于演讲时去完成这种形象。凭想象可以创造出任何一种意境。

4．嗓音练习

在条件许可的情况下,应练习演讲时所需要的洪亮的讲话声音。在清晨大声呼喊、放松声带,在有条件的情况下放声歌唱。

演讲要真正感到轻松自如,还必须进行大量的实践——发表演讲。

5．表现得信心十足

把身体站直,直视听众,然后开始信心十足地讲话。

(二) 上台演讲技巧

演讲的各种准备,最终要通过走上演讲台发表演讲表现出来。

1．面对听众

一般要面对听众站着。要站得稳,别扭的站立姿势会分散自己或听众的注意力;不要把桌、椅、讲台作为"拐杖",把身体靠在上面;站势也并不意味着纹丝不动,根据演讲的需要可来回走动,有时甚至走到听众中间的过道上去。

演讲者走上讲台,应该精神饱满,容光焕发,富有朝气,给听众留下深刻的印象;表情自然,镇定自信;用眼神与听众进行诚恳的交流,正视听众,不要超越听众的头顶或凝视远方。

2．塑造形象

案 例

形象的重要性

1961年美国大选,呼声极高的尼克松以微弱的票数差额输给了肯尼迪,原因在电视辩论中,出现了两个截然不同的形象:尼克松显得憔悴不堪、精疲力竭;肯尼迪却气宇轩昂、风度翩翩。无疑,仪表风度上的优势,帮了肯尼迪的大忙。

演讲者的仪表风度,听众是严格审视和评判的。演讲者要保持良好的仪表风度,需要饱满的精神状态;衣着打扮得体、协调、适中、和谐,与演讲内容、环境氛围相吻合,讲求庄重、整洁、朴素;举止雍容大方、彬彬有礼、不卑不亢。

演讲过程应该稳健潇洒、干练英武,给人以胸有成竹、生气勃勃的印象;还应给听众诚实的印象,用轻松的姿势、熟练的手势、愉快的情绪、看着听众等来赢得听众的信任与支持。

3．强调重点

强调重点的办法,包括有节奏的停顿,音量和语气语调的变化,还有动作、手势等。

(1) 若要让听众记住你所讲的内容,内容安排是重要因素。演讲的内容和时间是有限制的,但听众最容易记住演讲开头和结尾的话,听众的注意力在开头最高,中间逐渐低落,快结束时又回升。这样,演讲者要费一番设计演讲的开场白和结尾,重点内容也最好放在开头几分钟。

(2) 开门见山地宣布你要发表一篇重要的演讲,或者强调某个问题比较重要。如老师说："这一点很重要,期末考试极有可能要考。"学生们肯定会把有关内容背得滚瓜烂熟。另外,强调的内容要确实重要,阐明的论点也易于为人理解和记忆。

(3) 有关重复的研究表明,一个内容重复 35 次就能够被记住。但演讲不可能重复这么多次。可以集中性地重复,用不同的语气重复同一内容:"世界人口将在今后 30 年成倍地增长。到 2030 年,我们这个星球的人口将增加一倍。"或者,可以用抑扬顿挫的音调重复同一句话。

4. 适当的提问

提问的问题可能是听众感兴趣的,或是演讲中易引起争论的部分。

(1) 材料一定要丰富。在提问过程中,听众不仅可以搞清楚模糊的观点,而且能反映演讲者是否真正弄懂了自己的论题。因此,在回答问题时,演讲者应补充新的材料和运用其他例子论证观点。

(2) 预先做好回答各类问题的准备。有了充分的准备就不会惊慌失措,要对各种问题和反对观点成竹在胸。让听众认为,你欢迎有这样的机会来阐明观点。

(3) 回答问题简明扼要。

(4) 面向全体听众回答,除非是演讲结束后的私下交流。对听众的提问,一般要向全体听众重复一遍,然后回答,让大家都能听清。

(5) 要照顾到大多数人的提问。提问的气氛应该是活跃的,不能拖拖拉拉。要让尽可能多的听众参与。如果有人接二连三地提问,在听清所提问题的要点后,要果断地加以阻止,回答了他们的问题后立即转向其他听众的问题。如果与一位听众纠缠不清,势必会影响会场气氛。

(6) 控制整个会场。演讲者应注意观察会场情况,如果提问变成了听众之间的讨论或私下交谈,就应有所控制。如果无效,可以停止提问。要能处变不惊。

(7) 选择恰当时机结束提问。演讲提问的时间长短取决于实际情况,由于演讲时间有限,演讲者要事先设计好提问时间并告知听众。但在全体听众趣味浓厚时应继续答问。注意不要让一两个人提问而使其他人厌倦。在演讲答问中,可以设法插入结论性的话作为退场话。

5. 反馈信息

听众反馈是演讲效果真实而重要的衡量标准。反馈信息表明:听众是感兴趣,还是感到厌倦?演讲者是否达到了其演讲目标?这些反馈信息可能是直接或间接的,可能是非语言的或以语言表示的。

听众最直接的反应是热烈鼓掌,表示赞同和欣赏。其他反馈信息,如打哈欠、低声讲话、摇头、打盹等,可能有一定的隐蔽性——打哈欠或闭着眼睛的人也可能比看上去精神十足的人听讲更专心;频频点头的听众并不一定赞同你的观点,或许他只是在注意演讲的内容。演讲者要对这些信息做出判断,并据此调节会场气氛,甚至变更准备的部分演讲内容。

(三) 选择演讲方式的技巧

在正式场合发表演讲,演讲方式的选择至关重要。

1. 照本宣科

政治家发表的演讲常用这种方式。这种照本宣科地念讲稿,提出的观点是经过推敲的,很少出现漏嘴,演讲稿也可以直接传阅发表。但是,这种方式的不利方面是演讲者只顾念稿,与听众的沟通极少,会场气氛冷淡枯燥;听众也会提出疑问:他的讲稿是不是由别人(秘书)撰写的(在宣读出错时尤其如此)?因此怀疑演讲者的能力。

2．背诵演讲

同一讲稿多次使用,这是有一定的好处的,尤其是对演讲者本人。但好像是在背书,机械单调,缺乏新意,听众不乐于接受,也不利于演讲者与听众的沟通。如果演讲者突然忘了某句话,就会不知所措。演讲者要记住整篇演讲,特别是那些长篇大论的演讲将是困难的。

3．脱稿演讲

演讲者运用写好的提纲帮助回忆,仔细设计和组织好要讲的话,要用的关键词。偶尔翻一下提纲卡片,就可以顺利地从一个论点转向另一个论点。脱稿演讲具备其他演讲方式的优点。

4．即兴演讲

大型宴会常用这种方式。如果演讲者对某个题目没有什么观点和材料要说,最好不做即兴演讲,以免既丢面子又浪费别人的时间。在这种情况下,谦虚的退让要胜过勇敢的尝试。出色的即兴演讲,并非随兴而发,而是演讲者经过深思熟虑的成熟的见解;演讲者往往拥有雄厚的思想基础和丰富的信息材料,有着熟练的演讲。

小贴士

> 即兴演讲,关键点是借题发挥,无论是有明确题目的命题式即兴演讲,还是没有明确题目只有情境的即兴演讲,甚至是那种生活中的突然的"请你说几句",演讲者应能抓住演讲的关键"题眼"。"题眼"确定了,就可以在丰富多彩的生活阅历中,从古今中外的知识宝库里寻找材料围绕"题眼"进行组织。

四、培养演讲才能的方法

演讲的才能尽管受到天赋的影响,但更重要的是后天的培养。只要经过正确的训练,人人都可以成为一名出色的演讲者。

案 例

一名出色的演讲者的自我培养

古希腊著名的演讲家德摩斯梯尼,年轻时有发音不清,说话气短,爱耸肩的毛病。可是,当时在雅典要想当一名演讲家必须声音洪亮,发音清晰,姿态优雅,富有辩才。他最初的演讲很不成功,被观众哄下了台。

然而失败和嘲笑并没有使他气馁。为了练嗓音,他把小石子含在嘴里,迎着呼啸的大风讲话;为了克服气短的毛病,他故意一面攀登陡峭的山坡,一面不停地吟诗;为了克服耸肩的毛病,练习演讲时,他在上方挂两柄剑,剑尖正对自己的双肩,迫使自己随时注意改掉不必要的动作;为了自己能在家里练习演讲,不外出游走,他剃了阴阳头。他还在家里安装了一面大镜子,经常对着镜子练习演讲,以克服表演上的毛病。终于,他成为一位闻名于世的大演讲家。

拥有一流的口才,获得演讲的成功,其实不需要采取德摩斯梯尼那些近乎苛刻残酷的方法,只要掌握一定的技巧,循序渐进地训练,就能超越自我,实现目标。

那么,如何培养演讲的才能呢?下面提出几种方法。

（一）读

要口才好,必须要见多识广,有丰富的知识。读书会使人的头脑开阔,思维敏捷,想到哪就可以讲到哪,看到哪就可以说到哪,问什么答什么。"读"又是"背"和"诵"的基础。读有默读、朗读、唱读。唱读更是有利于锻炼口才。

（二）背

背是读的发展,是熟记的必要手段。背,是培养记忆的最好方法。要多背名篇、名段、名句,久而久之,印在脑海里的东西就丰富、深刻、巩固了,这样演讲起来就会头头是道。

（三）诵

诵是背的艺术化,是要把演讲者的感情倾注到字里行间。要有抑扬顿挫、高低快慢和喜怒哀乐的色彩。

（四）讲

多讲,反复讲,不仅能熟记事物,而且能培养胆量、养成习惯,持之以恒可使口齿清晰,发音准确,表情丰富。到各种正式场合和非正式场合去讲,尤其是在讨论会、学习会上踊跃发言,久而久之胆子就大了。同时,应该对每次演讲,无论是成功还是失败,都要进行追踪记录,总结经验教训。

杰出的历史学家艾兰·尼文斯对作家也有类似的忠告:"找一个对你的题材有兴趣的朋友,详尽地把你的想法讲给他听。这种方式,可以帮你发现你可能遗漏的见解、事先无法预料的争论,以及找到最适合讲述这个故事的形式。"

（五）练

在练习表达时,设法想象面前有听众。

（1）面对着墙站着,巡视"听众"。记住与室内所有的人保持目光接触。

（2）核对演讲开始的时间。在演练期间,你要看演讲需要多少时间。

（3）要一次把所有的演讲内容讲完,不要停下来。在演讲时,要记住注视"听众"。

（4）演讲完后,看一下结束的时间。

（5）现在分析一下你的表演:是否演讲的某部分让你觉得很难?演讲组织得清楚吗?检查一下纲要。在演讲中遗漏东西了吗?纲要清晰和容易看清楚吗?时间怎样?需要增加或删除任何材料使其满足演讲的时间要求吗?

（6）做出必要的改变并且再练习一遍。

五、如何克服演讲中的障碍

案 例

利用幽默，克服演讲中的紧张情绪

演讲者碰到的第一个问题，就是当主持人向听众介绍并称赞你的时候，你应该怎么办？怎样出现在听众面前？请注意，不要只是点头，更不要羞怯腼腆。最好的办法是做出快速反应，开个小小的玩笑，包括来点自嘲。

比如，你可以说："看来，我被主持人出卖了。说你们大家会因为我来演讲而深感幸运。现在恐怕不是这样，如果你们先失望，就会给我演讲成功带来希望。"或者说："糟糕，我觉得现在就像一只笨熊掉进了蜜蜂窝，但愿我的舌头不会辜负这一番好意的挑战。"

由于演讲是集语言和非语言艺术于一身，而且是一人对多人的沟通，所以往往容易给演讲者造成很大的心理压力，再加上现场出现的各种不可知因素的干扰，会给演讲的顺利进行造成更大的障碍。要克服这些障碍，需要做到以下几点。

（一）控制紧张情绪

偌大的演讲场地、众多的听众，再加上自身的胆怯，必然会产生紧张情绪。要克服它需要做到以下几点。

1. 做好充分的事先准备

如果演讲的主题、材料、论证等都已经非常明确和丰富，那么就能增加演讲的信心。一般情况下还需要准备一个较为详细的提纲，或把提纲简化为关键词，写在小卡片上。为了增加信心，还可以提前演练几遍。

2. 采用积极的心理暗示

当消极情绪出现时，可以在心里给自己增加一些积极的心理暗示，告诉自己"我能行""我一定会成功的"。

3. 转移注意力

您可以将注意力全部投入到演讲的内容上，不要考虑其他任何因素的影响。

4. 熟悉演讲的场所

在有可能的情况下，先参观一下演讲场所，熟悉之后自然能缓解紧张情绪。

（二）克服听众的逆反心理

无论是知识性还是劝说性的演讲，来自听众的提问和质疑往往会让演讲陷入窘境。要克服这种来自听众的阻力需要做到以下几点。

1. 坚定信心

如果你对自己所演讲的主题、内容都不自信，就很难打动听众让他们赞同你的观点。这种信心不是盲目的，要建立在对演讲材料的充分掌握和严密的论证基础上。

2. 理解听众

在人们接受一种观点或者新事物时首先会对它的正确性、可行性、真实性等产生怀疑，这是很正常的现象。这也需要你通过论证向听众展示出来，打消他们的疑虑，心甘情愿地

接受你的观点。

3．努力协调

当听众产生了疑虑或者不满时，不能因为一时的冲动而中断演讲，或者和听众产生争执。要努力寻找解决问题的方法。这就需要利用你准备的材料或者日常的积累来帮助听众解开疑团，这样不仅得到了听众的信服，而且也是你观点的一个有力论据。

4．注意语言表达

演讲的语言要迎合听众的口味和欣赏水平，这就要求你要有丰富的语言积累，能依据听众的不同文化层次来恰当调节语言表达。这样会极大地减轻听众对你演讲的反感情绪。

演讲中的障碍并不可怕，只要你能采取恰当的方式，就可以扫除这些障碍。

第二节　谈判及技巧

小贴士

> 有位谈判的理论家说过，你的现实世界是一个巨大的谈判桌，不管你愿意与否，你都是一个谈判者。商务谈判是施展谋略、斗智斗勇的舞台。在这个舞台上，谈判双方谋略的施展，需要靠语言来实现，靠沟通来完成。

谈判，无时不在，无处不有。每一个要求满足的愿望，每一项寻求满足的需要，都可能诱发谈判。谈判，大可在国家之间、党派之间、社会集团之间、企业之间进行，足以影响部分人类群体的生存与发展；小可在社会中的个人之间，家庭中的父母与子女、兄弟姐妹之间进行。

企业的经营管理、生存发展，更是离不开谈判，当企业与社会公众发生矛盾和利益冲突时，就可以借助于谈判来解决，维护和协调双方的利益关系。矛盾和利益冲突的解决，有利于建立和维护企业与社会公众的良好关系，有利于塑造企业的良好形象。

一、谈判概念

案　例

"圆满的"谈判实例

哥哥和弟弟为一块苹果馅饼的分配而发生了争论，两个人都坚持要分得一块大的，谁也不同意平均分配。但是，谁也提不出一个双方都能接受的分配方法。

这时，父亲给他们提了一个建议，由一个人先来切馅饼，他愿意怎么切就怎么切，而另一个人则可以先挑自己想要的那一块。兄弟俩都觉得这个建议很公正，于是同意照此办法分配馅饼。这样，不仅解决了馅饼的分配问题，还使兄弟俩都觉得自己得到了公平的待遇。

这是几乎所有论述谈判的著作都要提到的一个著名的谈判实例。但是，谈判到底是什么呢？

人们常将"磋商""洽谈""商谈""谈判"相提并论,并在同一场合交替使用,实际上这几个词在本质上没有区别,它们基本上都体现了讨论、交换意见、争议、协商、评断等意义。如果说有什么区别,那就是"谈判"更具严肃性,不像其他几个词那样灵活、温和,具有外交色彩。那么,究竟什么是谈判呢?尽管目前学术界对它的定义不尽相同,但美国谈判学会会长杰勒德·I.尼尔伦伯格的观点得到了大多数人的共识。他说:"所谓谈判,就是人们为了改变相互关系而交换意见,为了取得一致而相互磋商的一种行为。"

谈判有广义和狭义之分。广义的谈判不仅指正式场合下的谈判,还指一切"协商""交涉""商量"等行为。狭义的谈判仅指在正式场合下所进行的谈判。

在现代社会,无论什么意义上的谈判,它在我们的政治生活、经济生活和社会生活中都占有重要的位置。不仅战争、外交、国界、民族、党派、经济贸易等重大问题需要用谈判来解决,文化、教育、家庭、社交等问题同样离不开谈判。

小贴士

> 有关资料表明:在发达国家中,有10%的人每天直接或间接从事谈判工作。正因为谈判所显示出的魅力和独特的功能,世界上一些国家纷纷成立了专门的研究机构,如美国早就成立了"美国谈判学会",日本于1988年6月成立了"交涉谈判学会"。

不仅如此,一些发达国家的著名学府也建立了自己的研究机构。如哈佛大学的谈判培训中心不仅负责培养政府机构、公司企业的高级谈判人员,而且经常参与一些重大的国际谈判活动。20世纪80年代中期以来,随着我国对外开放、对内搞活的社会改革的进一步深化,谈判越来越受到人们的重视。

综上所述,我们认为:谈判是有关组织(或个人)对涉及切身权益的有待解决的问题进行充分的交换意见和反复的磋商,以寻求解决的途径,意欲达成协议的合作过程。

二、谈判的基本作用

(一)调节利益关系

在现代的市场经济环境下,人与人的关系中利益的成分占了越来越大的比重。其中有相互竞争的一面,也有相互合作的一面。现在有一种说法,商场如战场,其实这仅仅反映了经济关系中冲突的一面,而双方还存在互利互助的一面。一项双方都赞同的买卖,不但对卖方有利,对买方也有利,这就是一种"双赢"的局面。

有人在谈判过程中坚持自己的利益,寸步不让,非要置对方于死地而后快。其实,这是一种形而上学的错误观念,只是一种一厢情愿的幻想。如果自己有能力完全"吃掉"对方,也就用不着谈判了。凡是需要谈判的场合,一定是对立的双方处于实力基本对等的地位,而且有着利益的相互需要。一个组织要想取得谈判的实际成果,必须抛弃寸步不让的错误念头。

(二)解决冲突,缓和矛盾

在市场经济的条件下,组织与组织之间,组织与个人之间存在冲突是不可回避的现实,谁如果对此视而不见,或者故意掩盖矛盾,大谈友谊与合作,虽然表面上看似一团和气,但必定为日后的合作埋下不和的种子。

因此,正确的立场应当是正视矛盾,不回避矛盾,通过谈判来解决矛盾,寻找合作的新立场。在经济合作的过程中,合同的某些缺陷,有时会给工作造成预想不到的麻烦,通过谈判求同存异,寻找解决问题的方法,可以使双方的利益都得到保证。

案 例

谈判解决冲突

某电池厂与外商合资引进了一条生产线,计划10个月投产,但是因为种种原因,计划未能实现,外商却要如期撤走专家。中方此时面临两种选择,或者诉诸法律,或者谈判。如果提起国际诉讼,将会陷入旷日持久的法庭调查,生产线投入实际使用就会变得遥遥无期。

权衡利弊,中方采用了先礼后兵的谈判策略,向对方说明,合同虽然到期,但生产线仍然无法正常运转,应视为对方未能履约。如果对方一定坚持回国,中方要求对方赔偿损失。外方考虑到自身的利益,同意了中方的要求,坚持把生产线调试成功才回国。

通过这个例子我们可以看到,谈判是现代生活中调节社会人际关系的有效工具。

(三)建立组织的良好形象

谈判还有一个作用,就是要注意处理好组织与公众的关系。工作人员应当把谈判视为一种改善组织形象、沟通人际关系的重要渠道。

小贴士

> 美国的谈判学会会长杰勒德·I.尼尔伦伯格认为:谈判是"人们为了改变相互关系而交换意见,为了取得一致而相互协商的一种行为",是"直接影响各种人际关系,对参与各方都产生持久利益"的一种过程。

这样对谈判者的要求就更高了,谈判人员除了要掌握一般的谈判技巧,达到预想的目的以外,还必须使对方能够通过谈判感到你真诚合作的信心。

三、谈判的过程

谈判的全过程应包括以下三方面:谈判的准备、正式谈判以及谈判的收尾。

(一)谈判的准备

为使谈判获得成功,需要对谈判进行必要的准备。通过对谈判进行准备,达到分析形势,弄清自己和谈判对手的需要和目标,估量谈判双方的实力,最后确定自己的谈判目标和制定具体的战略方针的目的。谈判的准备工作主要包括以下几个阶段。

1. 收集资料

谈判,是谈判实力运用的技术。而谈判实力则由两个因素决定:一是掌握的信息;二是谈判经验。对于前一个因素,除了单调无味地收集信息,然后把它们变成谈判计划之外,别无他法。

具体来讲,就是要了解自己在谈判中的相对位置,如自己的优势与劣势,舆论对自己的评价,自己的竞争能力等。此外,充分的心理准备,健全的、健康的心态也是谈判取得成功的关键之一。还要了解和掌握谈判对手的各种情况,甚至包括谈判对手的一些个人详细资料。在这方面,日本商人值得称道。在谈判之前,他们对谈判对手的各种情况都力求有所了解,包括他的经历、爱好、家庭情况、生日等,都摸得清清楚楚。这为他们谈判的成功奠定了基础。最后是己方和对方的财务状况、决策的优先顺序、成本分析、期限压力、组织结构及经营方向,等等。

2. 确定谈判组人员

谈判,是人与人之间相互交往、相互交涉的一系列活动和行为,人是谈判中的首要因素。作为谈判者,其各方面的特征和素质直接影响谈判的顺利进行、谈判效率和谈判成果。因此,对谈判人员的挑选是谈判准备工作中的首要内容。具体的挑选工作,可以参考以下三个方面进行。

第一,谈判人员的知识。谈判人员的知识,包括知识水平和知识结构,关系到谈判人员的信誉和威望,从而直接影响其谈判实力、谈判效率和谈判结果。

第二,谈判人员的个人素质。谈判人员的个人素质包括:知识、道德、心理等因素。

谈判人员应具备的个人素质有:追求高目标、观察力敏锐、表达能力强、掌握听的艺术、自信沉着而富有弹性以及正直和幽默等。

第三,谈判人员的年龄。年龄对谈判人员的谈判效率也有着直接的影响。因为年龄在一定程度上代表着谈判人员的知识、精力和经验。

这几方面对谈判的成功都有很重要的影响。尤其是经验,它体现出谈判人员对谈判艺术的把握。在遇到以前出现过的问题时,经验可以使谈判人员驾轻就熟;而在遇到前所未有的问题时,经验可以使谈判人员举一反三。

英国谈判专家斯科特指出,谈判人员的最佳年龄在33~35岁。

因为,在就业的早期,人具有竞争的特点和理想主义的色彩,在这一时期,人高度关心自己的社会地位,注意积累经验和希望得到提升。

而在就业的晚期,则具有能够容忍他人意见和对企业内部与社会目标承担责任的特点,但这一阶段,人的竞争性已经不足,事业成功与否已不再被当作人生最重要的标准。

在就业的早期与晚期之间存在着一个中间阶段,人在这个时期已经积累了一定的经验,仍然精力充沛,富有进取心,这是人生的黄金时期。这个时期的精确年龄因人而异,但对大多数人来说,一般在33~35岁。

上述三种因素综合起来,所表现出的就是谈判人员的能力。因此,对谈判人员的挑选,实际上是根据谈判人员的能力来进行的。

3. 拟定谈判计划

在调查研究的基础上,拟定谈判计划(正式或重大的谈判都必须拟定一个谈判计划)。

谈判计划主要从以下几个方面制订。

第一步,确定谈判计划的主题。主题是谈判的基本目的,应当具体、简洁、明了。

第二步,确定谈判的要点。谈判要点包括:谈判目的、谈判程序、谈判进度和谈判人员。其中,谈判程序是最主要的环节,必须考虑到它的互利性和简洁性,以提高谈判效率。

第三步,是关于谈判策略的运用,特别是一些特殊策略的运用。如是说服、强迫还是控制;是协作还是争论;是采取"闪电"战术,还是采取拖延,或长期施加压力的策略等。

谈判是一个千变万化的过程。因此,不能把谈判计划看得一成不变,死死守住寸步不让。理想的状态应该是:预先制订计划,根据面临的实际情况进行必要的改动,提高谈判的成功率。

4. 做好必要的物质准备

谈判准备工作的另一项重要内容是物质准备。从表面上看,物质准备与谈判内容,乃至谈判结果没有内在的联系。但是,很多富有经验的谈判专家对此深有感触,他们认为,谈判的物质准备直接体现了作为东道主一方的诚意,因而对谈判气氛,乃至整个谈判的发展方向都有着直接的影响。

如果准备工作潦潦草草,一塌糊涂,应邀来谈判的一方会认定东道主缺乏必要的诚意,在谈判开始之前,谈判双方就存在隔阂,这势必影响谈判的气氛和谈判最后的结果。

谈判物质准备的内容,包括谈判环境的布置和谈判人员的食宿安排两个方面。

1) 谈判环境的布置

谈判环境的布置,首先要选择一个好的谈判房间。一个好的谈判房间应具备的起码条件是:宽敞、灯光适宜、通风、隔音以及温度适宜。另外,还应在房间的墙壁上布置一些让人精神放松的装饰物。如果谈判对手有特殊爱好或忌讳,在房间的布置上要特别注意针对其爱好或回避其忌讳,以期创造出一个适宜的环境。

其次要选择好谈判桌。一般而言,圆形谈判桌比方形桌要好些,因为方形桌方方正正,谈判人员对面坐定后,往往过于正规和严肃,有时甚至还会使人产生对立的情绪,这显然不利于创造一个良好的谈判气氛。

最后是关于谈判人员座位的安排,通常是谈判双方各自坐在一起,谈判双方的人员依据职务等级对应而坐。当然,关于谈判人员具体怎么坐,并无什么规则,可根据具体情况灵活掌握。

随着社会的进步和谈判的日益增加,谈判环境已不再局限于某一固定的空间,不再局限于谈判桌前的来回讨论了。谈判双方在高尔夫球场、在台球桌边、在酒会或宴会上,一边潇洒地击球,聊着社会新闻,唱着、吃着,一边谈着共同的利益,就谈判双方关心的问题进行交谈和磋商。这种寓谈判于游玩或交际之中的谈判,对谈判环境的要求不是低了,而是更高了。对这些谈判形式的认识,将促进谈判物质准备工作提高到一个更高的水平。

2) 谈判人员的食宿安排

谈判人员食宿条件的好坏,将直接影响谈判人员的精力、情绪和工作效率。一个不能让谈判人员很好休息的住宿条件,势必影响谈判人员的体力恢复,影响谈判人员的精力,从而造成谈判人员的紧张,甚至对立情绪,影响最后的谈判结果。

5. 模拟谈判

模拟谈判也叫假设演习,即从己方代表选出有关成员代表洽谈对象,从洽谈对象的立场出发,与之进行磋商。

事实已经表明,这种模拟谈判是必要的、可取的,它可以从多种多样的假设中,提取一种最佳的谈判方案,与谈判对手展开有效的攻势,并获得成功。

同时,模拟谈判可帮助己方人员从中发现问题,对既定谈判方案做出某种修改或加以完善,使谈判计划的安排更具实用性和有效性。

6. 抓住正式谈判前的开场白机会

在谈判伊始,双方正式见面,彼此寒暄、入座,主持者道几句开场白,此时正是谈判者创造和谐谈判气氛的好时机。首先应该认识到,一开始就进入正题往往是弊多利少,容易造成空气紧张,不利于良好气氛的形成。在谈判开始到底应该选择什么话题才能创造出和谐的谈判气氛呢?

开场白的方式主要有以下几种。

(1) 借助物品开始。可以展示一张地图、一幅画、一张统计表、一张照片、一件实物等,只要有助于阐述观点就行。

(2) 用提问的方式。开始交谈时,若提出问题,对方就会按照这个问题的思路去思考,产生一种想要知道正确答案的欲望。但是要注意,提出的问题不一定要与交谈的主题有关,但是要侧重于开放型问题。

(3) 以名言警句开始。名人在一般听众的心目中的形象总是崇高的,他们的话也总有一种吸引听者的魅力。

(4) 用令人震惊的事实开始。它可以使对方从一系列触目惊心的事实中醒悟过来,并产生一种要对述说的事追根究底的"悬念"。

(5) 用赞美的话开始。一般来说,人都喜欢听称赞的话。因此,开始说话时,可以赞美对方的衣着得体、气质高雅;可以称赞所在地区的悠久历史和光荣传统;可以赞美当地的丰富文化遗产和勤劳勇敢的人民等。

(6) 用涉及对方切身利益的话作为引子。这是有经验的交谈者经常使用的开始谈论的方法,就是把自己表达的内容与听者的切身利益联系起来,以引起对方的关注和重视,吸引对方。

(7) 寻求共同点。这些共同点可以涉及双方以往的相同经历和遭遇,也可以涉及双方以前的密切合作,还可以展望双方友谊发展的前景等。

通过这样的开场白,双方的感情一下子会接近许多,此后再谈正题就好办得多了。但是,开场白也不宜过多,以免冲淡谈判的主题。时间应占谈判总时数的5%左右,如谈判准备为1小时,那开场白的时间应为3分钟左右。

(二) 正式谈判

1. 开局阶段

开局阶段也称"开谈阶段",它延续了开场白阶段所营造的良好气氛,又为以后进入实质性内容做好必要的准备。如何开局是谈判人员必须掌握的技巧之一,一般可以以轻松、愉快的口气,以询问商量的方式与对方交换些容易达成一致意见的话题,如谈判的目的、谈判的程序等。这些话题与谈判有关,但又是非实质性问题,一般不会引起对方的反感。由于一开始双方就取得程序等方面的一致,就为以后谈判取得进展甚至达成协议开了一个具有象征意义的好头。

2. 概说阶段

概说阶段双方各自说出自己的基本想法、意图和目的。概说时要简明扼要、诚挚友善。

经过此阶段后,双方都对对方有一个大致的了解。

3．明示阶段

不可否认,谈判双方必会有一些不同意见和分歧,明智之举是及早提出这些问题以求彻底解决。一般而言,谈判双方包含四类问题,即自己所求、对方所求、彼此互相之求、外表看不出的内蕴需求。为了达成协议,双方应心平气和地提出这些问题并就此展开讨论。

4．交锋阶段

谈判的目的就是获得自己所想要的东西,谈判双方的对立状态在这个阶段才渐渐明朗。谈判双方都列举事实与数据,希望对方理解并能接受自己的要求,而对方也会举出事例来反驳你,从而各自坚持自己的立场。

5．妥协阶段

交锋不会无休止地进行下去。与激烈的交锋同时进行的,便是双方均在寻找与对方的共同点,寻找缩小双方目标之间差距的各种可能途径,并就此提出各种可行的折中方案,这就是让步或妥协过程。

只要谈判的双方均有诚意并存在共同利益,就会在经过激烈交锋之后达成妥协。不管谁先向对方妥协,都必须因此得到补偿。

6．协议阶段

经过交锋和妥协,双方均已认为基本上达到了自己的目标,即可形成双方认可的协议书并由双方代表在协议书(也称谈判合同书)上签字,并加盖双方单位的公章。

7．进行公证

由公证员当场进行公证,宣布双方所签订的谈判合同书自签订之日起有效,负有法律责任,双方都应严格遵守等。至此,谈判程序结束。

(三)谈判的收尾

谈判的收尾工作有以下三点。

(1)将谈判的成果以及谈判取得成功的友好气氛继续下去,以利于以后双方的各种交往和谈判。

(2)对一些贸易谈判而言,要马上落实各项事务,以保证所签合同的履行。

(3)需将谈判情况进行总结,总结内容主要有:目标制定、谈判前的调研、物品准备、程序安排、谈判气氛营造、谈判中遇到的各种情况和问题以及谈判的策略、技巧等。

> 小贴士
>
> 有人认为,只要通过谈判达到自己的目的,就可以不择手段,这样的看法肯定是偏激的。在商务谈判中是有原则可循的,如客观真诚原则、平等互惠原则、求同存异原则、公平竞争原则和讲求效益原则等。

四、谈判的策略与技巧

策略是指为实现谈判目标所采取的智谋手段。在谈判中正确地运用各种策略,可收到事半功倍的效果。谈判中的策略不胜枚举,这里介绍几种常用的策略。

(一)以诚取胜

在谈判中,并不是所有的谈判信息都要求保密,有时开诚布公反而能收到意想不到的效果。

案 例

开诚布公的谈判

1986年,广东玻璃厂与美国欧文斯玻璃公司就引进设备一事进行谈判。在谈判过程中,双方在全部引进还是部分引进这个问题上僵住了,双方各执一词,相持不下。这时广东玻璃厂首席代表换了一个愉快的话题。

他说:"你们欧文斯的技术、设备和工程师都是世界上一流的。你们投入设备与我们合作,只能用最先进的设备,这样我们才能成为全国第一。这不单对我们有利,而且对你们更有利。"欧文斯的首席代表是一位技术水平很高的人,听了这番话心里自然很高兴。

接着广东玻璃厂的代表话锋一转:"我们厂的外汇有限,不能买太多的东西,所以国内能生产的就不打算进口了。现在,你们也知道,法国、比利时与日本的厂家都在与我国北方的厂家搞合作,如果你们不尽快与我们达成协议,不投入最先进的设备、技术,那么你们就会失去中国的市场,人家也会笑话你们欧文斯公司无能。"

经过这一番开诚布公的交谈,使濒于僵局的谈判气氛得到了缓和,最后双方达成了只进口主要设备的协议。广东玻璃厂因此省下一大笔外汇,而欧文斯公司也因为对广东玻璃厂出口技术和设备,并使其成为全国同行业产值最高、耗能最低的企业而声名大噪。

(二)最后通牒

"最后通牒"是指在谈判陷于僵持阶段时,某一方宣布以某一新条件或某个期限作为谈判中合同成败的最后决定条件,逼对方最终答复的做法。通常人们也爱用"边缘政策"的说法来表达之。

例如卖方降了一次或两次价后,宣布"我是最后价了,请贵方研究"。有的还说"我已无别的条件,我等到明天中午,如果贵方接受我方建议,则我留下签合同;否则,下午有2点的飞机,我就回国了"。

买方也常使用该策略压卖方。有的谈判高手还玩"最后×分钟"的把戏。在某个上午或下午将尽时,说"给你最后×分钟""没有新建议就到此散会,下一步怎么办?另商量"等,凡带"威胁性的通告"均有最后通牒的味道。使用该招时应注意:通牒要"令人可信"。

如"要走"的可能性存在,下午2点的确有飞机,机票的确订好,要不然是个笑话,也会失去效果,且会影响以后的谈判。此外,通牒不要"滥用"。在一场谈判中,过多地使用此策略不好,会伤感情,也无大效果。

（三）出其不意

出其不意是指谈判手法、观点或提案的突然改变，以造成谈判出现戏剧性的变化。在一些谈判中，常用这样的手法，突然用一个备用提案来打乱甚至推翻前面的提案，使对方感到措手不及、不知所措。

心理学的研究表明，当你的对手突然推翻前面的提案，采用"出其不意"的手法向你袭击时，常出自两种动机：一种是根本不想成交，或者是感到成交时候不到，条件不具备；另一种是你的对手对你是否接受前一提案产生了怀疑，因而推翻前一提案，目的是测试你的反应，从而估计自己是否在这笔交易中吃了亏，并伺机重新制订谈判的方案。但"出其不意"的手法在使用时要谨慎。

（四）先苦后甜

先苦后甜的意思是先紧后松，通过这种心理上的对比，强化对方认为眼前所争取到的已是比较大的利益，从而达成协议。如飞机晚点，最先预报晚一小时，可等了几分钟后又预告只晚半小时，最后只晚15分钟到达，这时旅客都非常高兴，拍手称庆。从最终结局来看，飞机确实是晚点了，但旅客们反而感到庆幸和满意。

先苦后甜就是有意识地利用人们这种心理上的效应。如当你想要对方在价格上打折扣，但又估计对方难以接受时，可以采取"先苦后甜"策略。除了价格以外，你同时在品质、运输条件、交货后支付条件等几方面，提出较苛刻的要求。在交锋时，你要尽力使对方感到，在好几项交易条件上，你都做了让步，对方占了不少便宜。

于是，当你提出折扣问题时，可能会不费多少口舌就能获得对方的同意。事实上，前几项交易条件上的让步是你本来就打算给予的，只是为了让对方感到尝到了甜头，最后，在你关注的项目上让步的效果。

（五）中途换人

中途换人策略是指在谈判桌上的一方遇到关键性问题或与对方有无法解决的分歧时，借口自己不能决定或其他理由，转由他人再进行谈判。这里的"他人"或者是上级、领导，或者是同伴、合伙、委托人、亲属、朋友。

运用这种策略的目的在于：通过更换谈判主体，侦探对手的虚实，耗费对手的精力，削弱对手的议价能力；为自己留有回旋余地，进退有序，从而掌握谈判的主动权。使用这种走马换将策略时，作为谈判的对方需要不断面对新的谈判对手，陈述情况，阐明观点，重新开始谈判。这样会付出加倍的精力、体力和投资，时间一长，难免出现漏洞和差错。这正是运用中途换人策略一方所期望的。

案 例

中途换人策略

美国《生活》杂志就曾介绍史科拉斯兄弟电影公司在商谈中使用了这一策略。有一位演员经纪人和史科拉斯兄弟电影公司商谈时，先被安排和弟弟谈。经过长时间的讨价还价后，等到双方快要达成协议之时，弟弟说须请示哥哥批准，结果哥哥不同意。于是这位经纪人又和哥哥重新开始了马拉松式的谈判。

很少经纪人会有这种耐力和精力,经得起这种长时间的会谈。因为他又不得不重复陈述自己的观点以及谈判的进程,对他来说,这将是一种身体和心理上的双重折磨,最后不得不再次让步。

中途换人策略的另外一个特点是能够补救己方的失误。前面的主谈人可能会有一些遗漏和失误,或谈判效果不尽如人意,则可由更换的主谈人来补救。并且顺势抓住对方的漏洞发起进攻,最终获得更好的谈判效果。

在业务谈判中,如遇到这种情况,需冷静处理,并采取一定的应付措施,有时能变不利为有利。

(六)润滑剂

谈判双方在交往过程中,经常会出自礼貌、友好和联络感情而相互赠送一些礼物、纪念品等,这无疑会对谈判的进展起到润滑剂的作用,故幽默地称为"润滑剂"策略。

"润滑剂"策略是个微妙的策略,敏感性很强,弄不好会引起种种误解、戒心、反感、效果适得其反。同时,由于文化、习俗的差异,各国谈判界对使用"润滑剂"的评价也不一,因此我们还应慎重对待。

馈赠礼品时要注意对方的文化背景、风俗习惯;礼品的价值不宜过重;注意送礼的场合,尤其在初次见面时即以礼相赠有失妥当,甚至被认为是贿赂。总之,我们在涉外谈判过程中,如果需要向对方馈赠礼品,就一定以尊重对方习俗为前提。

(七)让步策略

在谈判中,一方向另一方让步,甚至双方互作一定程度上的让步是常有的事。但是,在实际做起来却不是一件容易的事。每一个让步,均应考虑其对全局的影响。一般来说,让步有下列基本原则和策略:每一次让步都应争取得到对方的回应,不做无谓的让步。

让步要恰到好处,即以最小的让步使对方感到获取了最大的满足;在重要的问题上,力求使对方先作让步;让步幅度不宜过大,节奏也不宜太快,让对方珍惜我方的每一个让步;不要承诺做同等幅度的让步;让步要同步进行;让步可以反悔,完全可以推翻重来。

案 例

谈判争取来的破例

12月5日,美国最大的电信企业AT&T公司与上海电信公司、上海信息投资股份有限公司签署合同,共同投资组建上海信天通信有限公司。这是电信领域第一家中外合资企业。它的成立表明中国电信领域开放进入一个新的里程碑,同时也表明中国开始履行WTO多边谈判协议的承诺。

由于合资领域引人注目,这次中外谈判成了我国尖端服务领域国际谈判的范例。谈判伊始,中外双方都有强大的律师阵容参加。中方律师团由留美法学博士、上海市锦天城律师事务所黄仲兰律师领衔,顾晓峥、毛天敏、周汀等律师参加;美方则由AT&T的法律顾问及多家律师事务所的资深律师组成。谈判双方斗智斗勇。美方律师依仗的是丰富的跨国投资法律服务经验;中方律师则凭借对中美两国法律的熟悉、IT专业知识及工作态度。

以往,大型国际合作项目谈判通常是由外方提供文本草案,但在这次谈判中,中方律师率先起草了第一版合同草案。整个谈判以中方文本草案为依据,这样就为中方争得了主动。

随着谈判的深入,AT&T方面谈及了具体的投资方案,即AT&T公司将通过其为这一项目特意在美国特拉华州设立的全资子公司进行投资。中方虽对这一国际通行的做法表示理解,但由于电信服务是长期性的,其投资商必须有确切的资金来源、实力以及从事这一行业的资质和能力。中方真正合作方是AT&T。

黄仲兰律师提出,该AT&T子公司资金势力较为有限,将来在合同履行能力及违约责任承担上可能会有问题,进而他建议,由AT&T出具书面文件对子公司的履约做出相应承诺,中方仅在一个平等的限额内承担责任。AT&T经慎重考虑,同意黄律师的建议,出具了一份书面承担担保义务的文件。事后,美方谈判人员说,在此之前,AT&T公司从未出具过相类似的文件,这是一次破例。

(八) 暗示

暗示具有与明示、明言相反的含义。某些情况,不便于直接说出某种话,或不便于明确地表达出某种含义,则可用隐晦、曲折的语言,或某些特定的表情、动作,表达出"只可意会,不可言传"的内容,对方对此也只能心领神会。因此,暗示只能是在特殊场合使用的特殊语言,如使用得当也可起到特殊的效果。

在商务谈判中,商业情报、技术秘密,以及涉及谈判对手与第三方的情况等往往不可公开,但已成为影响谈判进程的筹码。如谈判对手对某技术要价过高,可适当暗示己方有自己开发的能力,或具有从第三方购买的可能性。当然也可以就对手的暗示进行反击,如暗示对手借以争取高价的情报并不准确,或对方技术可能被潜在的第三方超过等。

本 章 小 结

(1) 演讲是以讲为主,以演为辅,讲演结合的信息传播形式。从本质上看,演讲就是艺术化地发表意见或阐明事理。

(2) 作为演讲者,不管你准备了多少演讲内容,最初的30秒都是最重要的。

(3) 演讲的各种准备,最终要通过走上演讲台发表演讲表现出来。

(4) 培养演讲才能的方法:读、背、诵、讲、练。

(5) 克服演讲中的障碍需要做到控制紧张情绪和克服听众的逆反心理。

(6) 谈判是有关组织(或个人)对涉及切身权益的有待解决的问题进行充分的交换意见和反复的磋商,以寻求解决的途径,意欲达成协议的合作过程。

(7) 谈判的全过程应包括以下三方面:谈判的准备、正式谈判以及谈判的收尾。

(8) 谈判的策略与技巧包括:以诚取胜、最后通牒、出其不意、先苦后甜、中途换人、润滑剂、让步策略、暗示等。

复习思考题

(1) 你对培养演讲的方法是如何理解的?

(2) 结合自己的经历,谈谈演讲前应做好哪些准备?

(3) 谈判的开场白为什么那么重要?

(4) 你认为谈判的技巧在谈判中起着什么样的作用?

案 例 分 析

案例一　背好的演讲词

英国前首相丘吉尔年轻时经常把演讲词先写下,然后再背下来,他认为这样准备更充分。有一次,他在议会演讲时思路突然中断,背好的演讲词怎么也想不起来,脑子内变得一片空白,他不得不停了下来。

当时他窘迫极了,把最后一句话重复了好几遍,但脑子仍是一片空白。从那以后,丘吉尔再也不想发表事先背好的演讲了。

思考题:

(1) 你如何看待丘吉尔的行为?

(2) 你从他的行为中得到什么样的有益启发?

案例二　服装店里的谈判

一位女顾客在一家个体服装店里看衣服。店主指着一身套装说:"小姐,你身材这么好,这套衣服你穿着准合适。先试一下吧。"

女顾客试了一下,很合身,便问:"多少钱?"

店主回答:"360元。"

"太贵了。"女顾客说着把衣服换下,准备离开。

"这可是名牌,大商场要卖600多元呢,我这是最后一套了,昨天还卖480元呢。"店主说。

女顾客转回身,拿起衣服又看了看说:"280元,我就买。"

店主道:"实话跟你说,我是300元进的货,这样吧,就按进价给你,300元,我就不赚你的钱了。"

女顾客检查了一下衣服说:"你看,这衣服就剩一套了,袖口还脏了一块,有的扣子还松了,最多值250元。"

店主道:"250元? 多难听呀,图个吉利,280元。"

女顾客再一次仔细检查了衣服说:"别啰唆了,你的衣服只剩这一件了,又有残,260元要卖我就买,否则就算了。"

店主:"小姐,你真会砍,260元,成交了。"

思考题:

(1) 用掌握的谈判理论和技巧分析商家成功的原因。

(2) 思考一下你的生活中有没有类似的情况发生,可以和同学们一起交流。

实践课程

训练一

可以将自己的一次演讲录制下来,通过回放,仔细观察自己的肢体语言是否完全到位,是否出现手势过多、过于死板、目光呆滞、面部表情冷淡等各种不良情况。找出不足之处和改正的办法。

训练二

自主命题。把同学们分成组,扮演甲方和乙方。做一次模拟谈判。

训练三

注意观察市场上买卖双方讨价还价的技巧,并结合所学的谈判知识,写一篇观察报告。

训练四

绕 口 令

(1) 作用:在口才、口语训练中既有趣又有效。对纠正发音、锻炼舌肌十分有益。
(2) 程序:由简到繁、由短到长、由慢到快。
(3) 要求:清、准、快、连,也就是清晰、准确、快速、连贯。

练习1

对面有个白粉墙,白粉墙上画凤凰,先画一只黄凤凰,后画一只绯红绯红的红凤凰,红凤凰看黄凤凰,黄凤凰看红凤凰,红凤凰、黄凤凰,两只都是活凤凰。

练习2

九个酒迷喝醉酒。九个酒杯九杯酒,九个酒迷喝九口。喝罢九口酒,又倒九杯酒。九个酒迷端起酒,"咕咚、咕咚"又九口,九杯酒,酒九口,喝罢九个酒迷醉了酒。

练习3

玻璃杯倒进白开水,
白开水倒进玻璃杯。
玻璃杯倒进白开水就成了装白开水的玻璃杯。
装白开水的玻璃杯倒进白开水,
白开水倒进装白开水的玻璃杯。

练习4

天上七颗星,地上七块冰,台上七盏灯,树上七只莺,墙上七枚钉。
吭唷吭唷拔脱七枚钉。喔嘘喔嘘赶走七只莺。乒乒乓乓塌坏七块冰。
一阵风来吹灭七盏灯。

练习5

八百标兵奔北坡,炮兵并排北边跑,炮兵怕把标兵碰,标兵怕碰炮兵炮。

CHAPTER 8 第八章

人际沟通与交流（第4版）

沟通礼仪

🔑 学习目标

（1）了解礼仪的起源、概念及发展历程，明确礼仪的原则和作用。
（2）理解礼貌、礼节、仪表、仪式的含义，领会化妆礼仪应注意哪些问题。
（3）掌握服饰穿戴的基本原则，掌握交际过程中的各种礼仪。

🔑 技能要求

（1）学会对日常生活中不良姿势的纠正，掌握各种场合服装及化妆的基本要求。
（2）在人际交往中领会各项礼仪的要领。

公共空间化妆须注意

一天，大学毕业正在求职的女生小李到一家公司应聘。由于上学期间她并不十分爱打扮，所以，穿着比较随便的她应聘了几家公司都以失败告终。小李心中有些疑惑：我到底哪点不如其他同学？她们能找到工作我为什么不能？这时有的同学就对她说，到一家公司之后要看人力资源部门的领导是男士还是女士。

如果是男士，你必须打扮得漂亮一点，男士会比较在意女孩的青春靓丽；如果是女士，你可以朴素大方一点，女士对爱打扮的女孩会比较反感。李某一听有道理，这次应聘之前就做好了两手准备。

当她进入公司接待室以后，等在这里的已经有很多人，她悄悄往人力资源室门里一看，里面主持招聘的是位男士。她按事先想好的办法，赶快拿出化妆品来，对着一面镜子涂涂抹抹。她身边的人都感到不解，纷纷向她投过去好奇的目光。

正在她只顾化妆的时候，人力资源部经理突然站在门外问道："该谁面试了？"她向周围看了看，连忙收起镜子回答："是我吗？"随后，她跟着进了办公室。在里面没过多久她就出来了，手里拿着一张表格，有点垂头丧气，凭她的直觉，这次求职又失败了。因为她看到别人进去之后，都会有十来分钟的工夫，回答这样那样的问题，为什么自己刚一进去，那个人递给她一张表格，就被打发出来了呢？她百思不得其解。

这里我们应当在礼仪上给她找找毛病：女性在人前化妆是很多男性不以为然的一个习惯，也不符合公共场所的礼仪。关于这一点，惯例已经放宽了不少，女性在餐馆就餐后，

> 在人前补口红、轻轻补粉,谁也不再大惊小怪。不过,也仅此而已,不能太过分。需要梳头、磨指甲、涂口红和化妆时,或者要用毛刷等器具时,请到化妆室或盥洗室进行。在人前整理头发、服装、照镜子等行为,应该尽量节制。

第一节 礼仪的概述

人类活动在受自然规律的影响和制约的同时,还受社会规律以及由社会规律决定的各种社会规范的影响和制约。在这些社会规范中,除了道德规范和法律规范以外,还有一个很重要的方面,这就是礼仪规范。礼仪,作为人类历史发展中逐步形成并积淀下来的一种文化,始终以某种精神的约束力支配着每个人的行为。

礼仪是现代人的处世根基,礼仪是成功者的潜在资本。

礼仪是一门综合性较强的行为科学,是指在人际交往中,自始至终地以一定的、约定俗成的程序、方式来表现的律己、敬人的完整行为,是一种为时代共识的行为准则或规范,即大家认可的,可以用语言、文字和动作进行准确描述和规定的行为准则,并成为人们自觉学习和遵守的行为规范。

小贴士

> 中国素有"文明古国、礼仪之邦"的美称,自古至今,历来崇尚礼仪。古代流传下来的有《周礼》《礼记》等专门记载礼仪的著作,历史典籍中也不乏关于礼仪方面的记载。孔子曰:"不学礼,无以立。""礼用之,和为贵。"荀子曰:"人无礼则不生,事无礼则不成,国无礼则不宁。"

礼仪是一个人立足社会、成就事业、获得美好人生的基础;礼仪是人类文明进步的重要标志。学习礼仪是为了能够与他人和谐相处;宣传、推广礼仪是为了社会的祥和、稳定。

在古代,人们赞美"谦谦君子,玉树临风""惊若翩鸿,矫若游龙";在现代西方国家,人们提倡"绅士风度""淑女规范""骑士精神";在今天,对职场人员的形象要求男士仪表堂堂、精明干练,女士举止得体、典雅大方。

随着社会的进步,市场经济的发展,人们对内、对外交往的日益频繁,礼仪更成为人们社会生活中不可缺少的内容。礼仪修养,不仅是现代文明人必备的素质,而且是社会交往、商务活动和其他各项事业成功的一个重要条件。因此,学习礼仪,遵守礼仪,弘扬礼仪文化就成为社会主义精神文明建设的一个重要任务。

一、礼仪的起源与发展

(一)礼仪的起源

社交礼仪起源于原始社会和奴隶社会时期。归纳起来,大体有五种礼仪起源说:一是天神生礼仪;二是礼为天地人的统一体;三是礼产生于人的自然本性;四是礼为人性和环境矛盾的产物；五是礼生于理，起于俗。

1. 天神生礼仪

这是人们还没有认识到礼仪的真正起源时的一种信仰说教，是神崇拜的反映，代表了人类图腾崇拜时期对原始礼仪的一种认识。《左传》有言："礼以顺天，天之道也。"意思说，礼是用来顺乎天意的，而顺乎天意的礼就合乎"天道"。"天神生礼仪"虽然不科学，但却反映了礼仪起源的某些历史现象。

2. 礼为天地人的统一体

这种观点是春秋以后兴起的一股思潮。它认为，天地与人既有制约关系和统一性，又具有高于人事的主宰性。把礼引进到人际关系中来讨论，比单纯的"天神生礼仪"有了很大进步，但仍没有摆脱原始信仰，所以仍是不科学的。

3. 礼产生于人的自然本性

这是儒家的创见，儒家学派把礼和人性结合起来，以为礼起源于人的天性。孔子以仁释礼，一方面把"礼"作为处理人际关系的总则，另一方面把"仁"当作"礼"的心理依据。克己以爱人，就是"仁"；用仁爱之心正确而恰当地处理好人际关系，就是"礼"。

4. 礼为人性和环境矛盾的产物

这一学说的目的在于解决人和环境的矛盾。孔子"克己复礼"的观点，就是看到了人和环境的矛盾，而解决这种矛盾的方法是"克己"。人的好恶欲望如不加以节制，什么坏事都干得出来，于是圣人制礼，节制贪欲。

5. 礼生于理，起于俗

这是对礼仪起源的更深入的探讨。理，是指事物的必然性的道理。人们为了正常生存和发展，根据面临的生存条件，制定出合乎人类生存发展必然性和道理的行为规范，就是"礼"。"礼"是理性认识的结果。事物的礼落到实处，使之与世故习俗相关，所以又有了礼起源于俗的说法。荀子说："礼以顺民心为本……顺人心者皆礼也。"从理和俗上说明礼的起源。

根据上述种种说法，可以认为，"礼"先于"仪"，有了"礼"这个道德规范，才用"仪"这种形式去表现。"礼"与"仪"常常密不可分。礼仪与部落群居的形成过程同步产生，并随着社会组成形式和国家制度的变化而变化，随着人类社会生活的发展而逐步完善起来。

（二）礼仪的发展

我国礼仪的发展大体可以划分为以下四个阶段。

1. 礼仪形成阶段（约公元前21世纪至公元前771年）

这一阶段主要是指夏商周时期。从史料上看，夏代已开始制礼，商代礼仪已渗透到社会生活中的各个方面。记载周代礼仪的书籍"三礼"的出现，标志着《周礼》已经达到了系统完备阶段。

在这一时期，礼仪的特征已从单纯祭祀天地、鬼神、祖先的形式，跨入了全面制约人们行为的领域。在这一阶段中，礼的内容主要体现在《周礼》中的"王礼"部分。所谓"王礼"，就是分别用于祭祀、冠婚、宾客、军旅和丧葬的"吉礼""嘉礼""宾礼""军礼"和"凶礼"。这是对我国古代礼仪的总结汇编。这些礼仪内容对后世人们的行为规范、人际交往以及社会公德的形成，都产生了极大的影响。

2. 封建礼仪阶段(公元前 771 年至 1911 年)

这一阶段主要是指从儒学的产生,到以儒学为基础的封建礼仪形成、强化和衰落时期,以孔子为祖师的儒家学派逐步形成。这一时期,礼仪成为儒家学派的核心——"礼教"。

在这时期,礼仪的明显特征,就是把人们的行为纳入封建道德的轨道,把人们教化成"非礼勿视,非礼勿听,非礼勿言,非礼勿动"的精神奴隶。礼教文化是这个时期"礼"的核心和基本内容。

3. 近代礼仪阶段(1911 年至 1948 年)

辛亥革命的胜利,结束了统治中国 2000 多年的封建专制制度。新的礼仪礼俗也随之出现。这一时期的礼仪体现了近代自由、平等的原则,因此,资产阶级的平等思想、文化习俗和审美观点开始渗透到社会生活中的各个方面,冲击着森严的封建意识和等级观念,对当今中国社交礼仪产生了重大影响。

4. 当代礼仪阶段(1949 年以来)

新中国成立后,新型的社会关系和人际关系的确立,标志着我国礼仪进入了一个新的历史时期。这一时期,确立了同志式的合作互助关系和男女平等的新型社会关系,而尊老爱幼、讲究信义、以诚待人、先人后己、礼尚往来等中国传统礼仪中的精华则得到继承和发扬。

改革开放以来,随着国际交往日益频繁,我国又吸取了世界上一些先进的文明礼仪,融入我国当代礼仪部分。借鉴国际上一些通行的礼仪规则和惯例,为我国的社会主义现代化建设服务。

二、礼仪的概念

小贴士

> 礼,在汉语中本意为敬神,后引申为敬人。仪,《说文解字》中"仪,度也。"本意为法度、准则、典范,后引申为礼节、仪式和仪表。

礼仪属于道德范畴,是人类社会活动的行为规范,是人们在社交活动中应该遵守的行为准则。礼仪具体表现为礼貌、礼节、仪表、仪式等。

礼貌是指人们在相互交往过程中表示尊重、友好等谦虚恭敬的规范行为。按东汉经学家赵岐的解释:"礼者,接之以礼也;貌者,颜色和顺,有乐贤之容。"司马光则进一步要求:"凡待人无贵贱贤愚,礼貌当一。"意思是说,在交往中,无论对什么人都要一视同仁,讲究礼貌,都要用言语、行动对对方表现恭敬谦虚。如果一个人在待人接物时傲气十足、出言不逊、动作粗俗或衣冠不整,就是对他人没有礼貌。

礼节是人们在日常生活中,特别是在交际场合中,相互表示尊敬、祝颂、问候、致意、哀悼、慰问以及给予必要的协助与照料的惯用形式。礼节是待人处事的规矩,但并不是某个人或某个组织制定的。而是人类在长期的社会生活中自然产生、约定俗成的行为规则。它虽然不像法律那样至高无上,但是,要得到别人的理解、社会的承认,就必须遵守人与人之间交往的规则和方式,即遵守礼节。

仪表是指人的外表,包括容貌、姿态、风度、服饰及个人卫生等,是礼仪的重要组成部分。仪式是指特定场合举行的专门化、规范化的活动。

总之,礼貌、礼节、仪表、仪式等都是礼仪的具体表现形式,它们是互相联系的。

案 例

生活细节见礼仪

一个哈佛大学的优秀毕业生,刚被一家公司聘为经理,他之前曾参加过这家公司老板所举办的家庭聚会,当时他优雅的仪态与魅力,给在场参加聚会的人们留下了深刻的印象。但某个星期天在超级市场的停车场,驾着一辆时髦跑车的他,在遍寻不到停车位之下,竟然占用靠近店门口、专供残疾人士使用的停车位,并与一位残疾的驾驶人发生口角。

此一情况正好被他公司首席执行官的太太瞧见,当时这位太太好不容易花了15分钟才找到一个停车位,她将她亲眼看见的事实告诉她的丈夫后,这位首席执行官便决定不再任用他。上班的时候,这位执行官便跟他说,星期天他投机取巧的行为正巧被他的太太撞见,接着表示:"你那卑劣的行径并不符合本公司的文化,你在本公司不可能有太大的升迁机会,最好还是到别处另谋发展"。

这位哈佛大学的高才生在被解雇后,吸取了教训。在找到另一份工作后,利用周末与晚间闲暇时间,在社区医院担任义工,还获得社区颁发的杰出义工称号。之前解雇他的公司得知这件事情后,对他的印象大为改观,于是又再请他回去担任原职。

三、礼仪的新特点

交际礼仪在今天的发展又呈现出以下新的趋势。

一是形式趋简。如中国古代交际礼仪中的"拜"随着时代的变迁,为适应当代人快节奏生活方式,致意的礼仪相继以握手、点头、微笑等代替。

二是内容日渐丰富。当代人交往频繁,范围扩大,礼仪也有很大变化。如语言礼仪增加了大量的外语词汇,而非语言交际礼仪更显示了当今科技、生产力发展水平,以及生活方式与文化思想的和谐。如现在刊登广告、电视(台)点歌祝寿、贺新婚、电话拜年、发短信等已成为最新颖的礼仪形式。

总之,从礼仪产生和发展的轨迹可以看出:礼仪作为人们的行为模式和规范,属于社会的上层建筑,由社会的经济基础所决定,并随着社会实践而不断地丰富和发展。在任何一个阶级社会里,占统治地位的礼仪思想和制度总是那个社会统治阶级思想和意志的体现,是为统治阶级服务的工具。而现代礼仪无疑有了本质的飞跃性的进步,它最终由社会的物质生活条件所决定,并且它又将以自己特有的方式对社会的发展起着越来越重要的作用。

小贴士

如果你失去了今天,你不算失败,因为明天会再来。
如果你失去了金钱,你不算失败,因为人生的价值不只是在钱袋里。
如果你失去了文明,你是彻彻底底地失败,因为你已经失去了做人的真谛。

第二节　礼仪的原则与作用

一、礼仪的基本原则

孔子说："礼仪三百,威仪三千。"虽未免言过其实,但说明礼仪名目之多。今天的礼仪细则也很纷繁,加上世界各国的礼仪习俗,更是五彩缤纷。因而除了人类共同遵守交往的基本礼仪准则以外,还应注意以下几个方面的原则。

（一）系统整体原则

礼仪是一个完整体系,几千年来已经无所不包,因而在对外交往和人际交往中,我们一定不能忽视它的整体性,并注意采集信息应完整。因为来宾或合作对象的性别、年龄、国籍、民族、宗教、信仰、职业都决定了他适应并喜好什么样的礼仪接待,搞错一个环节都可能招来负面效果。

（二）公平对等原则

礼仪的核心点即尊重交往对象,以礼相待。社会交往中每个人都希望得到尊重,体现自我价值。因而,对任何交往对象都必须一视同仁,给予同等程度的礼遇。如果因为交往对象彼此之间存在年龄、性别、种族、文化、职业、身份、地位、财富等方面的差异,而有亲有疏,厚此薄彼,或傲慢冷落,或曲意逢迎,都会被视为不礼貌。故交往时应公平大方,不卑不亢,主动、友好、热情又有所节制。

（三）遵时守约原则

中国传统文化讲人际交往,做人要以信义为本,提倡"一诺千金"。在交际应酬之中,每一位参与者都必须自觉遵守礼仪,用礼仪去规范自己的言行举止,现代社会节奏加快,遵时守约更为重要。任何人,不论身份高低、职位大小、财富多寡都有自觉遵守、应用礼仪的义务,守法循礼,守约重诺,再正当的理由失约后也应道歉,无故失约将会受到公众的指责。

（四）和谐适度原则

古人云："君子之交淡如水,小人之交甘如醴。"此话不无道理。在人际交往中,沟通和理解是建立良好人际关系的重要条件,但如果不善于把握沟通时的感情尺度,即人际交往中缺乏适度的距离感,结果会适得其反。

例如在一般交往时,既要彬彬有礼,又不能低三下四;既要热情大方,又不能轻浮谄谀。在接待服务时,既要亲切友好,尊重客人;又要自尊自爱,端庄稳重。特别要注意做到把握分寸,认真得体。"礼仪使人们接近,礼仪使人们疏远。"为什么呢？在陌生人初次见面时,礼仪可以表现为有教养,可以展示内在气质与人格魅力。但不分场合、亲疏,乱用礼仪,反而会表现出不懂教养,令人难以相处,甚至会弄巧成拙。因此,应用礼仪要和谐适度,具体情况具体分析,因人、因事、因时、因地恰当处理。

（五）尊重习俗原则和风俗禁忌原则

"十里不同风，八里不同俗""进门见礼，出门问忌"等，这些劳动人民有益的格言都说明尊重各地不同风俗与禁忌的重要性。特别是在对外交往中不懂外国禁忌，不懂少数民族禁忌可能会造成不愉快的后果。因此，必须坚持入乡随俗，充分了解与交往对象相关的习俗、禁忌，才能真正做到尊重交往对象。

（六）外事礼宾顺序原则

外事礼宾顺序原则是指在外事活动中，根据礼宾需要列出的排名顺序规范。这一原则几乎渗透一切外事交往中，迎来送往、衣食住行、会见、升旗等，谁先谁后都要符合礼仪规范，稍有差错就会被认为是对一个国家的不尊重。因而国际上已有《维也纳外交关系公约》对此做出明文规定，所有从事涉外工作人员都应掌握这一原则。

（七）女士优先原则

"女士优先"是国际社会公认的一条重要的礼仪原则。外国人强调"女士优先"的主要原因，并非是因为妇女被视为弱者，值得同情、怜悯，最为重要的是，他们将妇女视为"人类的母亲"。因此，"女士优先"是西方的一个体现教养水平的重要标志。中国人讲"扶老携幼"，外国人可能不接受，但为女士开门、让座、引路、行走时让出安全的一边等，则都体现出懂礼貌和具有绅士风度。

小贴士

> "女士优先"的含义是：在一切社交场合，每一名成年男子，都有义务主动自觉地、一视同仁地去尊重、照顾、体谅、关心、保护妇女。

二、礼仪的地位与作用

人类自从诞生以来，就从未间断过相互之间的交往，礼仪也随之产生和发展，它是人类文明的重要标志。讲究礼仪、尊重他人是一个人精神状态、文化教养和道德水平的反映。古人云："国尚礼则国昌，家尚礼则家大，身尚礼则身正，心有礼则心泰。"可见，礼在社会生活中的地位和作用何等重要。

（一）礼仪促进了社会关系的发展，同时也促进了生产力的发展

不论是女娲的子孙，还是亚当的后代，他们都渴望和平、渴望友好，以礼相待是人们从心底发出的呼声，礼仪是人类自身发展的产物。古人云："礼以安上化人。"礼仪正是维系、巩固这种人们之间的联系和社会关系的纽带。礼尚往来不仅促进了社会关系的发展，同时也促进了生产力的发展。

（二）礼仪是治国之本，是民族凝聚力的体现

在孔子时代，"礼仪"被看作是治国之本，当时人们所演习的"六艺"之中，"礼"一直被当作重要的必修课，是孔子治国的理想。荀子在《修身篇》中提出："故人无礼则不生，事无礼则不成，国无礼则不宁。"《管子》中说："礼义廉耻，国之四维。"将礼列为立国四精神要素之

首,其突出的社会作用不言而喻。

习俗是一种神圣的、不可侵犯的、除环境和文化进步之外不屈服于任何权力的东西。由此可见,不论任何国家、任何民族,礼仪在现实世界中都是非常重要的,是民族凝聚力的体现。

(三) 礼仪是个人道德水准和教养的重要标志

古人云:"人之所以为贵者,以其有信有礼。"礼仪是以对别人的尊重为基础的,是一个人的道德水准高低和有无教养的重要标志。"美德是精神上的一种宝藏,但是决定它们生出光彩的则是良好的礼仪。"

现实社会中,人们都在以各种不同的方式追求着自身的完美,寻求通向完美的道路。加强礼仪修养则是实现自身完美的最佳方法,它可以丰富人的内涵,从而提高自身素质与内在实力,使人们面对纷繁的社会,有勇气、有信心充分地实现自我,展示自我。

(四) 礼仪是搞好改革开放、走向世界的桥梁

在世界各国人民的长期交往过程中,不论是使节往来、文化交流,还是宗教传播、通商贸易,礼仪都起着沟通与桥梁的作用。随着中国入世后,社会的快速进步和文明程度的不断提高,完备的礼仪可以联络人与人之间的感情,协调上下左右的关系,加强国际的合作。

小贴士

> 不学礼,无以立。　　　　　　　　　　　　　　　　　——孔子
> 礼节乃是一封通行四海的推荐书。　　　　　　——[西班牙]伊丽莎白女王
> 如果把礼仪看得比月亮还高,结果就会失去人与人真诚的信任。　——培根
> 人不能像走兽那样活着,应该追求知识和美德。　　　　　　　——但丁

第三节　仪表仪容

一、仪表与风度

(一) 仪表

仪表是指人的外表,它包括人的容貌、服饰、姿态和个人卫生等方面,它是一个人精神面貌的外在表现。

仪表在人际交往的最初阶段,是最能引起对方注意的,人们常说的"第一印象"的产生大多来自一个人的仪表。仪表端庄、穿戴整齐就显得有教养,也更懂得尊重别人。

案例

仪表语言

行为学家迈克尔·阿盖尔曾做过这样的实验,一次他穿着西装以绅士模样出现在街

上,与他相遇的陌生人,无论问时间或问路,大多彬彬有礼,这些人看上去属上流社会,颇有教养。另一次,迈克尔妆份成无业游民,接近他的人以流浪汉居多,或是来借火或是来借钱。这个实践证明,仪表虽是人的外表,却是一种无声的语言,在人们初次交往时能给人以鲜明的印象。

注重仪表是讲究礼节、礼貌的表现,是尊重他人的一种表现,同时又是一个人自尊自爱的表现。如果一个人衣冠不整、不修边幅,会被认为作风拖沓、生活懒散、社会责任感不强,因而难以得到人们的信任。

小贴士

> 穿衣是"形象工程"的大事。西方的服装设计大师认为:"服装不能造出完人,但是第一印象的80%来自于着装。"因此,大家都不可以掉以轻心哦!

(二)风度

风度是指人的言谈、举止、态度。风度是一个人的性格、气质、文化水平、道德修养、审美情趣的外在写真。

良好的风度是众人所追求的,而它则是以人的良好的素养、渊博的学识、深邃的思想和灵活的应变能力为核心的,那些金玉其外、胸无点墨的人,任其仪表怎么美丽,也不可能具有美好的风度。只有加强自身内在的涵养,才能将这种内在的美转化为良好的风度。

公共关系人员在交际中要充分利用体态语言,举止落落大方,姿态合乎规范,充分展示一个人的精神力量和仪表风度美,使交际对象有一种美的感受,创造和谐的气氛,达到思想和审美共鸣的境界。

小贴士

> 敬人者,人恒敬之;爱人者,人恒爱之。　　　　　　　　　　　　——孟子
> 人有礼则安,无礼则危。　　　　　　　　　　　　　　　　　——《礼记》
> 周恩来总理的座右铭:面必净,发必理,衣必整,钮必结;头容正,肩容平,胸容宽,背容直;气象勿傲、勿暴、勿怠;颜色宜和、宜静、宜庄。
> 彬彬有礼的风度,主要是自我克制的表现。　　　　　　　　——[美]爱迪生

(三)不良姿势及纠正

1. **不良站姿及纠正**

站立时,不可驼着背、弓着腰或一肩高一肩低,懒洋洋地靠在墙上或椅子上,这样会破坏自己的形象。交际场合双手不可叉在腰间,不可抱在胸前或双臂胡乱摆动,也不宜将手插在裤袋里,更不要下意识地做小动作,如摆弄打火机、香烟盒,或咬指甲、缠发辫等。这些不良姿势不但使人显得拘谨,给人以缺乏自信和经验的感觉,而且也有失仪表庄重。

> **小贴士**
>
> 标准站立要求：上半身挺胸收腹，双肩齐平，双臂自然下垂，双手有侧放式、前腹式、后背式；下半身双腿直立，身体重心在两脚之间。女士双膝和双脚要靠紧，双脚可调整成"V"字形或"T"字形，男士的双脚可略微分开，但不宜超过肩膀。

2. 不良坐姿及纠正

入座后，切忌两腿分开过宽成八字形，或将脚伸得过远，也不要跷起二郎腿，不停地抖动；不可在椅子上前俯后仰，或将腿架在沙发扶手上、茶几上；坐时不要将双手放在两腿之间或压在臀下，女士叠腿要慎重、规范，不可呈"4"字形。不规范的坐姿是不礼貌的，是缺乏教养的表现。对不雅坐姿应在平时加以纠正，养成良好的就座姿态。

> **小贴士**
>
> 正确的坐姿要求：入座时要轻柔和缓，起座时要端庄稳重，一般从座位的左边入（左边出）只坐椅子的三分之二，不要坐满或只坐一点边儿。

女子入座时，若是裙装，应用手稍微拢一下。坐定后，身体重心垂直向上，上身保持正直，可将右手搭在左手上，平放于腿面，双膝自然并拢，双腿正放或侧放，双脚并拢或交叠。男士可将双手掌心向下，自然放在膝上，亦可放在椅子或沙发扶手上，双脚可略分开。在同左右客人谈话时，应有所侧重，即上身与腿同时转向一侧。

总之，优美的坐姿让人觉得安详舒适，这是体态美的重要内容。

3. 不良走姿及纠正

行走时，最忌内八字、外八字；不可弯腰驼背、摇头晃脑、扭腰摆臀；不可左顾右盼，回头张望，不要老是盯住行人乱打量，更不要一边走路一边指指点点对别人评头论足；不可没精打采，身体松松垮垮；多人一起行走，不要排成横队，勾肩搭背，说说笑笑，这都是不美的表现。

> **小贴士**
>
> **正确的走姿**
>
> 男性应当抬头、挺胸、两眼平视、上身不动，两肩不摇，两臂自然摆动，大步向前，步态稳健有力，显示出刚强、雄健、英武、豪迈的阳刚之气。
>
> 女士应当头部端正，不宜抬得过高，两眼直视前方，上身自然挺直收腹，两手前后摆动幅度要小，步幅合适，走成直线，步态自如、匀称、轻盈，显示出女性庄重、文雅的阴柔之美。

二、仪容

仪容一般是指人的面部和头部,对仪容的修饰即对人的面部与头部的修饰,通过修饰以展现或淡雅清秀或健康自然的富有个性的容颜。

(一) 发式

头发处在人的仪表最显著的部位,整洁、大方的发型会给人留下神清气爽的印象,而头发脏乱、发型不整会给人以萎靡不振的感觉。因此,除了保持头发整洁以外,发型的选择十分重要。一个好的发型,能弥补头型、脸型的某些缺陷,使人显得神采奕奕,生机勃勃,体现出内在的艺术修养和良好的精神状态。

发式本身无所谓美丑,只要选择与自己的脸型、肤色、体型相匹配,与自己的气质、职业、身份、年龄相吻合的发式,就可以扬长避短,显现自然的美。

(二) 面容

面容是人的仪表之首,也是最为动人之处。

1. 男士面容的基本要求

男士应养成每天修面剃须的良好习惯,切忌胡子拉碴就去参加各种社交活动,尤其是外事活动,因为这是对他人不敬的行为。

2. 女士面容的基本要求

女士面容的美化主要是化妆。美容化妆是生活中的一门艺术,恰到好处的容妆,可以充分展示自己容貌上的优点。不同行业、不同层面的人,有不同的化妆风格,但从礼仪角度讲,社交妆宜淡不宜浓,宜雅不宜俗。

凡是在较为正式的场合,化妆均应以"雅"为恰。用优雅的淡妆与得体的着装,烘托出高雅的气质。切忌蓬头垢面或"加厚面部包装",那样有失自尊,也有失礼仪。

(三) 化妆礼仪及应注意的问题

1. 化妆的浓淡要考虑时间、场合

根据参加活动的时间、场合的不同,化妆也应有相应的变化。白天,自然光下一般女士略施粉黛即可,职业女性的工作妆以淡雅、清新、自然为宜。工作中在脸上涂一层厚厚的粉底、嘴唇鲜红耀眼、夸张的眼影,会让人觉得过分招摇、举止轻浮、工作不认真,这是不懂礼仪的表现。

另外也不要使用大量浓香型香水,把自己搞得香气四溢,这样反而容易让人厌烦。夜晚,一般是娱乐活动时间,夜色朦胧,无论浓妆淡妆都能为众人所接受。在正式场合,女士不化妆会被认为是不礼貌的。

2. 不在公共场所当众化妆

我们经常会遇见一些女士对自己的形象过分在意,不论是工作、学习、上街、社交或是赴宴,一有空闲,就会拿出化妆盒对镜修饰,旁若无人。在公共场所,众目睽睽之下修饰面容,是对他人的妨碍,也是对自己的不尊重,是没有教养的行为。特别不能当着男士化妆,以免引起误会,即便是男友或丈夫也不例外,应保持一定的距离美。如果必须化妆或补妆,一定要到无人处或洗手间去完成。

3．不要非议他人的化妆

由于民族、文化传统的不同，个人审美情趣的不同，以及肤色上的差异，每个人的化妆会有不同，所以，切不可对他人的化妆品头论足。

4．不要借用他人的化妆品

借用别人的化妆品，不仅不卫生，而且不礼貌。

5．正确美容

化妆美容，虽然能弥补个人容貌的一些缺陷，暂时增添几分妩媚，但这是消极美容。要想使容颜不衰，永葆花容月貌，并非浓妆艳抹，唯一正确的方法是采取体内调和、正本清源的积极美容法，才能使自己长久地保持青春的光彩，充满朝气与活力。

小贴士

> **积极美容法**
>
> 适当参加户外体育锻炼，促进表皮细胞的繁殖；保持良好的心态与充足的睡眠，有助于面部皮肤的新陈代谢；注意合理饮食，从内部给予皮肤营养；坚持科学的面部护理，促进血液循环，以使面容红润。

第四节　服装服饰

一、服饰概述

服饰是个人形体的外延，包括衣、裤、裙、帽、鞋、袜、手套及各类饰物。它们除了起着遮体御寒的作用，更重要的是起着美化人体的作用。

服饰是一种文化，它可以反映一个民族的文化素养、精神面貌和物质文明发展程度。服饰又是一种无声的语言，它显示着一个人的社会地位、思想修养、个性特征、心理状态、审美情趣等多种信息，也能表现出一个人对自己、对他人以至对生活的态度。

得体和谐的服饰有一种无形的魅力，它可以使一个人平添光彩。当服饰与穿戴者的气质、个性、身份、年龄、职业以及穿戴的环境、时间协调一致时，就能真正达到美的境界。

小贴士

> 古希腊"和谐就是美"的美学观点在服饰美中得到了最充分的体现。服饰的美要达到和谐统一的整体视觉效果，人们就应恪守服饰穿戴的基本原则。

（一）西方国家服装和中国服装

1．西方国家服装

西方各国日常穿着的服装有各式外衣、衬衫和西装。参加各种隆重的典礼仪式要着礼服或深色西服。

（1）男子的礼服分为晨礼服和大礼服。

晨礼服又称常礼服。通常上装为灰、黑色，后摆为圆尾形，下装为深灰色底、黑条子裤，系灰色领带，穿黑皮鞋，戴黑礼帽。这种礼服在白天参加典礼、婚礼等场合穿用。

大礼服也称燕尾服。黑色或深蓝色上装，前摆齐腰剪平，后摆剪成燕尾状，翻领上镶有缎面，下装为黑或蓝色配有缎面、裤腿外侧有黑丝带的长裤，系白领结，穿黑皮鞋，黑丝袜，戴白手套。

（2）女子服装种类、样式繁多，礼服可分为晨礼服、小礼服和大礼服。

晨礼服又称常礼服。通常为质料、颜色相同的上衣与裙子搭配，有的则以华丽而有光泽的面料缝制成的连衣裙，佩戴合适的帽子和薄纱短手套。这种礼服适合在白天参加庆典、婚礼时穿用。

小礼服也叫晚礼服。它是一种质地高档，长至脚背而不拖地的露背式单色连衣裙服装。根据连衣裙衣袖的长短，选配长短适当的手套，一般不戴帽子或面纱。这种礼服适合参加晚六点以后举行的宴会、音乐会穿着。

大礼服是一种袒胸露背、拖地或不拖地的单色连衣裙式服装，并配以颜色相同的帽子、薄纱手套以及各种头饰、耳环、首饰等。适宜在晚间举行的正式宴会、交谊舞会穿着。

现在除少数国家在个别场合还有规定外，大多数国家在穿着方面越来越趋于简化。

2．中国服装

我国没有严格的礼服、便服之分。我国的出国人员基本上按国内服装穿着，但也应尊重当地的习惯和东道主的要求。女士在正式场合不应穿长裤，应穿旗袍或裙子。

男子的礼服为中山服，这是我国的民族服装。一般为上下身同色的黑色、深蓝色或深灰色的毛料精制而成，内穿白衬衣，穿深色袜、黑色皮鞋。这种礼服在国外的礼仪场合很受尊重。现在更多的男子穿西装参加正式活动。

女子按季节和活动性质的不同，可穿西装（在国内可配穿长裤，在国外正式场合，一般配穿裙子而不配长裤）、民族服装、中式上衣配长裙、旗袍或连衣裙。

 小贴士

最具民族特色的女装——旗袍

旗袍是中华民族历史上流传下来的最具有民族特色的女装，它能很好地表现出女性柔美的身体曲线，显得高雅、端庄、仪态万千，因而受到各国妇女的赞赏。

（二）各种场合的服装选择

1．庄重场合

庄重场合主要是指庆典仪式、正式宴会、商务谈判、会见外宾等。这种场合的服饰要以庄严、端正、整洁为主要基调。如果请柬上规定来宾一律穿礼服，那么无论男女宾客都应服从，不可别出心裁。

2. 喜庆场合

喜庆场合一般是指节日纪念、开业典礼以及其他联欢晚会等。这些场合大都气氛热烈、温馨、愉快、轻松，所以，要求人们在服饰上也相应地热烈、明快、活泼一些。

如男士除在正式的喜庆场合一般穿中山装、西装或自己民族的服装外，其他的喜庆场合可以着各种便装，如夹克、牛仔服等，但要穿得大方、整洁，千万不要穿皱皱巴巴的衣裤。出席婚礼，鞋子必须是黑色的而不能是茶棕色的。

女士服装款式多样，套裙、连衣裙、旗袍等均可，穿得美观大方，并适当化妆，戴一些美丽、飘逸的饰物。但如出席婚礼，穿着不宜超过新郎、新娘，也不要打扮得过于怪异。

3. 悲哀场合

悲哀场合主要是指殡葬仪式、吊唁活动、扫墓等场合。这种场合气氛比较沉痛、肃穆，所以要求人们在服饰上应注意以黑色或其他深色、素色为主，内穿白色或暗色衬衣。丧服的原则是不露肌肤，所以不能穿大领圈、无袖的服装和超短裙。女士不宜过分打扮，不涂口红，不佩戴饰物。男士在举行追悼仪式时不要忘记脱帽，也不要敞怀袒胸。

小贴士

> **服装可以传递信息**
>
> 服装不是一种没有生命的遮盖布。它不仅是布料、花色和缝线的组合，更是一种社会工具，它向社会中其他的成员传达出信息，譬如个性、能力、工作态度、精神面貌等都可以通过着装传达出来。
>
> 心理专家表示，在公共场所，一个人的穿着打扮不仅反映了自身的审美观念，同时还向别人透露着你的个人信息：职业身份、文化气质、教育背景等。如果女士穿得太惹眼，很可能让人觉得轻浮，甚至误以为她在勾引异性。

二、服饰穿戴的基本原则

（一）服饰穿戴要与环境相协调

人置身于不同的环境、不同的场合时，就应该有不同的服饰穿戴，要注意所穿戴的服饰与周围环境的和谐。如居家可以穿随意舒适的休闲服；办公上班，则需身着端庄典雅的职业装；出席婚礼，服饰的色彩可鲜亮些，而参加吊唁活动，则以凝重为宜。

（二）服饰穿戴要与社会角色相协调

在社会生活中，每个人都扮演着不同的角色。不同的社会角色必须有不同的社会行为规范，在服饰的穿戴方面自然也有规范。例如一位女性，在家身为太太时可以自由穿戴；上街购物，作为顾客，不作精心修饰也无可厚非，然而作为"上班族"的一员出现在工作场所，面对同事与上司时，就不能无所顾忌、随心所欲了。

总之，无论你出现在哪里，无论你干什么，最好先弄明白自己扮演的角色，然后再考虑挑选一套适合这个角色的服饰来装扮自己，这会使自己增强自信，更会使旁人对自己多几分好感。

(三) 服饰穿戴要与自身条件相协调

人们追求服饰美,就是要借服饰之美来装扮自身,即利用服饰的质地、色彩、图案、造型和工艺等因素的变化引起他人的各种错觉,从而美化自己。在了解服饰诸因素的同时,人们必须充分了解自身的特点,挑选适合自身条件的服饰,达到扬长避短、扬己之美,避己之丑的目的。

比如,身材矮小者适宜穿着造型简洁、色彩明快、小花形图案的服饰。肤色偏黄者,最好不要选与肤色相近的或较深暗的服色,如棕色、土黄、深灰、蓝紫色等,它们容易使人显得缺乏生机。"V"形夹克衫适合双肩过窄的男性穿着,而"H"形套裙对腰粗腹大的女性来说再合适不过了。

(四) 服饰穿戴要与时节相协调

注重了环境、场合、社会角色和自身条件而不顾时节变化的服饰穿戴,自然也是不可取的。如寒风凛凛中身穿一条超短"迷你"裙就不可取。比较理想的穿戴,不仅要考虑到服饰的保暖性和透气性,而且在其色彩的选择上也应注意与季节相适宜。

春秋季节宜选用中浅色调的服饰,如驼色、棕色、浅灰色等;冬季服饰色调以偏深色为宜,如咖啡、藏青、深褐色等;夏装可选丝棉织物,色调以淡雅为宜。

以上是服饰穿戴最基本的原则。除此之外,还应特别注意保持服饰的清洁与整齐。

小贴士

> 适当的修饰可以遮掩自身的某些缺陷,但过分的掩饰会适得其反。如身体矮小的男士穿上超出常规的高跟鞋,会让人觉得比身体矮小还滑稽。皮肤黑黑的女士,如果涂上一层厚厚的白粉,容易让人产生粗俗不堪的印象。在社交活动中利用适合环境、身份、自身条件和合乎时节的服饰,忽略自己的缺陷,凸显自己的长处,把精力集中在更有意义的活动中,便是最好的办法。

三、男士着装礼仪

男士的着装不求华丽、鲜艳,不宜有过多的色彩变化,以不超过三色为首要原则。

(一) 领带

在比较正规的场合,穿西装都须系领带,既礼貌又庄重。领带必须打在硬领衬衫上,领带长度以到皮带扣处为佳,领带颜色和图纹可依西装、衬衫颜色搭配,一般以冷暖色相间为好。若内穿毛衣或背心等,领带必须置于毛衣或背心内,且衣服下端不能露出领带头。领带夹的位置不能太靠上,一般在从上往下数衬衫的第4粒纽扣处为宜。

(二) 帽子与手套

在室内的交际场合不能戴帽子和手套,与人握手时,如戴着手套则会被认为是不礼貌的。向人致意时,应把帽子取下,以示对他人的尊重。

(三) 衣裤

各式休闲外衣、牛仔裤等日常穿着的服装均为便装,适合一般场合穿,而参加正式、隆重、严肃的典礼或仪式,则应当穿礼服或深色西装。

西装被认作男士的脸面,要让它增彩生色,有"八忌"需多多注意。

一忌：西裤过短。

二忌：衬衫放在西裤外。

三忌：不扣衬衫扣。

四忌：西服袖子长于衬衫袖。

五忌：西服的衣、裤袋内鼓鼓囊囊。

六忌：领带太短。

七忌：西服上装两扣都扣上。

八忌：西服配便鞋。

小贴士

> **穿西装的禁忌**
>
> 标准西裤长度为裤长盖住皮鞋；领带一般长度应为领带尖盖住皮带扣；西服上装两扣都扣上(双排扣西服则应都扣上)；西服配便鞋(休闲鞋、球鞋、旅游鞋、凉鞋等)；西装配黑皮鞋穿白袜子。

(四) 鞋袜

在一切正式场合,只宜穿黑色或深棕色皮鞋。至于白色或浅色皮鞋,则适合于娱乐时穿。穿袜要注意袜子的长度、色调及其质地。袜长要高及小腿中、上部,颜色以单一色调为佳,穿礼服时最好配一双与裤色相近的袜子,无论如何不要在正式场合穿一双白色的运动袜,因为这与环境气氛是极不和谐的。

四、女士着装礼仪

俗称"男穿牌子,女穿样子"。女士比男士在穿着上有更大的随意和更多的变化。西方的"女士优先"原则在女士着装上也有充分的体现。

(一) 帽子与手套

正式场合中,无论室内外,女士均可戴帽,但帽檐不能过宽,以免因遮挡别人的视线而显得失礼。与人握手寒暄时,女士可不必一定脱下手套。

(二) 衣裙

应穿着典雅大方的套装(以上衣、下裙为宜)参加各种正式场合的活动,如会议、庆典等。传统古典的礼服或民族服装(如中国旗袍、印度纱丽、日本和服等)较适合在各类文艺娱乐场所穿着。穿着袒胸露背、露脐露肩等过于性感的服装最好不要或少在社交场合露面,工作场所、办公室里更应避免。薄纱型衣、裙、裤,因其透光性较强,穿着时应尤为慎重,需有内衬,不然会显得十分不雅。

小贴士

> 对外国朋友来说,"透"比"露"更难让人接受。因为在他们看来,"透"不仅有碍观瞻,而且说明穿戴者有不自爱之嫌。裙子长短应适度,不能过短,中老年及职业女性尤应注意,所穿裙子至少应长及膝盖。

（三）鞋袜

女士在社交场合,除凉鞋、拖鞋外,穿其他任何一种鞋子均可以随意,无统一规定,只是要注意鞋子和衣裙在色彩、款式上的协调。如穿套裙时不能穿布鞋,否则就会有不伦不类的感觉。

穿裙子时,应配穿长筒或连裤丝袜,颜色以肉色为宜,且袜口不得短于裙摆边。袜子是女性腿部的时装,要注意不能穿着挑丝、有洞或补过的袜子外出。另外袜子的大小松紧要合适,不要走不了几步就往下掉,或显得一高一低,当众整理自己的袜子是有失体统的。

小贴士

日常服装五忌

（1）忌露:职场工作人员上班与公出时,着装不能露出肚脐、脊背等。

（2）忌透:衣服再薄、天气再热,也不能使内衣、内裤等若隐若现,更不能让内衣外穿之风刮进商界。

（3）忌紧:衣服过于紧身,追求所谓曲线美,或让内衣、内裤的轮廓显露在外,都是不文雅、不庄重的。

（4）忌异:职场工作人员不是时装模特,穿着不能过分新奇古怪,招摇过市。

（5）忌乱:穿着不可过于随便,卷袖子,敞扣子,颜色过杂,饰物乱配。

（四）饰物

饰物的佩戴要有品味,佩戴得当,能向他人传递某种不可言传的美妙,也显现了佩戴者的爱好与修养,对此虽然不必完全循规蹈矩,但在涉外交往中不可不慎。一个人身上一次佩戴的饰物最好不要超过三件。

小贴士

戴戒指的学问

戒指通常应戴于左手。左手食指上的戒指代表无偶求爱;戴在中指上,表示正处在恋爱之中;戴在无名指上,表示名花有主,佩戴者业已订婚或结婚;而把戒指戴在小

> 指上,则暗示自己是位独身主义者,将终身不嫁(娶)。
>
> 在不少西方国家里,未婚妇女的戒指是戴在右手的中指上,修女则把戒指戴在右手无名指上,这意味着将爱献给上帝。一般情况下,一只手上只戴一枚戒指,戴两枚或两枚以上均不适宜。
>
> 手镯和手链的佩戴讲究相仿。已婚者应将之佩戴在自己的左腕或左右双腕同时佩戴;仅戴于右腕者则表示自己是自由不羁的人。一只手上不能同时戴两只或两只以上的手镯或手链。
>
> 项链、耳环、胸花的佩戴因人而异。总的来说,除扬长避短外,只要不过分耀眼刺目就行了。

第五节 人际交往礼仪

一、相见时的礼仪

(一)介绍

介绍是交流与沟通中普遍的礼节,是见面相识和发生联系的最初方式。

介绍就基本方式而言,可分为:介绍他人、被人介绍和自我介绍三种。

1. 介绍他人

当你要将某人介绍给别人时,按礼宾顺序应该是:向年长者引见年轻者,不论男女都是按这样的顺序作介绍;向女士引见男士,向职位高的引见职位低的人,同时连同双方的单位、职称一起简单作介绍。在人数众多的场合,如果其中没有职位、身份特殊的人在场,又是年龄相仿的人聚会,则可按照一定的次序一一介绍。

为他人作介绍时,应简洁清楚,不能含糊其辞。介绍时,还可简要地提供一些情况,如双方的职业、籍贯等,便于不相识的两人相互交谈。如果你是单独介绍两人相识,应该事先了解一下他们彼此是否都有想认识对方的愿望,免得造成不必要的尴尬。在向他人介绍某人时,不可用手指指指点点,而应有礼貌地以手掌示意。

2. 被人介绍

当自己被介绍给他人时,你应该面对着对方,显示出想结识对方的诚意。等介绍完毕后,可以握一握手并说"你好!""幸会!""久仰!"等客气话表示友好。

如果你是一位男士,被介绍给一位女士,你应该主动点头并稍稍欠身,然后等候对方的反应。按一般规矩,男士不用先伸手,如果对方不伸手也就罢了。如果对方伸出手来,男士便应立即伸手轻轻一握。如果你是一位女士,被介绍给一位男士时,一般来说,女的微笑点头就合乎礼貌了。如你愿意和对方握手,则可以先伸出手来。

3. 自我介绍

当你想同某人结识,却又一时没有找到合适的介绍人时,那么不妨作自我介绍。作自我介绍时,可主动打招呼,说声"你好!"来引起对方的注意,然后说出自己的姓名、身份,同时双手递上事先准备好的名片。也可一边伸手跟对方握手,一边作自我介绍。

在作介绍的过程中,介绍者与被介绍者的态度要热情得体、举止大方,在整个介绍过程应面带微笑。一般情况下,介绍时,双方应当保持站立姿势,相互热情应答。

> **小贴士**
>
> 和人打招呼时,一定要注意:①说话时注视对方;②保持微笑;③专注地聆听;④偶尔变化话题和说话方式。

(二)握手

1. 握手的姿势

握手的两个人手掌相握呈垂直状态,表示平等而自然的关系,这是最稳妥的握手方式。握手时应注意两眼注视对方的眼睛,表示诚意。如要表示谦虚或恭敬,则可掌心向上同他人握手。而如果是伸出双手去捧接,就更是谦恭备至了。但切不可掌心向下握住对方的手,这通常是傲慢无礼的表示。握手时应伸出右手,决不能伸左手与人相握。

2. 握手的顺序

在上下级之间,应先上级伸出手后,下级才能接握;在长幼之间,应长辈先伸手后,晚辈才能接握;在男女之间,应女方先伸手后,男方才能接握。另外,在宾主之间,客人抵达时应由主人先伸手表示欢迎,客人告辞时,应由客人先伸手表示辞行。

3. 握手的力度与时间

握手的力度应当注意,一般情况,相互间握一下即可。如果是热烈握手,可以使劲摇晃几下,这是十分友好的表示。握手的时间通常以3~5秒为宜,除非关系亲近的人或遇特殊情况,一般不宜延续太长时间。

另外,与人握手时应注意双手的卫生,不要戴着手套握手,而戴着墨镜与人握手是十分无礼的表现。

(三)使用名片

使用名片是社交和职业的需要,它可以帮助对方认识和了解你,也可以使你掌握对方的有关信息。

名片的一般规格是:名片的正面上方印有工作单位,中间印有姓名、职务,下方印有地址、电话。名片正面印有中文,背面往往印有相应的英文。

在与人交往前,应先把名片放在易取之处,男士可以把名片放在公文包或西装上衣的口袋里,女士可放于手提包内。

交换名片的一般顺序是:地位低者、晚辈或客人先向地位高者、长辈或主人递上名片,然后再由后者回赠。

当我们向他人递送自己的名片时,应说"请多多指教",同时身体微微前倾,低头示意,最好是用双手呈上名片,将名片放置手掌中,用拇指夹住名片,其余四指托住名片的反面。请注意名片的字迹应面向对方,便于对方阅读。如果自己的姓名中有不常用的字,最好能将自己的名字读一遍,以便对方称呼。

> 小贴士

礼貌接受名片

接受他人的名片时,也应恭敬。当对方说"请多多指教"时,可礼貌地应答一句"不敢当"或"随时请教"。接过名片,一定要看一遍,绝对不可不看一眼就收藏起来,这样会使人感到你欠诚意。看不清的地方应及时请教。

看过名片后,应将名片放好,不要随意乱置,以免使人感到不快。

(四)称谓

社交中的称谓有以下几种类型。

1. 职务职称型

当知道对方的具体身份时,可称呼职务或职称,如"你好!赵董事长""你好,李教授"。对方的身份往往会在名片中显示出来,应特别注意。

2. 姓名型

当对方无特殊身份时,可称呼姓名,如"你好,张华"。或采用以性别相称的方式,如"周先生""王小姐"等。

3. 长幼型

对年长者称呼要恭敬,不可直呼其名,可称"老张""老王"。如果是有身份的人,可以将"老"字与其姓相倒置,这种称呼是一种尊称,如"张老""王老"。对年轻人则可在其姓前加"小"相称,如"小张""小李",抑或直呼其姓名。称呼时要注意谦和、慈爱,表达出对年轻人的喜爱和关心的态度。称呼时态度要诚恳,表情自然,体现出你的真诚。可借助你的声调、笑容和谦恭的体态,表示尊敬。

二、交谈与聆听中的礼仪

(一)交谈

1. 交谈时的态度

交谈时应尊重对方、谦虚礼让,善于理解对方,然后因势利导地谈论话题。对别人的谈话应当认真倾听,并鼓励引导对方阐明自己的思想。正确的意见,应表示赞同;不同的看法,若无原则性问题,不妨姑且听之,不必细究;若是事关原则,可以婉转相告,表述自己的看法,但不要得理不让人,使别人难堪。

2. 交谈时的形体动作

两人交谈时,最好目光交流持同一水平,体现相互尊重。说话时不要东张西望,也不要目不转睛地盯着对方或目光冷漠地看着对方,这些都会引起对方的不快。谈话时也可以适当运用一些手势来加强语气、强调内容。但手势不能太多和幅度过大,这会使人感到不舒服,更切忌用手指点对方,这被视作是不礼貌的行为。

交谈时要注意语速和音量总量,要尽可能吐字清晰,不快不慢。讲话时声音要适中,以对方能够听清和不妨碍他人交谈为宜。

小贴士

笑容是一种令人感觉愉快的面部表情,它可以缩短人与人之间的心理距离。笑容是人际交往的润滑剂。

(二) 聆听

聆听时要专心致志,保持目光接触,听清对方所说的话。不要三心二意,东张西望,这些都会影响我们听讲的效果。应当排除一切干扰:外界的嘈杂声音,内心不良的心境等,集中注意力认真倾听。

聆听时,要积极鼓励对方畅所欲言,表达尽自己的思想。听与说是一个互动的过程,只有当听话者表现出聆听的兴趣时,说话才会有浓厚的谈兴,可以多用这种方式鼓励对方说话。

聆听的同时还要注意观察,俗话讲"察言观色",是有一定道理的。人们在表述自己的想法时,主要通过有声语言,即说话,同时也会有意无意地透过无声语言表达出更为隐秘的心理活动。例如谈话时的表情,兴奋或是沮丧;身体的姿势,紧张还是放松,同样也在透露着某种信息。若将说话者的言与行结合在一起作分析,有助于理解他人的真实想法。

聆听的过程更是一个积极思考的过程,要边听边想,努力体察对方的感觉,敏锐把握对方话语里的深层含意。人们经常会以婉转的方式表达自己的想法,这时就不能仅仅从字面上理解对方,而要"听话听声,锣鼓听音"。做个善解人意的人,会赢得对方的尊敬,并让人乐于与你交谈。而我们也只有准确地把握了对方的真实想法后,才能使自己做出正确的判断。

三、打电话的礼仪

(一) 打电话

打电话的礼节,可以归纳为"礼貌、简洁、明确"六个字。

使用电话交谈时,除了礼貌以外,还应做到言简意赅。在办公室打电话,更要照顾到其他电话的进出,不可过久占线。在打电话之前请做一下准备,将要说的问题和顺序整理一下,这样打起电话来就不会啰啰唆唆或者丢三落四了。

拨通电话后,应当先自报家门和证实一下对方的身份。如果你找的人不在,可以请接电话的转告。这时可以先说一句"对不起,麻烦你转告×××……",然后将你所要转告的话告诉对方,最后,别忘了向对方道一声谢,并且问清对方的姓名。切不要"咔嚓"一声就把电话挂了,这样做是不礼貌的,即使你不要求对方转告,也应说一声:"谢谢,打扰你了。"

如果你打的电话是要通过总机转接的,别忘了对总机小姐说一个"请"字,"请转×××分机",你的礼貌会使你得到礼遇。

打电话的时候要考虑到对方是否方便,最好在早上八时后及晚上十时前,午间一、二点钟时最好也不要打电话,特别是年长者,通常都有午休的习惯。

(二) 接电话

在接电话时,当听到电话声响起,应迅速起身去接。拿起听筒,若对方没有发话,你也可先自报家门:"您好!这儿是×××公司",或"你好!我是×××",让对方知道你的身份。作为接话人,通话过程中要仔细聆听对方的讲话,并及时作答,给对方以积极的反馈。

如果对方请你代传电话,应弄明白对方是谁,要找什么人,以便与接电话人联系。传呼时,请告知对方"稍等片刻",并迅速找人。如果不放下听筒呼喊距离较远的人,可用手轻捂话筒或保留按钮,然后再呼喊接话人。

如果要接电话的人不在,打电话的人要求你转告的话,你应做好电话记录,记清:打电话者的姓名、所属单位;需要转告的具体内容;是否需要回电,以及回电号码、时间;对方打电话时的日期、时间。记录完毕后,最好向对方复述一遍,以免遗漏或记错。

当接到拨错的电话时,应礼貌温和地告诉对方"您打错了",而不要粗暴地挂上电话。对方若说"对不起"时,你可以回答:"没关系,再见!"

通话结束时,作为接话人,一般来说,应等对方先挂上了电话后再放下话筒。

四、发短信(微信)的礼仪

手机短信(微信)已经是我们生活中不可缺少的一个沟通方式,因此,运用得好坏将影响我们的生活。注意以下几点将会使你的沟通更顺畅。

(一) 发短信一定要署名

短信署名既是对对方的尊重,也是达到目的的必要手段。我们经常会在过年过节的时候接收到若干条短信,但就是因为有的没署名,不能及时回复而产生了很多误会。

(二) 有些重要电话可以先用短信(微信)预约

有时要给身份高或重要的人打电话,知道对方很忙,可以先发短信(微信)"您现在方便接电话吗?我有事找您"如果对方没有回短信(微信),一定不是很方便,可以过一段时间再联系。

(三) 及时删除自己不希望别人看到的短信

一些人经常把手机放在桌上,如果出办公室办事或者去卫生间,也许有好奇之人就会顺手翻看短信。如果上面有一些并不希望别人看到的短信,就可能引起麻烦。如果不幸被对方传播出去,后果就更严重。因此,骚扰或经不起推敲的短信(微信)一定要及时删除。

(四) 上班时间不要没完没了发短信(微信)

上班时间每个人都在忙着工作,即使不忙,也不能没完没了的发短信(微信)。否则就会打扰对方工作,甚至可能让对方违纪。如果对方正在主持会议或者正在商谈重要事项,闲聊天式的短信(微信)更会让对方心中不悦。

因此,现在有很多单位上班时不许员工带手机,实际上也是为了控制这种频繁的短信(微信)来往影响工作。

(五) 发短信(微信)不能太晚

有些人觉得晚上10点以后不方便给对方打电话了,发个短信(微信)告知就行。短信

(微信)虽然更加简便,但如果太晚,也一样会影响对方休息。

(六)提醒对方最好用短信(微信)

如果事先已经与对方约好参加某个会议或活动,为了怕对方忘记,最好事先再提醒一下。提醒时适宜用短信(微信)而不要直接打电话。打电话似乎有不信任对方之感。短信(微信)就显得非正式亲切得多。短信(微信)提醒时语气应当委婉,不可生硬。

五、发电子邮件的礼仪

发电子邮件应遵循以下礼仪。

(1) 如果要群发邮件,你要仔细检查接收者的名单,有时因为粗心把不该选的接收者选上,结果出现了不必要的麻烦。

(2) 你的联系方式有没有附在邮件末尾?如果没有,应考虑加上。

(3) 你是不是在转发别人发给你的邮件?如果是,要考虑别人是否同意,否则会引起很多麻烦。

(4) 回复群发邮件的时候,你点击了"回复所有人"吗?如果是,想想是否真的需要让每个人都看到你的回复。尤其是中间的接受者中有矛盾的,会不会引起对你的误解。

(5) 有没有引用原邮件中有用的部分?仅说一个"同意"会让人摸不着头脑。也就是不应该在回复一些重要问题时过于简捷。

(6) 好好检查一遍拼写和语法。中国字同音、近似音的字很多,尤其在运用词组、联拼时要特别注意。如想打"展示",由于粗心打成"战士"。意思就完全不一样了。

小贴士

表达真诚的技巧

(1) 真诚的眼睛。坦荡如水,平静地注视,不用躲躲闪闪或目光垂下不敢直视。

(2) 真诚的举止。自然,大方,从容不迫,举手投足一副安然之态。

(3) 真诚的微笑。如一缕温馨阳光,充满暖意。皮笑肉不笑、故意挤出的笑,都缺少真诚。

(4) 真诚的称赞。称赞别人要发自内心,是心灵之语,否则就属于奉承的范畴了。

六、拒绝与道歉的礼仪

(一)拒绝

在与他人交往时,难免会发生一些矛盾,有时会碰到一些不合理的要求,需要我们说"不"字。为此我们要讲究一些拒绝的技巧,做到婉拒他人而又不失礼貌。

1. 位置置换法

有的时候要拒绝对方时,可以朋友的口吻相待,将自己的难处讲出,请对方站在自己的角度体察和谅解。只要你态度诚恳,对方便不会再计较。

2. 先肯定再否定

当对方提出的问题需要你明确地表示"否定"的,你可先选取一个局部的支节方面予以肯定,然后再对问题的主要方面提出否定,因为不是采用一口否定的形式,使对方有一个下台的机会,对方也就比较容易接受了。

3. 让我考虑一下

拒绝别人时,最好不要太快,稍微拖延一段时间,让气氛缓和些比较好,若能避免当面拒绝则更好。这样做,不仅可以避免当面拒绝时的尴尬,又可使对方觉得你对他提出的问题,确实是经过慎重考虑才做出了回答。

案 例

拒绝的技巧

张先生工作一直很忙,好不容易有一个休息的时间要陪自己的太太出去度假。刚刚安排好具体的度假时间,这时,一个客户打电话约他打高尔夫球。张先生经过再三考虑,不陪客户打球也不会影响公司业务。

张先生诚恳地回绝了客户的邀请,说:"啊,真可惜!如果您能早点通知我,也许还有办法,我已经订好了去外地的机票……"他把自己已有约的意思传达给对方,然后,在对方还想说明之前,委婉地拒绝道:"承蒙您的邀请,实在对不起,以后有机会我们再一起打球。"在这种情况下,对方也不好强求。

(二)道歉

由于自己的疏忽或失误影响了他人的情绪,就应当及时说声"对不起!"以求得对方的谅解。这类情形在人际交往中是时常碰到的,可能因为语言或行为不当产生误解,也可能因为事情紧急或性格的原因,致使对方无法接受。当对方表示出不满或自己已经有所觉察时,便应及时说一声"对不起"。

主动道歉对消除人与人之间的怨恨和恢复感情确有奇效。当我们道歉时,态度要真诚,是发自内心的表达歉意,决不可敷衍了事,做表面文章。当然,也不必过于紧张,奴颜婢膝,纠正自己的过失是一件值得尊敬的事,应当堂堂正正。

本 章 小 结

(1)礼仪是一门综合性较强的行为科学,是指在人际交往中,自始至终地以一定的、约定俗成的程序、方式来表现的律己、敬人的完整行为,是一种为时代共识的行为准则或规范,即大家认可的,可以用语言、文字和动作进行准确描述和规定的行为准则,并成为人们自学学习和遵守的行为规范。礼仪具体表现为礼貌、礼节、仪表、仪式等。

(2)礼仪的基本原则有:系统整体原则、公平对等原则、遵时守约原则、和谐适度原则、尊重习俗原则和风俗禁忌原则、外事礼宾顺序原则、女士优先原则等。

(3)注重仪表是讲究礼节、礼貌的表现,是对他人的一种尊重,同时又是一个人自尊自爱的表现。如果一个人衣冠不整、不修边幅,会被认为是作风拖沓、生活懒散、社会责任感不强,因而难以得到人们的信任。

(4) 服饰是个人形体的外延,包括衣、裤、裙、帽、鞋、袜、手套及各类饰物。它们除了起着遮体御寒的作用,更重要的是起着美化人体的作用。服饰是一种文化,它可以反映一个民族的文化素养、精神面貌和物质文明发展程度。服饰又是一种无声的语言,它显示着一个人的社会地位、思想修养、个性特征、心理状态、审美情趣等多种信息,也能表现出一个人对自己、对他人以至对生活的态度。

(5) 礼仪体现在日常交往的各个环节,应该从相见、交谈、聆听、打电话、拒绝与道歉等每个方面入手。

复习思考题

(1) 什么是礼仪?
(2) 什么是礼貌?什么是礼节?什么是仪表?什么是仪式?
(3) 礼仪有哪些原则?
(4) 礼仪有哪些作用?
(5) 你对中国是"礼仪之邦"这一美称如何认识?
(6) 什么是仪表?什么是风度?
(7) 化妆礼仪应注意哪些问题?
(8) 服饰穿戴有哪些基本原则?
(9) 如何介绍他人?
(10) 怎样做到拒绝他人而又不失礼貌?

案例分析

案 例 一

张华大学毕业,加入了一家公司,被分配到销售部做产品推销工作。他早就听说过公司职员的个人形象在业务交往中备受重视,因此头一次外出推销产品时,便穿上了一身刚买的深色西装、一双黑色的皮鞋、一双白色的袜子,希望自己形象不俗,并且有所收获。让张华大惑不解的是,他虽然跑了不少地方,但与接待他的人刚一见面,对方往往朝他打量几眼,便把他支走了。有的大厦的保安,甚至连楼门都不让他进去。小李把自己从头看到脚,却找不到屡屡被拒之门外的原因,这究竟是为什么呢?

思考题:
(1) 张华屡屡被拒之门外的原因是什么?
(2) 你如果去公司求职,应该怎样着装?

案 例 二

郑小姐在一家国内的公司工作。有一回,上级派她代表公司前往南方某城市参加一个大型的外贸商品洽谈会。为了给外商留下良好印象,郑小姐在洽谈会上专门穿了一件粉色的上衣和一条蓝色的裙裤。然而,正是她新添置的这身服装,使不少外商对她敬而远之,甚至连跟她正面接触一下都很不情愿。

思考题：

（1）郑小姐为什么遇到这样的尴尬呢？

（2）在与外商交往的场合，应当怎样着装？

实 践 课 程

结合以下文章，进行自我评估，你日常的穿着打扮是否与大学生的身份相称？

组织全班进行讨论，大学生该如何打扮自己，才能体现自我个性，又不失大学生的水准呢？

大学生的仪容要求

现今的时代是一个张扬个性的时代，同时又是一个讲究团队精神的时代。大学生化妆应以所在群体为标准，以显示出年轻人的朝气蓬勃、积极奋进的精神风貌。

化妆应以自己面部的客观条件为基础，适当强化和美化，不可以失真。要妆而不露，化而不觉，达到"清水出芙蓉，天然去雕饰"的境界。化妆还应该随着环境、场合、时间、身份的不同而不同。

应该注意的是大学生在日常学习、生活中，以不化妆为宜；在社交娱乐活动中，适当浓一点是可以的。化妆的时候，应以自然、清淡为主，切忌人工痕迹过重，那会丧失年轻人自然的美感。

化妆应和服饰相协调。穿着不同，妆的浓淡和体现的格调就要不同。化妆品的色彩要和服饰色彩一致或具有一定的反差；化妆和服饰的格调也要一致。化妆还要突出重点，"以点带面"。化妆的目的就是要突出和强化美点，这个美点，或是眉，或是眼，或是唇，或是肤，只要能正确、客观地评价自己，总会找出这个值得突出强化和令人羡慕的美点。

关于大学生的着装要求，根据教育部颁布的《高等学校学生行为准则》，各高校又都制定了《学生文明行为规范》，其中要求大学生"服饰简洁、大方，在进入教室、图书馆等地，参加集会、演出，参加集体活动以及在各公共场所不穿着跨栏背心、吊带背心、拖鞋、运动短裤、超短裙等不适宜学生穿着的服装"。

大学生作为社会最具希望的一个群体，应该自觉地以高标准要求自己。在日常的学习、生活、工作中多穿着便于行动、适合年龄要求的休闲装、便装等；在一些特定的场合，着装上应体现出自己的文化层次、道德水准、审美品位。

参加一次同学的聚会，注意着装合体。托同学介绍自己想认识的朋友，应该注重哪些礼仪？

同学之间，每五人组成一个小组，每位成员扮演一类当前社会中的职业人员，例如扮演售票员、医生、出租车司机、银行职员等，评测一下谁扮演得最好，讨论一下所扮演的这些角色都应该注意哪些礼仪？

CHAPTER 9 第九章

求 职 应 聘

 学习目标

(1) 了解自己大学毕业前的求职应聘准备。
(2) 领会将自己推销给用人单位,找到满意工作的具体要求。
(3) 掌握求职应聘的技巧,并在自己求职中加以运用。

 技能要求

(1) 掌握简历的主要内容及好简历的标准。
(2) 了解应聘者应做好哪些方面的心理准备,熟悉求职应聘技巧并能灵活运用。

中国××银行北京分行城区支行岗位应聘

小W是北京某高校的计算机类本科生,2009届毕业选择了找工作。她于2008年年末在应届生网站上看到××银行北京分行的校园招聘启事,她发现该分行的招聘包括计算机类,这让她很惊讶,因为部分银行招聘是针对金融财会专业的毕业生的,她认为这是一个不错的就业机会,因为就她求职的经验认为,计算机类毕业生在求职笔试的阶段通常都有一定的优势,因为逻辑性和数学都相对功底扎实,容易在笔试中取得好成绩。于是她登录这家银行网站进行了简历投递和职位申请。

到了2009年2月,她收到了来自这家银行北京分行的笔试通知书,于是她按日期参加了笔试。在笔试中,她发现这家银行的笔试题相当繁杂,全部都是选择题,包括单选和不定项选择,主要涉及数学、逻辑学、计算机应用、法律、金融、国内外文学常识、化学、地理、统计学、政治以及日常知识。

可以说,不管你是哪个专业的毕业生,都无法在这个考试中取得绝对优势,这是一个知识的积累过程,对问题的分析能力,她感觉其中相当大比例的题目她都没有把握做对,因为太多知识是她所不熟悉的,但是通过对于题目的分析,她采用排除法、穷举法等,对她所不能掌控的题目进行逻辑分析,最终选择她认为最可能的选项。最终,她以出色的笔试成绩进入了面试环节,其实她对于笔试的题目没有什么把握,但是通过仔细分析,她可以将题目的正确率提高到一个相对好的水平。

在面试环节中，小W并没有做太多的准备，因为毕竟是银行业的面试，她认为在短期内突击金融知识虽然可以达到一个备战的水平，但是她经过分析认为，既然这家银行标明招聘计算机类的学生，就必然不会在面试中出现过于金融专业的面试题目，因此她把精力暂时放在了其他公司应聘的准备中。

果然，在面试环节，这家银行采取了分专业面试的形式，将所有同学按计算机类、金融类和文法类进行了划分，并且设计了不同类型的面试流程。首先小W填写了一份个人信息表，然后听叫号进入了等候面试的大厅，在大厅里，发放了一张面试题目，内容是政府是否应该控制私家车的数量，请自己分析出一个观点，面试时会针对这个问题进行小组讨论。小W决定持政府不应该控制私家车数量的观点去进行讨论，并且她经过思考总结了几个主要论点，并写在了纸上。

10多分钟后，小W随同其他7个同学一起进入了一个面试组，在组里她是7号应聘者。进入面试的房间以后，大家按号码坐好，一共有六位面试官。面试官要求大家先每人做两分钟自我介绍，挨个进行。小W将已经演练过多次的自我介绍熟练地叙述。随后，进入了小组讨论环节，在这个环节给小组8个同学20分钟的时间做讨论，讨论中每个人必须要发表自己的观点，然后大家进行讨论，最后要达到全组同学统一成一个观点。如果时间到了，全组同学还没有统一观点，则要扣除一定的分数。另外，讨论结束以后，大家要推举出一个同学将全组讨论的结果陈述给面试官。

了解了讨论过程以后，小W所在的小组的8个同学开始进行讨论，这时候很幸运的是，2号同学主动站出来说，他想为小组讨论做一个流程计划，他说先让每个同学做一分钟陈述，然后进行自由发言，最后剩3分钟的时候统一一个讨论结果，并推选一个陈述同学，在场的另外7个同学都同意了他的安排，于是大家开始依次陈述自己的观点。

在每个同学陈述的同时，小W将每个同学的主要观点在纸上做了记录，并把它们分成两派，一派是赞成的，一派是反对的。轮到小W陈述的时候，她就将自己早已准备好的论点一一陈述。

这里值得注意的是，小W从这次应聘整个的流程开始，就确定了自己的应聘策略，就是要在金融机构的应聘竞争中，发挥自己计算机的专业优势，以强势的逻辑分析、理性的思考、清晰的条理为自己的形象主打。力争在整个的面试流程中，向面试官表现一个极度理智、干练、富有强推理分析的人格形象。因此，小W在陈述的时候分点阐述，有理有据。

8个同学的陈述完毕后，正好分成了四对四两派意见。于是大家开始自由讨论。在自由讨论中，小W很清楚必须要在有限的时间内，尽量将对方四个同学的意见说服成己方的意见，这也是通过观察记录同组同学的发言分析出的结论。因为小W发现与自己意见不同的四个同学在表达上缺乏理论根据，他们的论点都有些站不住脚，而且小W通过观察发现，对方的四个同学的性格普遍属于比较保守内向的类型，尽管他们也尽量地表现自己，但是可以看出他们多少有紧张的情绪，并不自然，这就使小W对于说服对方同学有了很大的把握。于是小W选择了对方的2号同学的观点进行反驳，并且她遵循每个驳论都有论据，在讨论过程中，对于对方强调的论点也进行一一驳斥，而且都使用例证进行反驳。

再加上己方其他几个同学的帮助,很快局面呈现一边倒的趋势。最终,作为"领导者"的2号同学提出,认为小W一方的观点更有力,理由更充分,想让大家统一成这个观点,他的提议也得到了其他3个同学的认可,于是全组八个同学顺利达成一致。由于之前小W的陈述显示出她良好的表达能力,全组全体同学推举她为陈述代表。小W不辜负大家的期望,将所有同学的意见总结归纳,并做了精彩的陈述,在陈述中,她也没有忘记适当表述对方的观点。

讨论环节结束后,进入了考官提问阶段。这时候六位考官会针对之前的讨论,对全组同学进行叫号提问。首先被问到的有赞成政府控制私家车的两个同学,主要是针对他们的论点进行提问。然后考官问到了"领导者"2号同学。问题是他最后为什么要建议全组同学支持反方观点,2号同学对此进行了解答。接着,又问到了小W一方的一个同学,这个同学一直以汽车工业可以解决大量就业为论点进行讨论,因此考官对此也提出了问题。

最后,有一位考官对小W提出了问题,说他可以看出小W同学是一个很理智的人,如果有一天,小W虽然也肯定自己的观点,但是必须妥协于对方观点,她将怎么办?小W回答说,首先事物都是有两面性的,本身就不存在哪一个观点绝对正确,如果一定要妥协于对方观点,那么她会对之前对方陈述的论点进行回顾,并就这些论点进行发散性思考,找出它们的闪光点,这样,她可以对自己的观点进行修缮,以更好地妥协于对方的观点。

至此,整个面试过程结束了,两周以后,小W顺利拿到了体检通知书。体检合格后,顺利与用人单位签署了三方协议。

这是一个2009届毕业生成功应聘的案例,对在校大学生今后的求职面试有一定的指导意义。毕业后的就业是每一名大学生都要面临的问题,怎样才能找到自己理想的工作?怎样才能把自己推销出去?本章讲授自荐材料的准备、应聘的程序及应聘技巧等知识,希望能帮助大学生顺利走向工作岗位。

需要补充说明的是,小W的应聘过程也是十分艰辛的,因为她选择了金融企业的方向,她在半年左右的时间,通过网络和邮寄资料,先后投了不下100份简历。还有一个更知名的中国××银行北京分行恰巧也招少量本科计算机专业的学生,但是她虽然成功地通过了前几关,最后由于竞争太激烈,没有能够进入最后的录取环节。小W的优点是从来不气馁,相信自己的实力,"天生我才必有用"。

小贴士

求职过程分如下几个阶段。

投简历—等待被初选的通知—笔试—等待第二次通知—面试(1~n次)—通知体检—签署三方协议。

第一节　自荐材料的准备

准备一份好的自荐材料是求职的必要准备,也是能否找到一份好工作的关键。因此,在起草自荐材料时要注意以下两点。

(1) 自荐材料主要应包括:①求职信;②个人简历;③本专业介绍、学习成绩、各种奖励和证书、作品等的复印件。

(2) 自荐材料规格,建议用 A4 纸张,用激光打印机输出,页面要简洁,布局要合理。

一、求职信

(一) 求职信的格式

求职信的格式和一般书信大致相同,即称呼、正文、结尾、落款。开头要写明用人单位人事部门领导,如"某单位负责同志:您好"等字样,结尾写上"祝工作顺利"等祝愿的话,并表示热切希望有一个面试的机会,最后写明自己的学校、通信联系地址、姓名和时间。

(二) 求职信的内容

求职信的主要内容应包括自己具有用人单位所需要的哪些条件、才能及自己对工作的态度。具体地讲大致有以下几个方面。

(1) 简单的自我介绍,包括姓名、性别、出生年月、政治面貌、学历、毕业院校、所学专业、特长爱好、主要优缺点等。

(2) 简述自己对该单位感兴趣的原因。

(3) 说明自己期望能在该单位供职。

(三) 如何写好求职信

成功的求职信应该表明自己乐意同将来的同事合作,并愿意为事业而奉献自己的聪明才智。要写好一封令人满意的求职信,必须注意以下几点。

1. 字迹整洁,文字通顺

古人云:"字如其人,文如其人。"如果你的文章流利,字又写得漂亮,首先从门面上就压倒了竞争对手,并且能够把你的工作态度、精神状况、性格特征介绍给对方,加上你的求职条件,就会使你在众多的求职者中取胜。事实上,现在都用打印机打印求职信,那就要求文件必须做到整洁,即没有手印。且字体、字形、字号以及排版等都让人看着很舒服。所以,为了达到求职目的,就应该将求职书信做到让人一目了然,赏心悦目。

2. 简明扼要有条理

用简练的语言把你的求职想法以及个人特点表达出来,切忌堆砌辞藻。因为阅求职信的大都是单位负责人,他们不会把很多时间浪费在阅读冗长的文章上。因此,写作求职信要开门见山,简明扼要,切忌套话连篇,浮词满纸。求职信不在于长,而在于精,精在内容集中、明确、语言凝练明快、篇幅短小精悍上。最好做到一"纸"禅,即一页纸搞定。

3. 要有自信

先想好自我推销的计划再下笔。不论你是从报纸上看到的招聘广告,还是从亲友那里得来的信息，都要说明自己的立场，以便能让收信者印象深刻。写开场白之前一定要深思熟虑，如果气势不足，一开始自然就没有吸引力。应按照写一则新闻导语或是拟广告词的态度来对待。

4. 富有个性，不落俗套

书写一封求职信，正如精心策划一则广告，不拘泥于通俗写法，立意新颖，以独特的语言及多元化的思考方式，给对方造成强烈的印象，引人注意，并引起兴趣。一封求职信，无论内容多么完备，如果吸引不了对方的注意，或对你的陈述不感兴趣，则前功尽弃。

5. 确定求职目标实事求是

一个人对求职目标的确定并不是一件容易的事情，一定要符合人才市场的供求规律和竞争法则。在我国实行社会主义市场经济的今天，人才从某种程度上来讲，也可以被看成"商品"。市场的供求规律无时无刻不在影响着商品的价格。供不应求时，价格高于价值，也就是说，这是人才的卖方市场；供大于求时，价格就低于价值，是人才的买方市场。了解了这一规律，你进入就业市场的时候，就不会一厢情愿地只凭学历，时刻想着应该得到什么样的工作，而只有去适应市场的运行机制和竞争法则。至于你能"卖"到什么样的价格，要凭市场行情而定。

在大学生多如牛毛的今天，你要价太高，势必无人问津。最明智的选择是顺应市场，调价处理。同样道理，如果你学的是社会冷门专业，即使是博士生，恐怕也只能找到一个本科生的职位。同时，市场竞争法则也制约着你对职业的选择。求职的竞争从本质上讲，是人的才能、素质的竞争。参与竞争前，你应先对自己有一个明确的估价，确定一下自己是哪个档次上的，然后再确定向哪个水平的职位挑战。只有这样，你才能在符合市场供求规律和竞争法则的前提下，摆正自己的位置，确定合理的目标，也才能使你的求职信有的放矢，提高成功率。

6. 自我推销与谦虚应适当有度

写求职信就是推销自己，就要强调你的成就，强调你对所选单位的价值，这就少不了自我介绍一番，但是一定要讲究技巧。如你信中要表达"有能力开创企业的新局面"，让人听起来就很刺耳。应用点儿技巧来表达，可以说"我可以用所学的知识，建立一套新的管理计划，以提高企业的生产率"或"可以为企业搞一些形象设计"等。

对于中国人来讲，谦虚是一种美德。一个谦虚的人，可以使对方产生好感。但对于求职者来说，过分的谦虚，同样会使人觉得你什么也不行。谦虚不是自我否定，是实事求是、恰如其分地表现自己。所以，写求职信应遵循"适度推销"的原则。但要视具体情况而定。由于文化上的差异，对外资企业可多一些自吹，对国内企业应多一些谦虚。对不同的企业求职信的内容不能一样，要针对用人单位的要求修改自己的推销词。

7. 少用简写词语，慎重使用"我"的字句

平时你与人交谈时，可能习惯简称自己的学校或所学的学科专业，但在求职信上最好不要用简称，因为用人单位的领导不一定都了解你的学校或专业、简写，往往容易使他们因不明白而产生误解。如"科大"，究竟是指中国科技大学还是北京科技大学？专业的简称有时就更让人莫名其妙。

另外，多处简写有时还会使人觉得你做事不能脱离学生本色，或认为你态度不够慎重，从而影响录用。此外，在求职信中需要用"我觉得""我看""我想""我认为"等语气来说明自己的观点时，要慎重，否则会给用人单位留下你自高自大，思想不成熟的感觉。

8. 突出重点

求职信要突出那些能引起对方兴趣、有助于获得工作的内容，主要包括专业知识、工作经验、自身特长和个性特点等。有一点特别注意，即在介绍专业知识和学历时，切忌过分强调自己的学习成绩。许多人，特别是刚出校园的学生容易产生一种错觉，以为社会上也和学校一样，重视学习成绩，认为只要学习成绩优秀就会谋到一份好职业，甚至为自己全优成绩而沾沾自喜，这是不成熟的表现，很容易导致求职失败。

因为以自己的学习而夸夸其谈，只能给人以幼稚和书生气十足的感觉。而用人单位要重视的是经验和实际能力，所以应一般地写知识和学历，而重点突出工作经验和能力。这里所谓的"工作经验和能力"主要是写在校期间参与的社会实践活动或者是老师布置的以小组为单位的大作业，自己从中从事的职位或在组内起的作用。

应该鼓励在校期间在不影响学习的情况下，尽早找到实习单位，学生可以不计报酬，但一份实习岗位的历练更重要，如果你实习时单位不断看到了你的进步，很有可能毕业时就留在公司工作。另外，自己的兴趣一定要写具体。如"喜好音乐"就太笼统了，再加上"是校合唱团团员"就具体了。

9. 建立联系，争取面试，莫提薪水

在求职信中，不要提薪水的具体数目。求职信所要达到的目标是建立联系，争取面谈的机会。此时谈钱为时尚早，以后会有更适当的场合，更何况薪水的数目并不是你选择职业的主要因素。如果同时有两个职位，其中低薪的那个职位更有利于今后发展，那么应当毫不犹豫地选择它。这种例子在应聘者中比比皆是。在求职信的最后，要特别注意提醒聘人单位留意你附加的简历，并请求给你回音，以争取能够建立下一步的联系，获得面试的机会。

10. 以情动人，以诚感人

写求职信也要有感情色彩，语言有情，会更有助于交流思想，传递信息，感动对方。那么写求职信怎样做到以"情"动人呢？关键在于摸透对方的心理，然后根据你与对方的关系采取相应的对策。如果求职单位在你的家乡，你可以充分表达为建设家乡而贡献自己聪明才智的志向；如果求职单位在贫困地区，你就要充分表达为改变贫困地区面貌而奋斗的决心；如果是教学单位，你就要充分表达献身教育事业的理想……总之，你要设法引起对方的共鸣，或者得到对方的赞许。这样对方会自动地伸出友谊之手，给你以热情的帮助。

写求职信在注重以情动人的同时，还要以"诚"感人，以诚取信。只有诚于中才能形于外。"诚"指"诚恳""诚实""诚意""诚信"。就是态度诚恳、诚实，言出肺腑，内容实事求是，言而可信，优点要突出，缺点不隐瞒，恭敬而不拍马，自信而不自大。只有"诚"才能取信于人，令人喜欢。人们常说"真诚能感动上帝"，就是这个道理。

11. 要不断地修正

建议你先打一个草稿,把所有的想法列出先后次序,并巧妙地将它们串联起来。切忌把第一份草稿寄出去。无论日期怎么紧迫,都要谨守"纪律"。经过一番改正、推敲之后,才能邮寄。

小贴士

求职信范例

××经理:

　　您好!

　　我写此信应聘贵公司招聘的经理助理职位。我很高兴地在招聘网站得知你们的招聘广告,并一直期望能有机会加盟贵公司。

　　两年前我毕业于首都经济贸易大学国际贸易专业,在校期间学到了许多专业知识,如国际贸易、国际贸易实务、国际商务谈判、国际贸易法、外经贸英语等课程。毕业后就职于一家外贸公司,从事市场助理工作,主要是协助经理制订工作计划、一些外联工作以及文件、档案的管理工作。本人具备一定的管理和策划能力,熟悉各种办公软件的操作,英语熟练,略懂日语。我深信可以胜任贵公司经理助理之职。

　　个人简历及相关材料一并附上,希望您能感到我是该职位的有力竞争者,并希望能尽快收到面试通知,我的联系电话:139×××××××××

　　感谢您阅读此信并考虑我的应聘要求!

　　此致

敬礼

您真诚的朋友:
××××年××月××月

对于即将毕业找工作的大学生来说,虽然没有工作经历和经验可写,但是要把自己在学校的实习经历或者分小组做的大作业,在其中担任的角色及任务完成情况写出来,这样你给用人单位领导的印象并不是死读书,而是学以致用,进行了岗位练兵,从而加大了录用你的概率。

二、个人简历

个人简历是自己学习和实习生活的简短集锦,也是求职者自我评价和认定的主要材料。它是一扇窗户,能使用人单位透过它了解到求职者的部分情况,也能激起用人单位与求职者进一步接触的浓厚兴趣。

一般用人单位会主要看四个方面的内容:基本信息、所学课程及成绩、在校期间的社会实践活动、所获奖项。

（1）个人简历一定要写得充实，有内容，有个性，至少能在一定程度上反映出毕业生的真实情况来。

在简历中要充分展示你的专业特长和一般特长，强调过去所取得的成绩，最好能写出三种以上的成绩和优点（以后有了实习或工作任职经历，重点写出在每个任职期间的三条突出业绩）。如果有的同学在学校没有获奖，那一栏不要填"无"，应把获得奖项那一栏删掉。即不说假话，也不说"真话"，不要取长补短，要做到扬长避短。对方不问又是你欠缺的，不要主动说出来。

（2）排版考究，一般2～3页。简历的格式应便于阅读，有吸引力并使人对自己和自己的目标有良好的印象，并且要讲究材料的排列顺序。

（3）一般而言，白纸黑字应该是个人简历的最佳载体。打印排版时，注意间隔及字体的常规性，同时注意语法、标点用措辞，避免错别字的出现。

（4）不要写那些对你的择业不利的情况，如对薪水的要求和工作地点的要求，即使是成绩也不必一股脑儿全写上，主要写专业课的成绩就可以了；尤其要注意避免补考的学科。

简历模板在网上即可搜到，但是不管什么样格式的模板在填写时都要切记以上几点。建议求职者最好使用带照片格式的简历模板，这样可以选一张自己满意的照片粘贴上去，可以给用人单位留一个好的第一印象。

 小贴士

个人简历示例

本章开头案例引例中提到了2017届毕业生小W的简历，如表9-1所示。

表9-1　个人简历

应聘职位			
本人应聘**网络安全维护管理、数据库管理、计算机系统安全维护、软件策划/开发**等以及相关的职业。			
个人概况			
姓　　名：	性　别：女		
户口所在地：北京市××区	年　龄：		照片
毕业院校：北京××大学	专　业：信息安全专业		
手　　机：	电子邮件：		
教育背景			
• 主修方向：信息安全。 • 主修课程：现代密码学、通信原理、数据结构、数据库基础、计算机网络、微机原理与接口技术、计算机组成原理、C语言、控制工程基础等。 • 专业课程：电子商务、信息对抗原理、网络管理与安全、数字图像处理、数字签名等。 • 专业排名：9/60。			

续表

计算机水平

- 能够使用 C 语言熟练编写程序。
- 熟练应用 SQL Server，进行数据库的建立和基本维护。
- 能够申请以及更新数字签名，熟练使用专业版网络银行。
- 熟悉 Photoshop，能够进行基本的图像处理。
- 熟悉 Matlab，以及电路设计软件的使用。
- 能够熟练使用 Windows 系列操作系统以及基本办公软件（Office 系列）。

个人技能

- 大学英语四级 522 分，具有一定单词量，能够听懂日常英语，熟练运用计算机进行高质量全文翻译，高效而准确。
- 有机动车驾驶执照。
- 有很强的文字功底。
- 有中央音乐学院电子琴六级水平。

实践与实习

- 2016 年在校实践中实现 VC 平台编程，完成万年历、U 盘勾以及控件播放器项目。
- 2016 年 7 月暑假在北京×××健康管理集团公司任讲师实习，其间获得会员及领导好评。
- 2017 年在校实践完成了放大音频设备电路板的设计、刻画以及焊接，并成功播放音质很好的歌曲。
- 2016—2017 学年度软件工程课程实践中，在 VS 2005 C♯ 平台完成病毒程序美杜莎之瞳的设计开发，实现键盘及鼠标锁定的攻击以及重开机自启动的攻击。
- 2017 年在校实践中实现了古典密码的编程，包括恺撒密码以及置换密码的加密及解密。
- 2016 年 1 月寒假在海南省三亚市做海南省作为旅游城市近 20 年发展成果及弊病调研，并完成了调研报告。

兴趣爱好

- 喜欢游泳、羽毛球、登山以及垂钓、台球等项目。
- 喜欢阅读现代文学，设计撰写 BOLG 等。

获奖情况

- 2015—2016 学年二等奖学金。
- 2017 年社会实践先进个人。
- 2016—2017 学年度年级组织委员，成功担任元旦联欢晚会主持人。

自我评价

我是一个性格开朗随和，谦逊而有主见，很有亲和力的人。具有很强的责任心和团队合作意识，与人沟通的能力出色，对别人交付的事情一向是尽自己最大努力按时保质完成。我有一定的自学能力，对环境适应力强，面对困难能够积极地应对和克服，对亚健康管理很有研究，能够让自己的身体状况时刻保持在最佳的状态。

第二节　应聘者的心理准备

要得到一份称心如意的工作绝非易事,尤其刚刚从象牙之塔中展翅欲飞时,请做好以下几个方面的心理准备。

一、必要的心理准备

1. 了解社会需求

首先,要了解职业的社会需求及行业发展的趋势,哪些行业处于发展上升时期,哪些处于发展平稳时期,哪些将会出现收缩或下降趋势,要做一个比较,选出自己所希望参与的领域。其次,在做出选择之前,多收集一些相关资料,以便择优而选。

2. 职业选择

选择最熟悉的行业和自己最熟悉的职业,这样才有可能全身心地投入到工作中去,才有可能有所发展,有所创造,有所前进,才有可能从中体会到工作的乐趣。

3. 认识自我,把自己好好剖析一番

要了解自己的长处和不足,全面分析自己,列出自己的长处和优点,评价工作能力,问问自己:能干什么?想干什么?定出自己的求职目标,希望能胜任什么职位,薪水多少合适,工作环境怎样等,在经过仔细分析之后,再决定自己到什么公司应聘何职。

4. 应聘时间

要考虑自己准备在某职业从事多长时间,如 3 年、5 年或更长的时间,或是通过目前的职业学习一些东西,积累一些经验,以图更大的发展。忽略这一问题,可能会出现定位不准、目标不明、频繁跳槽等一些对自己不利的结局,以致最终影响自己的发展。

5. 薪金

薪金无疑是选择职业的一条较为重要的参考标准,但如果把薪金放在首位考虑就常常会与机会擦肩而过,可能会失掉适合自己的工作机会。

6. 重新选择

在选择职业时可能因一时冲动,择业后发现所选职业并不满意,此时不妨选换另一个职业,这也许是个转机。

二、角色转换的准备

一个人从学校走向社会,身份发生了重大的转换,所处的环境也发生了变化,在求职应聘的同时,更要为适应将来的岗位做好转换的准备。

1. 充满信心

请相信天高任鸟飞,海阔凭鱼跃,天生我材必有用。保持良好的心态,快乐的心情,对你大有好处,让你不仅有信心,可能还因为状态极佳,不再厌烦手头枯燥的工作,良性循环会事半功倍。

2. 充电是必要的

世界日新月异,复合型人才才会有竞争力,满足于现状的井底之蛙只会被淘汰。充足了电,再为自己好好策划一下,打印一份漂亮的履历表。谦虚是美德,但恰如其分地表现自己,包装自己,非常重要。

3. 恰当修饰一下自己

你的着装外貌要适应职场的氛围,给人以庄重成熟的印象。

整好衣冠,拿上你的简历,带着你的微笑,到人才市场来应聘。应聘的时候,你要先有概念:应聘什么职位,应聘什么样的公司,是选择三资企业还是国有企业,是选欧美公司还是亚洲公司,必须先决定好。

小型交流会可以一家家慢慢看,大型交流会场内摊位多,求职者也多,所以建议先在场内浏览一圈,看看哪几家公司有吸引力,决定好主攻目标和次要目标。主攻目标,你要多费些心思,好好展现你的魅力,坐下来和招聘者认真谈一谈,向他展示你的才能,表明想为公司效力的强力愿望;次要目标,留下你的简历和简短介绍即可,自始至终,你都要充满信心,从容不迫。

小贴士

一名2016届毕业生的忠告

很多同学都不清楚什么时候应该正式进入求职准备阶段,其实这没有一个准确的说法,你需要做的就是,一旦决定开始求职了,就要做到百战百挫,百挫百战,越挫越强,持之以恒。因为自从进入大学,你就进入了一个十字路口,其实说是十字都不准确,你有太多种选择,考研、出国、工作等,或许你准备了两套方案,也可能由于种种原因,半路出家,这通常跟实际的情况、局势有很大关系,不用太焦急,因为所有同学都跟你一样的彷徨和迷茫。而尽早地认清自己,确定方向无疑是最可靠的,也是对自己最负责的态度。

你要清楚一件事,那就是,进入大三大四,你并非终于要毕业,终于减少了课业负担,终于可以放松,或者怎样。或许你已经逍遥了3年之久,这都不重要,当你站到了即将进入社会的这个门口,你就必须清楚,现在才是你十多年漫漫求学路的最紧要时刻,你多年的辛苦和奋斗,无非都是为了这一刻的到来。

那么好了,现在你决定了要去求职,为自己谋一份工作,你要确信这是个正确的选择,你要确定不会为今天的选择而后悔。这时候你第一时间要做的就是认清局势。局势有很多种,宏观的局势包括国家政策方面的,微观的局势主要是应届生总数,专业的冷热门程度等。了解了基本情况以后,你就可以开始着手确定自己的求职方向。求职方向可以很窄,以专精的某一个或者某几个职位为主,这样的同学你首先要确认自己很喜欢某一个方向的职位,其次是你在这个领域很有特长。

这里说的特长指的是你的硬件标准,首先是专业对口,然后是你做过相关的实习工作,接受过相关培训,有相关证件,有一些项目经验等。这样,你在面试的时候才能够在众多应聘者中脱颖而出,让HR经理和单位领导选中你。其实绝大多数同学通常并不拘泥于某一个行业方向,或者某一种专业方向,就是我们常说的海投。这样投递简历的方法通常没有太多针对性,因此效率不是很高,即使被叫去笔试、面试,能够成功中标的可能性也不大,但是这种投递体现在一个"海"字上,因为数量大,所以也极有可能机缘巧合,碰到自己满意的工作,而老板又很器重自己。

说到这里,不得不提醒所有同学,从你开始找工作,到你最后签到满意的工作,必须时刻谨记三句话,可以说,这也是应届生求职的核心所在。

第一,找工作是一个实力第一、谋划第二、运气第三的事情。但是请注意,运气,它真的很玄妙,很无奈,也很重要(所以从现在开始,永远不要说,××还不如我,他都怎样怎样)。

第二,找工作之于应届生来说,永远是一件希望自己尽快找到,希望别人慢点找到的事。所以,从现在开始,那些网上的资料,你只需要看招聘信息,请不要把你有限的精历投入到无限的笔试、面试经验学习中,因为别人淘到第一桶金的经验,轮到你时已经过时了。

第三,永远不抛弃,不放弃,不自暴自弃(因为即使全天下有负于你,至少你还可以对自己好一点儿)。

第三节 应聘者的应试准备

一、笔试准备

笔试是招聘单位利用书面形式对求职者的各类知识和技能进行的综合性考查。主要适用于应试人数较多,需要考核的知识面较广或需要重点考核文字能力的情况,大企业、国家机关选聘公务员,往往采用此种考核形式。

笔试的题目,有相对的标准答案,答卷可以设计得科学、全面、重点突出,而且有案可查,相对公平。因而越来越多的招聘单位喜欢采用笔试方式,在众多应聘者中通过笔试筛选出一定比例的人员进入面试。因此,求职者不可小视笔试,它是你走向成功的第一步哦!

(一)要了解考试的范围和具体方针,有针对性地进行必要的准备

特别要注意那些在学校没有讲授过的知识的学习和早已遗忘的有关课程的复习。一般来说,这种备考应以扩充知识量为主,而不必花费大量的精力去思考有难度的问题。

(二)要适当复习专业知识,复习专业知识应做到五点

1. 提高解决实际问题的能力

现在外企公司的笔试越来越多地强调学以致用,用学过的知识解决实际问题。如用数学求解交通拥堵、十字路口的红绿灯多长时间变颜色最合理等。国内的各公司都转向大量采用这类实用题型。因此,要多加练习。

2. 系统复习基础知识

笔试题不可能铺天盖地,最可能出的顺序为:科技知识(包括数理化、科普)、文史知识、经济知识、政法知识。这些知识,不是高精尖,而是基础性的。

3．多练习

现在市面上流通着很多求职应聘题,特别是著名外企公司的应聘题。可选择一部分题作训练用。练习时注意做到:"眼到心也到"——不能光"看"(浏览),而是有选择地拿来做练习。每练一道题,应思考该道题的出题思路和解题关键,争取举一反三,归纳出类型,以后再遇见同类型题目就会做。不能指望看答案。

4．熟悉企业或机关应用文格式

选择比较规范、比较权威的应用文写作工具书,熟读乃至记忆重点应用文格式。

优先熟读乃至记忆的应用文:通知、报告、请示、函、备忘录、申请书等。

5．模拟写作练习

草拟一、两篇论文(比如人文方向的一篇,专业技术方向的一篇),并请老师指导。

（三）笔试的注意事项

求职考试的主要内容是基础知识和专业技能知识,其次是同专业有关和同招聘单位有关的某种知识。用人单位对毕业生进行笔试考核,不仅仅考查文化、专业知识,往往还考核心理素质、办事效率、工作态度、修辞水平、思维方法等。所以毕业生在参加笔试时要认真审题,将自己的认识水平、知识水平和能力水平通过笔试能较好地显示出来。

1．要做好充分的准备

提前熟悉考场环境,掌握注意事项,有利于消除应试时的紧张心理。除携带必备的证件外,一些考试必备的文具也要准备齐全。考试前要有良好的睡眠,以保证考试时有充沛的精力和良好的竞技状态。

2．要了解考试的规则和具体要求

考试时切不可违反规则,否则不但被取消录用资格,还会使人怀疑你的品格,以致影响其他单位的录用。

3．要掌握科学的答卷方法

拿到试卷后,首先应通览一遍,了解题目的多少和难易程度,以便掌握答题的深度和速度。其次要按照先易后难的原则排出答题顺序,先答相对简单的题,最后再攻难题。答题时要掌握好主次之分。有时毕业生见简答题是自己准备较充分的,洋洋洒洒写了上千字,而对论述题目则准备不够,就随便写了几十个字。这样功夫没用到点上,成绩当然会受到影响。所以毕业生要在统揽全卷的基础上,抓住重点题目下功夫,认真答写,充分显示自己的知识水平。再次要尽可能留出时间对易出错的地方进行复查,特别注意不要漏题。最后要注意卷面清洁,字迹应力求清晰,书写不要过于潦草,字迹难于辨认会影响考试成绩,不要做大面积的涂改。认真的答题态度,细致的书写作风,会大大增加被录用的可能性。

大家都知道,要在求职考试中胜出,主要是依靠平时的努力学习和不断积累,因此打好基础、积极准备、沉着应对才是考试过关的关键。

二、面试准备

面试是用人单位直接对应聘者面对面考核、录用的形式。它是通过招聘者与求职者面对面地观察、交谈等双向沟通方式来了解求职者的思想观念、气质类型、性格特点、能力水平等素质状况,以确定是否录用的一种人才选拔方式。

"知己知彼,百战不殆",机遇总是降临到那些有准备的人身上。在此,我们主要讨论在应聘面试前应做好哪些具体的准备工作。

(一)精心准备

面试前准备一份在一两分钟内的推销自己的"广告",可以肯定的是对方将要求你回答"请谈谈你自己"或某个类似的问题。你应该背一小段与所求职位相符的有关自身背景的"广告词"。

(二)面带微笑,保持自信

脸上带着愉快轻松和真诚的微笑会使你处处受欢迎,因为微笑使你显得和和气气,而每个人都乐于与和气、快乐的人一起共事。你应该表现出热情,但不要表现得太过分。人们之所以被录用不是因为他们需要救济,而是因他们可以做事。

(三)核实对方需要什么,然后向他表明你将如何满足其需要

如果你是一名出色的应试者,那么你事先就应该了解你所应聘的职位的工作职责以及理想的人选应该具备什么样的资格。在面试时你可以用问题加以证实了解到的信息。如果对方的回答让你意识到你了解的信息有误,那么你应该对谈话内容进行及时的调整。对于整个面试来说,通过面试者的回答证实你获得的信息是相当关键的。

(四)留心你的一举一动

面试时你的方方面面都会受到对方的仔细观察,包括你的衣着、你的回答,还有你的身体语言如脸上的表情、姿势、仪态和手势等,你要始终做出积极、肯定的反应。

(五)以最佳方式、在最佳时间开始你的面试

有人说求职面试的头5分钟最关键,也有人说是否会被录用取决于面试的头60秒的表现。如何才能在面试的关键时刻就给人留下好印象呢?以下的几点对你也许有所帮助。

(1)严格守时。事先要弄清楚面试的地点,提前到达,稳定情绪。

(2)事先确定好要穿的衣服,对接待人员要和蔼。

(3)说几句话打破沉默,如赞美一下漂亮的办公室、有趣的图画等。

(4)在对方招呼你坐下以前不要坐下,不要主动和对方握手。

(六)不要局限于用一两个字回答考官的问题

雇主常说员工的交流技巧是他们最看重的才能。求职者要遵守的交谈技巧如下所示。

(1)不要突然打断对方的说话。

(2)不要使用亵渎的语言。

(3)不要说没有事实根据的大话。

(4)你不能仅局限于一两个字的回答,但是也不能为了掩饰自己内心的紧张而滔滔不绝地说个不停。

(七)文凭不能解决所有的问题

你所受的教育是你职业生涯中行动的支点,但指望仅凭受过良好教育便在激烈的求职竞争中取胜,是不现实的。用具体事例清楚地说明你所学的东西,并说明在实践中你能应用所学的东西做些什么。

（八）随身携带一支笔和一个笔记本

面试时偶尔做一点笔记是明智之举,不过不要装作煞有其事的样子。在面试时,你也许真的需要把一些东西记在本子上(如有什么事你一时想不起来,需要过后再答复面试者)。况且,把面试者所说的话记录下来对对方也是一种尊重,这会使对方觉得高兴。

（九）注意聆听,仔细观察

不要一味地只顾推荐自己。如果你经常只忙于思考接下去要讲什么,那么这时你要培养听别人说话的技巧。如果你没听清面试者的问题,可以向他提问,以便将问题弄清楚。

你应该掌握好何时结束面试。同时,为了给今后进一步的联系创造机会,你可以问他以下问题：面试时,你们在录用员工方面的下一个步骤是什么？你预计你们在什么时候会做出决定？如果我还有其他的疑问,我可否随时与你们联系？然后,你就静候佳音吧！

（十）做好身心准备

健康的身体是参加面试的前提,良好的精神状态是面试成功的重要保证。求职者一定要注意身心准备工作。

（1）要加强身体锻炼,保证睡眠,保持充沛的体力。应聘前的几天内,不做过于劳累辛苦的事情,也不从事过于紧张、刺激的活动,保持心理稳定与愉悦。

（2）要克服消极的心理紧张。临场前过度紧张和焦虑,临场时呆板和木讷,是应试的大忌。求职者应注意调整好临场前的心理状态,自然而又精神饱满地参与面试中的竞争。

（3）要充满必胜的信念。应聘成功取决于自己平常养成的内在特质,如高尚的品德、良好的习惯、健康的人生态度、自觉的人际亲和力和学有所成的业务技能。既然已准备好了,那么就一定成功。

小贴士

听听毕届生谈如何参加面试？

面试的模式五花八门,它带有太强的HR个人感情色彩,所以经常无谓的揣测HR意图是徒劳的,HR最忌讳的其实也是这个。真实地表现你最好的状态就可以了。不用总是揣测我这样的性格、我这样的人,HR是否会看重,或者怎样怎样,一千个人看哈姆雷特有一千个哈姆雷特,同样一千个HR看人有一千种眼光,总有一种欣赏你。

有的时候很多同学喜欢针对某个企业的某个HR个别攻破,也就是说道听途说一些关于某个HR的性格特征喜好趋向等,这样的情况有时候是有一些用处,但是其实所谓HR的性格特征、喜好趋向也是别人分析出来的,至于他心里究竟是怎么想的,你永远无从得知。太多时候你要记住,一个企业是否录取你,与你面试的表现很可能没有多少关系。试想,5分钟左右的交流,而且大家又都是精心准备过的,把自己的天使形象展现给对方,而把自己的恶魔形象全部隐藏起来,个个看起来都是无可挑剔,HR也是阅人无数,让他找到你的闪光点,你的与众不同才是最重要的。

很多同学还有一个困惑,就是面试的时候时常会不由自主地紧张,很多同学在下面交流的时候都很流畅自然,但是一面对HR就会无端紧张,其实这是心态没有放好的表现。首先,不要把HR看得太神圣,让他们从你心里的神坛上走下来,因为你要记住,你面试的时候他对于你只是一个僧和庙的关系,他并不是你的上司,也不是你的老总,完全就是一个非亲非故的陌生人,或许他手里握有你认为的"生杀大权",但其实如果他并没有录取你,那么他对于你来说就什么都不是,如果有一天你无意中成为这个企业的客户,哪怕只是买了它一瓶矿泉水的客户,他也要把你看作上帝。

曾经失意于某个500强名企的你,有一天就可以趾高气扬地走在它的会客大厅里,然后一副高深莫测的样子,只做"嗯嗯"的不可置否的答复。这样想来,或许能够减轻一些同学的面试恐惧症。把HR当作普通朋友一样的交谈,让他看到你的坦诚,你的认真,你的严谨,才是最好的表现。请记住HR不是在招演员,所以你也不要把面试当作演戏。

如何在小组面试中脱颖而出?

小组面试,有的时候需要就给出的条件共同完成一个项目,或者就一个主题进行探讨,得出结论。

(1)放下包袱,大胆开口,抢先发言。
(2)逻辑严密,论证充分,辩驳有力。
(3)尊重队友观点,友善待人,不恶语相向。
(4)掏出纸笔,记录要点,做到与众不同。
(5)逐一点评,最后总结,充当领导者。
(6)上交讨论提纲,条理清晰,再露一手。

三、网络应聘

网络招聘是一个并不新鲜的名词,排除了时间、地点、金钱的限制,网络招聘获得了更多的受众。上海人才热线最新资料显示,近期网络招聘单位和个人求职者的数量都以超过70%以上的速度直线上升。将自己的简历投放到知名招聘网站的人才库中,以备企事业单位用人时从人才库中自选,也是一种不错的求职策略。

(一)网络应聘前的准备工作

(1)拥有一台计算机或者上网方便的场所,这是最基本的条件。

(2)要掌握基本的网络知识,包括如何进入并顺利地浏览网页、如何使用网络搜索工具,还要学会理解网页上的语言等。推荐几家知名招聘网站及网址:智联招聘网(http://www.zhaopin.com)、中华英才网(http://my.chinahr.com)、前程无忧网(http://www.51job.com)。

(3)准备电子版照片一到两张。如果没有数码照片,请事先把纸版照片进行扫描,照片应该选择生活照,不能是艺术照。

(4) 各种学历证书、职业资格证书以及所获奖励的有关材料要准备齐全,并扫描为电子版。

(5) 要把近期学习阶段所学课程进行一个总结,比如把在校期间所学专业课程、在校期间接受的各种培训等方面内容归纳一下。

(二) 网络应聘成功六要素

1. 要有针对性

不管是递交书面简历还是电子简历,针对性都应该是简历投递的第一要素。针对性体现在三个方面:针对自己的职业定位与生涯规划选择真正适合你的岗位;针对特定的岗位设计有针对性的简历;根据岗位性质使用针对性的语言。其中最重要的是你准确的职业定位,很多人无法充分表达"针对性",其根本原因就是职业定位不清。

在此还要特别提醒:不要同时在一家公司应征数个职位,因为对公司来说,重复阅读相同的简历不仅浪费时间,而且很容易让他们觉得应聘者其实根本不知道他们到底想做什么。

2. 用准关键词

随着智能化技术在招聘中的应用,关键词的设置越来越显得重要了。越来越多的企业,特别是一些大公司,通常都会用智能化的搜索器来进行简历筛选。很显然,从企业的角度来讲,这会大大降低招聘成本,而对于求职者而言,无疑降低了求职的成功率。所以,如何分析所应聘的岗位可能需要的一些关键词信息就显得很重要。有些信息是必需的,如高校名称、行业类别、特定的知识/技能(如知识管理、助理会计师、Photoshop 等)。

3. 讲求诚信

不讲诚信给社会造成了很多损失,也给企业招聘造成了大量成本的浪费。确切地说,企业人事经理很讨厌应聘过程中的造假行为。有就是有,没有就是没有,即便欺骗过了第一轮,也通不过后期审查。求职者这样做会降低自己的诚信度,不但进不了公司,还浪费了大量的时间,而且这些公司之间会互通有无,以后想在这个行业找到好工作都很难了。

4. 不断更新

勤快的刷新简历至少有两个好处。一是表明你现在正在求职,而不是让人感觉你是找了很长时间工作找不到的。二是当招聘人员在搜索人才时,符合条件的简历通常都是先按刷新的时间顺序排列的,而他们一般只会看前面一两页。

很多求职者其实并不知道刷新简历可以获得更多求职机会,因此每次登录,最好都刷新简历,刷新以后,就能排在前面,更容易被找到!

5. 简历要易读

招聘负责人不会有太多的时间停留在你的简历上,更重要的是,你不能让招聘经理看了你的简历后感到烦,所以让你的简历易读就显得很重要,而不是轻易地被删掉!

6. 准备一份求职信

求职信集个人介绍、自我推销和下一步行动建议于一身,它总结归纳了履历表,并重点突出求职者的背景材料中与未来雇主最有关系的内容。一份好的求职信能体现你清晰的思路和良好的表达能力,也就是说,它体现了你的沟通交际能力和你的性格特征。

如果你想通过应聘资料使招聘单位进一步感受到你"鲜活"的形象,想让未来的雇主知道你适合这份工作的理由,你可以在应聘资料中增加一份"求职信"。

(三)网络应聘注意事项

针对涉世未深、急于求职的高职毕业生,网络应聘是一种便捷的求职方式,但是任何事物都有利有弊,由于网络的安全性还无法控制,个人或企业在网络上输入的信息有可能被他人窃取利用,同学们也要充分了解网络应聘的弊端,以防给自己带来麻烦甚至危害。

1. 信息虚假

虚拟的网络世界给少数虚假信息提供了可乘之机,对求职者和招聘者双方来说,都存在对虚假信息的担忧。

2. 无效信息多

有些网站为了提高点击率,便将一些过时的招聘信息也发布在网上,使得求职者常常看到大量过时失效信息,劳而无获。

3. 资料泄露带来麻烦

不少求职者会突然接到一些自己从来没投过简历的保险公司或传销公司的电话,还有些人发现,自己用来求职的照片被放在了不法网站。

4. 网络招聘陷阱

骗子惯用的伎俩通常是先在网上公布一些薪酬诱人的"招聘信息",利用求职者急于找到工作的心理,要求求职者汇款到指定的可以全国通存通兑的账号,钱一到账立刻就被取走,公安部门难以追查。近年来,北京、上海、西安一些高校的毕业生在网上求职就遇到了"雇主"以录用后需要进行职位培训,要求购买培训教材为由,被骗去钱财,而此后"雇主"就再也没有任何消息了。

小贴士

面对选择,我该何去何从?

很多时候,同学们还会遇到一个很常见的问题,如果有笔试、面试冲突,我该选择哪一个,如果我拿到了 n 个 Offer,我该选择哪一个?这时候要切记,不要跟你的同龄人探讨,或者交换意见。这是一个在经济管理学里,被我们称作机会成本的问题,当你选择了一个去向,就必然要放弃其他去向在未来将会为你带来的个人利益,这是一个利益最优化的问题。

因此,这样的选择,一定要由你自己来决定,如果你一定要参考意见,请参考你的亲属长辈的意见。我见过很多同学,就是因为其他同学的一句话,或者网上的一个帖子,毅然放弃了某个面试机会而去参加另一个,结果导致全盘皆输的结果,输了不重要,输了以后十分后悔才是最可怕的。

最后,不管你的选择是对是错,都请不要后悔,对于你它仅仅是一个选择,它错了带来的是更多的智慧和理智;它对了,恭喜你,为自己做了一次改变人生的选择。

如何签约？

走到这一步的同学首先是要祝贺你的，你已经历尽千难万难，找到了适合自己的工作，或者是迫于无奈，必须要接受这样一份工作，这都不重要，因为这只是你职业生涯的一个起点，或许起点很重要，但是太多曾经的案例告诉我们，一个成功的人，他的人生转折点，通常都不是他的第一份工作。先入职，再择业，是你要记住的核心，一定要走过入职的这一步，除非你真的决定自主创业。

关于签约，其实并不难，你要确认的无非以下几点。

第一，究竟是和谁签，这是所有问题的关键所在，说到底，也就是两个选项，是和劳务公司（也就是中介）签，还是和公司签。如果和公司签，是和本部签，还是与分部，母公司，子公司，还是分支机构？一定要彻彻底底地弄清楚搞明白，不要怕问，糊涂地签了以后上当受骗才是最可怕的，你多问一句，如果真的是好公司、好企业，它不会让你因此丢了工作。

第二，究竟能否实现我要求的待遇？这主要牵涉到户口、档案、住宿这样的问题，一定要确定，"可能"这样的字眼就等于没有，或者是表现出色者提供什么什么，也相当于没有，一定要是确定的字样。

第三，如果毁约，我将承担什么样的责任？通常没有同学一签约就想毁约的，就如同没有人结婚的时候就想着离婚的。但是最后还是会有毁约的同学，这里面的原因太多了，最常见的还是自己没有彻底地了解公司性质或者工作性质，通常多见于无实习的公司，很多同学觉得能签到一份不需要实习直接上岗的工作很好，觉得这样正规、踏实。其实这样的工作也有它的弊端，因为你完全不知道你去了以后到底是干什么的，到底是什么样的工作环境。因此，了解毁约以后要承担的责任是必要的，太过苛责的责任，里面通常都有它的问题，这一点在签约的时候也是要注意的。

本章小结

本章共三节，内容着重讨论了在求职信和求职简历的书写格式、主要内容以及应聘的心理准备及应聘技巧等方面的知识，希望同学们通过本章的学习，结合自己的实际情况写出自己的求职信及求职简历，并在投放过程中得到更多的面试机会，找到自己满意的工作。

（1）应聘者的书面准备，包括求职信及求职简历的准备。

（2）应聘者的心理准备。

（3）应试准备（笔试、面试、网络应聘）。具体内容教材内部写得很清楚，也希望大家多通过网络了解更多的求职经验及面试经验，灵活运用本章所讲的知识，把自己成功地推销出去。

复习思考题

(1) 写一封求职信,后面附上本人简历。
(2) 应聘时除了带上求职信和简历外,还应该做些什么准备?
(3) 假如进入面试阶段了,求职者应该怎样做才能赢得用人单位的欣赏?

案 例 分 析

对小 W 求职经历的思考

下面是本章开头引导案例介绍的那位 2009 届本科毕业生小 W,她成功应聘到一家国有银行后,请她把自己的求职经历及笔试、面试的过程写出来,与学弟学妹们分享。

(1) 在面试中,小 W 为什么要选择政府不可以控制私家车这个观点?

首先,正如小 W 所说,任何问题都有两面性,也就是说,类似这种伸缩性很强的问题,无论持哪一个观点都没有绝对的对错之分。那么小 W 为什么偏向于持不控制这个观点呢? 这是她经过分析认为,自己应聘的是一个银行企业,银行是靠储蓄房贷收取中间利息差盈利的企业,那么就这个问题而言,如果政府控制私家车,导致购车量下降,首先直接影响个人购车的车贷量下降,然后是汽车制造业产量下降,那么汽车制造企业的贷款量自然也要下降,它的上下游行业,包括钢铁、冶金、塑胶材料、机械制造业、诸多相关行业的产量都会下降,随之带来的贷款数量下降,直接影响银行的收益。因此,就这个问题本身而言,小 W 选择有利于自己要应聘的这个企业的观点,无疑是有优势的。

(2) 在面试中,我是不是应该成为"领导者"?

在小 W 面试的案例中,出现了一个 2 号同学,他自己主动以"领导者"的身份出现。这样的同学,在面试中很常见。的确,成为"领导者",你将有更多的发言机会,更广阔的展现自己的机会。但是,如果你想在面试中成为一个"领导者",首先要确定自己确实能够胜任这个角色,能够通过这个角色将自己优势的一面表现出来。作为领导者,你很有可能碰到其他强势同学对你的"挑战",就比如小 W 参加的面试,就有其他小组中出现了有其他同学不服从领导者的意见,坚持己见的情况,这时候你应该如何处理就成为一个难题。

因此,成为领导者是具有一定风险的,但同时也是一个表现自己的捷径。另外,如果你所在的小组同学都是比较中庸的人,没有愿意主动管理大家讨论的人出现,这样会使整个讨论杂乱无章,没有头绪。这时候,如果你发现大家都是这样的情况,即使你本来没有充当领导者的打算,你也有必要站出来做这个角色,这是个机会,同时也是个挑战。

(3) 如果我碰到了"愣头青"怎么办?

像上面案例这种小组面试,你经常有可能碰到一类被我们称为"愣头青"的同学,这类同学因为想更多地展现自己,有时候会不顾同组其他同学的意见或者时间,一味地自己发言,大量占用讨论时间,这种情况很常见,也无可厚非,因为面试本身就是一个具有很强随机性的过程,短暂的几分钟想了解一个人很难,大家都想尽量地把自己优秀的一面展示给面试官。但是,如果你碰到了明显的"愣头青",千万不要被他的强势压倒,这样很容易让你错失了一个很好的机会,太多同学因为在面试中被这样的同学打压,失去了宝贵的机会。

如果碰到了这样的同学,你首先要注意抓他话中的问题,要从他的间歇中尖锐地插入,打断他的话头,请注意面试中你的同组同学不是你的长辈,也不是你的领导,我曾经听说过关于有人说面试中最好不要打断其他同学说话的说法,经过太多案例来看,我认为这种说法不可行。因为如果你不打断他,他占用了大量时间以后,你和其他同组同学都没有发挥的机会了,那么在考官看来,你们就都是路人甲和路人乙,只有那一个愣头青是主角,虽然考官可能并不欣赏他,但是考官也绝对不会多一分心思去欣赏路人甲。请记住,时间是短暂的,机会是宝贵的,选择沉默是你的权利,但是后悔是不容你去选择的。

另外,在你要驳斥一个愣头青的观点的时候,一定要使用有力的证据,通常这是一个激烈的辩论过程,要体现出你的优雅,你的幽默,你的理智,你的果断,他可以声嘶力竭,但你一定要保持一个从容不迫的姿态。说到这里,我不得不再次强调,真的有很多企业的 HR 是欣赏愣头青的,这让很多沉稳凝练型的同学头疼不已,他们通常会说,那样的人真的可靠么?但是没有办法,我只是用经验告诉你,怎么做是你自己决定的。

(4) 我是不是应该努力成为陈述者?

案例中的小 W 被同组同学推选为陈述者,这主要是由于她的语言能力十分过硬,她带给所有人包括面试官的印象是,这个人说话很有条理,让人容易接受。但是有的时候,陈述者的角色也是有可能产生争议的。在同样的一场面试中,就出现了有的小组因为陈述者由谁来担任产生的纷争。

要知道,你可能在应聘的面试中碰到各种各样的人,每个人都是为自己的前途在竞争,因此无论你碰到什么样的情况都是有可能的。你可以自己尝试去推荐自己,告诉全组同学你愿意做这个陈述者。或者如果有同学推荐了你,你一定要有当仁不让的姿态,如果有竞争者,不要退让,这时候既然有人推荐了你,你就有了拥护者,要告诉全组同学你可以做得很好。

问题:

(1) 这个案例用到了本章讲的哪些内容?
(2) 通过这个案例你从中得到什么收获?
(3) 假如自己去面试时从中可以吸取哪些经验?

实践课程

训练一

5~8 人组成小组,对"该不该鼓励在校大学生创办公司"发表观点,准备 10 分钟,在讨论前,每个人自我介绍 2 分钟;之后轮流发言;最后,选出一人代表小组陈述本组观点,时间不超过 5 分钟。(整个活动不超过 30 分钟)

招聘对于每一个人来说都是很重要的,如何在短短的 30 分钟内让招聘人员了解你,沟通起了很大作用。

(1) 将学员分成几个小组，每一组负责某一个方面的问题，每个方面都需要想出3～5个问题。例如：

① 关于应聘者个人。你如何看待你的专业背景与这个工作的分歧之处？
② 情商。你如何处理顾客满意度与行业规则问题？
③ 价值和态度。你的处事态度是什么？你是否希望每个人都喜欢你？
④ 任务。你是否会加班工作？如果会，为什么？如果不会，为什么？

(2) 给每个小组5分钟时间，大家群策群力地设想在面试过程中可能会遇到的问题，并将其记录下来。

(3) 请每个小组选出他们将要提问的三个问题，这三个问题可以是任何标准（如最尖锐的或最具有挑战性的）。

(4) 挑选出4位志愿者，其中一位是面试考官，三位为面试者。发给三个面试者每人一张角色卡片。

(5) 现在面试官给每个应聘者10分钟时间来回答问题，问题可以是刚才大家提出来的，也可以是面试官认为很重要，但大家并没有提到的。大家轮流回答问题，一直到10分钟的时候停止。

(6) 请面试官选出他想要录取的应聘者，并陈述理由。

(7) 大家投票表决招哪个人，记录每个投票者的支持人数，并排序，注意每个人只有一次投票机会。

第十章

跨文化沟通

🔑 学习目标

（1）了解文化的含义及差异性的表现。
（2）理解文化差异对跨文化沟通的影响因素。
（3）掌握跨文化沟通的原则和策略。

🔑 技能要求

（1）掌握跨文化沟通的基本技巧。
（2）熟悉几个主要国家的文化风俗。

中西方文化差异

由于各种各样的原因，导致了中西方有诸多的文化差异，而文化差异又是跨文化交际的障碍。中国人重"内"，西方人崇"外"。中国人喜欢从动态中观察分析事物，西方人习惯从静态中观察分析事物。中国人善于把握整体，注重平衡，习惯从整体中看个体；西方人喜欢化整为零，注重分析，习惯从个体中看整体。中国文化重现世，尚事功，学以致用；西方文化重思辨，尚超越，学以致知。中西方文化差异表现在饮食、家庭观念、思维方式等方面。

现代信息技术的发展加速了精神和物质产品的流通，将各个民族纳入到一个共同的"地球村"中，跨文化交际成为每个民族生活中不可缺少的部分。一个企业若想让自己的产品畅销国际市场，不仅需要高超的经济和技术手段，而且需要深入了解对象国的文化，使该产品在包装设计和实用性方面符合对象国民众的心理需求。

如在中国，龙（dragon）是我们的精神图腾，是吉祥和权力的象征，中国人也以作为龙的传人而备感自豪，然而在西方人眼中，对"龙"就没有这份特殊的情感，甚至将"龙"理解为一种张牙舞爪的可怕怪物。如果某一企业家对此不甚了解，将印有"龙"图案的产品推向国际市场，试想这种产品能否刺激西方人的购买欲？能否给企业创造高效益。所以克服文化差异造成的交际障碍已经成为整个世界共同面临的问题。

第一节 文化与文化差异

一、文化含义

所谓文化,就是一种生活方式,它是由某一群体的人们发展、共享并代代相传的。

文化由很多复杂的要素构成,它是一个社会的民族特征、价值观念、生活方式、风俗习惯、伦理道德、教育水平、语言文字、社会结构等的总和。文化主要由两部分组成:一是全体社会成员所共有的基本核心文化;二是随时间变化和外界因素影响而容易改变的社会次文化或亚文化。

人类在某种社会中生活,必然会形成某种特定的文化。不同国家、不同地区的人民,不同的社会与文化,代表着不同的生活模式。我们穿衣打扮的方式,同父母、亲戚、朋友的关系,对婚姻、工作的期望,每天吃的食物、说的话都深刻地受到文化的影响。

二、文化的差异性

> **案 例**
>
> ### 东西方文化的差异
>
> 东西方文化的根本差异在于东方重视整体,西方重视个体。
>
> 语言是文化的产品,也是文化的载体,东西方文化差异可以通过语言反映出来。从英文和中文的文字比较可以看出,英文文字比较简单容易写,中文则讲究字的整体结构,富有美感,但不容易写。在汉语中姓在前面,名在后面,说明这个人先属于某个姓氏、家族,即整体,然后才是他自己;而英文中,名在姓的前面,这个人先是他自己,之后在补充说明他是属于哪个整体。
>
> 东方人强调个人服从集体;西方人强调个性。

不同国家,不同地区,由于自然地理状况、历史发展过程的差异,使不同国家和地区的价值观、生活习俗等表现出差异性。这些差异主要体现在以下 6 个方面。

1. 价值观念

价值观念是人们对社会生活中各种事物的态度、评价和看法。不同的文化背景下,人们的价值观念差别是很大的。价值观的差异表现在人们对年龄价值、时间价值、自我价值、生命价值等方面的差异。不同的价值观念在很大程度上决定着人们的思维方式、生活方式,影响着对人、对事的看法,决定着人们与人交往的范围与方式和处理问题的方式。

2. 宗教信仰

不同的宗教信仰有不同的文化倾向和戒律,从而影响人们认识事物的方式、价值观念和行为准则。据统计,全世界信奉基督教的教徒有 10 多亿人,信奉伊斯兰教的教徒有 8 亿人,印度教徒 6 亿人,佛教徒 2.8 亿人,泛灵论者 3 亿人。教徒信教不一样,信仰和禁忌也不一样。这些信仰和禁忌制约了教徒的生活方式。

3. 审美观

审美观通常指人们对事物的好坏、美丑、善恶的评价。不同的国家、民族、宗教、阶层和个人,往往因社会文化背景不同,其审美标准也不尽一致。有的以"胖"为美,有的以"瘦"为美,有的以"高"为美,有的则以"矮"为美,不一而足。

如缅甸的巴洞人以妇女长脖为美;而非洲的一些民族则以文身为美,等等。因审美观的不同而形成的消费差异更是多种多样。如在欧美,妇女结婚时喜欢穿白色的婚礼服,因为她们认为白色象征着纯洁、美丽;在我国,妇女结婚时喜欢穿红色的婚礼服,因为红色象征吉祥如意、幸福美满。又如中国妇女喜欢把装饰物品佩戴在耳朵、脖子、手指上,而印度妇女却喜欢在鼻子上、脚踝上配以各种饰物。

4. 风俗习惯

风俗习惯是指个人或集体的传统风尚、礼节、习性。它在饮食、服饰、居住、婚丧、信仰、节日、人际关系等方面,都表现出独特的心理特征、伦理道德、行为方式和生活习惯。

小贴士

> 不同的国家、不同的民族有不同的风俗习惯,它对人们的嗜好、生活模式、交往行为、消费行为等都具有重要的影响。如中国人在送礼物给对方的时候,收礼物一方一般都不会当面拆开礼物以表达对对方的尊重;而西方人则恰恰相反,他会当面拆开礼物以表达自己对礼物的喜爱。

5. 语言文字

语言文字是人类交流的工具,它是文化的核心组成部分之一。不同国家、不同民族往往都有自己独特的语言文字,即使同一国家,也可能有多种不同的语言文字,即使语言文字相同,也可能表达和交流的方式不同。一些企业由于其产品命名与产品销售地区的语言等相悖,给企业带来巨大损失。

例如美国一家汽车公司生产了一种牌子叫"Cricket"(奎克脱)的小型汽车,这种汽车在美国很畅销,但在英国却不受欢迎。其原因就在于语言文字上的差异。"Cricket"一词有蟋蟀、板球的意思,美国人喜欢打板球,所以一提到"Cricket"就想到是蟋蟀,汽车牌子叫"Cricket",意思是个头小、跑得快,所以很受欢迎。但在英国,人们不喜欢玩板球,所以一说"Cricket"就认为是板球。人们不喜欢牌子叫板球的汽车。

6. 伦理道德

道德是调整人与人之间关系的行为规范。不同国家和地区,经济发展水平不同,习俗不同,相应的道德规范也就不同。

第二节 文化差异对跨文化沟通的影响

一、跨文化沟通的含义

所谓跨文化沟通,是指拥有不同文化背景的人们之间的沟通。从广义上讲,凡属于不同文化特征的主体之间的沟通都属于这一范畴,无论是国与国之间,还是同一国内的不同民族之间,都存在跨文化沟通的问题。但习惯上,跨文化沟通是狭义的,专指跨国沟通的行为,因为跨国沟通行为往往是敏感的,也是复杂的。

二、跨文化沟通的意义

在当前经济全球化的趋势下,越来越多的企业进入了全球化发展的阶段,其经营的环境不再是单一的本土化经营,而是多种文化主体和多种差异很大的文化环境,这就不可避免地涉及企业的跨文化管理问题。要进行成功的跨文化管理,离不开成功的跨文化沟通。企业管理人员必须面对跨文化沟通问题。

就我国而言,随着我国加入世界贸易组织,跨国经济活动日益频繁,在这个过程中所碰到的文化冲突也日益增多。目前,我国已成为仅次于美国的外商投资最多的第二大国,外商在华办企业的一个重要障碍是中外文化的差异和隔阂,而我国本土企业与外商的合作与竞争的最大障碍也是因文化差异而导致的方式和处事方法的冲突与互不理解。

文化差异增加了企业管理沟通的复杂性和难度。实践证明,要想在国际市场上占有一席之地,提高企业的国际竞争能力,具备有效的跨文化沟通的能力对每一个管理者来说都是非常必要的。

三、文化差异的影响

(一)感知差异对跨文化沟通的影响

感知是指人通过自己的感觉器官对外部世界的刺激进行选择、评价和组织的过程。影响人的感知的有生理因素、环境因素和文化因素三大类。其中,文化因素对人的感知会产生重大影响。如欧美人把干酪作为一种美食,可中国人对它的味道却感到恶心,难以入口,而欧美人对中国的臭豆腐的味道也难以接受,认为它有一种发霉的味道。这些都是因为不同的生活习惯、成长环境,造成了对事物不同的感知。

(二)思维方式差异对跨文化沟通的影响

思维方式是指人们的思维或思维程序。思维方式因人而异,来自不同文化背景的人之间,其差别是很大的。世界各种文化群体既有人类所共有的思维规律,也有在自己文化氛围中形成的具有各自特色的考虑问题、认识问题的习惯方式和方法。如中国人偏好综合思维,欧美人偏好分析思维;中国人注重"统一",欧美人注重"独立"。

在跨文化沟通中,很多人都倾向于认为对方用与自己同样的方式进行思维。正是这种错误认识,常常使跨文化沟通难以顺利进行。由一种思维方式组织起来的一系列语言信息发出后,接受者以另一种思维方式去破译或者重新组织,就可能发生歧义或误解。

(三)价值观的差异对跨文化沟通的影响

价值观是个人或社会对某种特定的行为方式或存在状态的一种判断和持久的信念。价值观具有相对稳定性或连续性,即不会每时每刻发生变化,也不会完全僵化和一成不变。价值观直接决定着人们对事物的判断,从而决定着人的行为方式。这种文化价值上的差异对管理观念起着重要的影响。

1. 年龄观念差异

在对员工年龄的看法上,不同文化背景的管理者有不同的看法。东方文化强调"尊老",认为这是一种美德,而西方文化却强调"尊重青年"。大多数亚洲国家在管理上都是尊重年长的,视年长者为知识、经验能力和权威的代表,因而在用人政策上实行传统的"论资排辈"的模式。

日本企业实行"参与管理"尽管很有特色,但真正得到参与机会的,大多数是中老年员工,企业所重视的也是老员工提交的合理化建议。对此,现代意识较强的日本青年人对企业中盛行的这种"年龄价值观"尤为不满,使日本企业历来重视"培养员工对企业的忠诚信念"管理传统产生了动摇。

2. 时间观念差异

不同文化中,人们对时间的利用差异很大。在很多国家人们不愿意让时钟控制其活动,对时间表现得相当随便,如拉美地区,人们相约迟到是常有的事。例如在巴西,你的合作伙伴可能让你等上1小时,巴西人赴约迟到是常有的事。整个拉美地区,只有圣保罗的商人最守时。墨西哥人和希腊人目前的时间观念还不强。

有趣的是,法国人要求别人赴约一定要准时,而自己却常常迟到。如果有求于法国人,自己应及时赴约;对方若迟到,不必感到意外,因为这种习惯为普通法国人广泛接受。另外应注意:在法国越有身份的人参加活动时越晚出现,以此显示其身份。

在发达国家情况就大不相同了,尤其是在大城市,人们的活动深深地受时间的影响,"时间有价"的观念深入人心;不守时被认为是不礼貌的。美国人具有强烈和坚定的"时间神圣"的观念,非常注重和计较人们对待时间的态度。

反映到管理观念上,美国首先提出了"时间就是金钱"的思想,并将"时间"列为现代企业的资源要素之一,认为在任何产品的生产和加工中,不仅消耗了人力、物力和财力,而且还消耗了时间;时间这种资源相对于其他企业资源,又具有稀缺性和不可替代性的特点。

所以,作为管理者,如果让一位美国来访者白白等上30分钟,他一定会发怒,并一走了之。这种怒气的心理动机是出于时间价值观,而东方人如果发怒的话,大多是因为礼仪的因素,认为受到了冷淡接待等。

我国员工的时间观念比较淡漠,开会迟到,工作拖拉,甚至签约还迟到。在与外商的交往中,由此带来的损失是巨大的。

 小贴士

西方人的时间观

西方人的时间观和金钱观是联系在一起的,时间就是金钱的观念根深蒂固,所以它们非常珍惜时间,在生活中往往对时间都做了精心的安排和计划,并养成了按时赴约的好习惯。在西方,要拜访某人,必须事先通知或约定,并说明拜访的目的、时间和地点,经商定后方可进行。而中国人则属于多向时间习惯的国家,在时间的使用上具有很大的随意性,一般不会像西方人那样严格地按照计划进行,西方人对此往往感到不适应。

3. 自我观念差异

如何看待和认识"自我"以及"自我"相对于其他事物的重要地位，也是价值观体系的重要内容之一。

西方文化倡导竞争精神，其心理动因是出于强烈的自我意识和"自我"在价值观体系中的"中心地位"，在这种以"自我为中心"观念的驱动下，西方人表现得自主独立、争强好胜，注重个性的发挥和个人利益。

而自我观念在东方传统文化中却被视为一种否定自我、主张"无我"的精神信念。在这种观念的长期统治下，就形成了一种自制的行为模式，它要求人们克制自己的个性表现，一切行为都以"从众"为判断的标准。在管理上，"无我"观念的表现处处可见。如在处世行为方面，表现为顺从、小心翼翼、决不冒尖、言谈谨慎、虚多实少、甘愿夹着尾巴做人；在价值取向上，自恃清高、重义轻利。"无我"观念一方面带来社会的祥和；另一方面也导致了不良的后果：故步自封、不求进取、不思改革，使企业失去竞争和发展的活力。

4. 成就观念差异

不同文化中成就观也是很相同的。西方文化中的成就观注重创新、注重务实、注重效率，是一种"创业"的观念；而东方文化中的成就观注重人情的表面平稳、人情和气，是一种"守业"的观念。

另外，西方的成就观较侧重个人的自我表现和个人目标与价值的自我实现；而东方的成就观侧重于集体表现和集体利益的实现。团队管理在日本的成功实施，就是东方集体成就观的很好体现。

（四）行为动机的差异对跨文化沟通的影响

行为动机取决于人的需要，不同国家的经济发展水平与文化背景不一样，人们的需求表现也不一样。按照马斯洛的需要层次理论，人们总是为满足某种需要而工作，一旦某种需要得到满足，这种需要就不再是工作的动力。因此，在贫穷的国家，企业只要能给工人们提供足够的食物和住所，他们就会努力工作；而富裕国家，也许必须强调其他需要的满足才能使工人更好地工作。

不同国家，人们对不同需要的重要性看法也不一样。如荷兰和斯堪的纳维亚半岛国家的人比美国人、奥地利人和瑞士人更看重社会需要，较少看重自我利益的实现。换句话说，在荷兰和斯堪的纳维亚利用群体激励更有效，而在美国鼓励个人工作绩效激励的措施可能更有效。具有不同行为动机的人们进行沟通，是很难接受或理解对方的思想和行为的。

（五）社会规范的差异对跨文化沟通的影响

社会规范是指人们应该做什么、不应该做什么，可以做什么、不可以做什么的规则。社会规范的具体形式主要有风俗习惯、道德规范、法律规范和宗教规范，它们是跨文化沟通中容易引起误会和冲突的重要因素。

1. 风俗习惯

风俗习惯是流行最广的社会规范，是各族人民在长期历史发展中形成的一种生活方式。它表现在饮食、服饰、节庆、婚姻、丧葬、交际礼仪等各个方面。在国际商务活动中，跨文化沟通必须了解、尊重、适应当地的风俗习惯，特别要注意其中的禁忌。

案 例

颜色的习俗

中国人一向喜爱红色,在喜庆的日子,人们喜爱穿红色的衣服。在婚礼上,新娘穿红色的礼服,红色的鞋子、婚房会以红色为主色进行布置。而大多数西方国家的新人在婚礼上的着装是以黑白色为基调。

曾经在中国各大小城市的出租车都是红颜色的,但在西方人看来,红色出租车意味着躁动、不安全。后来,我们借鉴国际上的通用习俗,把出租车的颜色进行了调整,以黄、蓝、黑等颜色代替了红色。

2. 道德规范

不同文化中有共同的道德,也有不同的道德。如忠诚、不偷盗,在各国文化中都认为是道德的。但有些道德在不同国家却存在认识上的差异。如中国文化中不赡养老人是不道德的,美国文化中这种观念很淡薄;在美国,父亲请儿子帮忙干活还要付款,这在美国人看来是正常的事,在中国人看来则不成体统。

为了确保一个合同顺利执行,而付给供货人一笔钱,在美国被认为是"行贿",在某些国家这种行为并不是非法的,可能被认为是"佣金"。在美国的办公室里男女之间某些言语或相当开放的行为被认为是"性骚扰",并且是不道德的。在地中海国家的办公室里,同样的言辞或行为却并不被认为如此严重。

跨文化沟通中,由于道德规范比风俗习惯更高一个层次,因而,沟通者对道德规范上的差异更难适应。道德规范上出现的摩擦或冲突往往会造成沟通者心理上的不悦或痛苦。

3. 法律规范

法律规范差异是影响跨文化沟通的一个重要因素。在涉外经营过程中,不可避免地要遇到法律问题。有时候"法不接轨"会导致国际商务活动寸步难行。

另外,法律规范的不同也会给跨文化交流带来一定的困难。由于经济体制的不同,中国和西方国家在经济概念上往往难以相互理解。如对什么是全民所有制、专业户、联产承包责任制等经济形态常常使西方人迷惑不解,有时甚至产生误解。

4. 宗教规范

宗教规范包括信仰、宗教节日、宗教仪式、礼拜所在地点、教规、组织系统等方面。不同的宗教信仰有着不同的价值观念、行为准则和清规戒律,因而会有不同的思维方式、消费偏好、工作态度和习惯,这对跨文化沟通影响很大。

宗教规范上的冲突往往比风俗习惯更难以调和。在政教合一的国家,违犯教规常常就是违犯法律。中国人的宗教意识比较淡薄,对异文化的宗教规范往往不了解,在跨文化沟通中要格外注意,否则将会引起很大麻烦。

(六)物质文化差异对跨文化沟通的影响

物质产品是通过人们的劳动创造出来的物品,如工具、武器、器具、服装、饰物、住宅、寺庙、都市、坟墓、公园等。在它们上面凝聚着人的观念、需要和能力。不同的文化创造了各具特色的物质产品。在跨文化交流中,最容易发现的明显的文化特征,就是物质产品方面的不同,它体现在衣食住行生活的各个方面。

如在衣着上,阿拉伯人的大袍、印度妇女的面纱、日本人的和服、朝鲜妇女的长裙就代表了着衣者的文化属性。不同民族的物质文化差异对跨文化沟通会产生障碍和影响。

在与外国人的交往中,我们经常遇到这样的情况:对于中国许多传统的物件,如十八般兵器、传统的风味小吃、装饰品等,我们往往找不到合适的词来表达,因为每一种物件可能都反映了一定的文化特征,只有了解它的历史和文化背景后,才可能对它清楚地认识和准确地表达。这也增加了我们进行跨文化沟通的难度。

(七) 语言差异对跨文化沟通的影响

语言是人们进行交际、沟通的工具,每个民族都有自己独特的语言及语言规则。这些往往会给跨文化沟通带来最直接、最明显的障碍。往往语言或非语言的共同点越少,沟通越困难。全球说英语的人约有7亿,但英国人、美国人、印度人、澳洲人等说的英语不尽相同。如美国人称戴的小圆软帽和穿皮靴分别是"bonnet"和"boot",而在英国,人们却指汽车引擎的盖子和汽车的后车厢。美国人的"scheme"是阴谋的意思,英国人却可能指一个计划。通过背单词学英语的中国人夸人聪明时常用"clever"一词,而英国人常把它用作贬义词。英国人最怕自己被别人称老,这一点与我国截然不同。我们可以说"老张""老李",倒过来称"张老""李老"更表尊敬之意,后者还特别适用于称呼德高望重的老前辈。

这一思维定式已经无数次使国人在对外交往中遇上麻烦与尴尬。譬如,曾经有一批中国留学生在英国格拉斯哥举办隆重的聚会,特别邀请了大学校长的母亲。当中方主持人特别表示感激老夫人光临晚会而提到"老太太"时,校长大人的母亲吓得脸色煞白,夺路而逃。

同一种语言因不同人群使用,沟通时会出现障碍,完全讲不同语言的人们之间沟通时要通过翻译的过程,此时就会有麻烦产生。如中国古代美女王昭君被日本人译为"昭君先生"。

非语言沟通中的误解也数不胜数。在所有的文化中,大量的沟通是通过非语言进行的。在欧洲和中东两个男人行走时手牵着手,甚至环抱着肩膀都是很平常的事。但在美国却被认为是同性恋的表现。跟美国人交往如果你不看着他的眼睛,或者让人觉得眼神游移不定,那么他就会担心:你是否不够诚实,或者生意中有诈。而跟日本人交往如果你老盯着他,他可能认为你不尊重他。在德国或澳大利亚,员工对老板说话时,从不两手插在口袋里。有趣的是,美国西南部的印第安人跟日本人有着相同的看法。

🔍 小贴士

使用外语的重要性

了解你即将去生活的国家的语言究竟有多重要,没有人能百分之百地断定。但是,在工作中,如果能使用外语,你会发现自己拥有胜过别人的本领。你能翻译信件资料,与重要的外国访客沟通交流,你一定能成为公司重要的人。

第三节 主要区域文化简介

一、美国人的文化习俗

（一）概况

美国是一个移民国家，其中84%为欧洲移民后裔，13%为黑人。几乎容纳了全世界各民族的人。居民主要信奉基督教（新教）、罗马天主教、犹太教和东正教等。官方语言为英语。国花为玫瑰，国鸟为白头海雕，国石为蓝宝石。主要名胜有国会大厦、白宫、五角大楼、华盛顿纪念馆、林肯纪念馆、国家自然历史博物馆等。

（二）交往礼俗

1. 价值观

在美国社会中，人们的一切行为都以个人为中心，个人利益是神圣不可侵犯的。这种准则渗透在社会生活的各方面。人们日常交谈，不喜欢涉及个人私事。有些问题甚至是他们所忌谈的，如询问年龄、婚姻状况、收入多少、宗教信仰、竞选中投谁的票等都是非常冒昧和失礼的。

2. 性格特征

美国人性格随和友善，讲礼貌而不拘过多而琐碎的细节。美国人看到别人买来的东西，从不去问价钱多少？见到别人外出或回来，也不会去问上一句"你从哪里来？"或"去哪儿？"至于收入多少，更是不能随便问的事，谁在这些方面提出问题，定会遭人厌恶。美国人往往用"鼻子伸到人家的私生活里来了"这句话来表示对提问者的轻蔑。

3. 年龄价值

值得一提的是，美国人对年龄的看法同我们大不相同。在我国，老年人受到尊敬，而在美国却是"人老珠黄不值钱"。因此在美国，老年人绝不喜欢别人恭维他们的年龄。

4. 空间观念

美国人还十分讲究"个人空间"。和美国人谈话时，不可站得太近，一般保持50厘米以外为宜。平时无论到饭馆还是图书馆也要尽量同他人保持一定距离。不得已与别人同坐一桌或紧挨着别人坐时，最好打个招呼，问一声"我可以坐在这里吗？"得到允许后再坐下。

5. 社交场合女士优先

美国妇女在社会政治生活中的地位究竟如何，这里姑且不论。但在社交场合中，她们总是会得到格外的优待。尊重妇女是欧美国家的传统习俗，从历史角度分析，是受到欧洲中世纪骑士作风的影响；若从宗教的角度分析，它是出于对圣母马利亚的尊敬。

按照美国人的习惯，在社交场合，男子处处都要谦让妇女，爱护妇女。步行时，男子应该走在靠马路的一边；入座时，应请女子先坐下；上下电梯，应让女子走在前边；进门时，男子应把门打开，请女子先进。但是下车、下楼时，男子应走在前边，以便照顾女子；进餐厅、影剧院时，男子可以走在前边，为女子找好座位；进餐时，要请女子先点菜；同女子打招呼时,男子应该起立,而女子则不必站起,只要坐着点头致意就可以了;男女握手时,男子必须摘下手套,而女子可以不必摘下。女子的东西掉在地上时,男子不论是否认识她,都应帮她拾起来。

总之,美国男子在社交场合同女子接触时,一方面事事尊重她们,另一方面又要处处以保护人的姿态出现,以显示男子的地位。

6. 注重礼节

在美国"请""谢谢""对不起"之类的语言随处可闻,不绝于耳。在美国,不论什么人得到别人的帮助时都会说一声"谢谢",即使总统对侍者也不例外。在商场里,售货员的脸上总是堆着笑容,当顾客进门时,他们会主动迎上来,问一声"我可以帮助你吗?"当顾客付款时,他们会微笑着道谢,最后还会以谢声送你离去。同样,顾客接过商品时也会反复道谢。美国人在一家人之间也是客气话不离口,不仅夫妻之间如此,对小孩子们说话也常带"请"和"谢谢",这样,孩子便自然地养成了讲礼貌的好习惯。

美国人还习惯于对别人道"对不起"。当人们发生小摩擦时,一声"对不起",常使芥蒂烟消云散。即使遇到一些微不足道的小事,例如向别人问路、在剧场中从别人座位前走过等,美国人也会连声表示歉意。美国人把在公共场所打嗝或与别人交谈时打喷嚏、咳嗽都视为不雅,遇到这种情况,他们就会说声"对不起",请对方原谅。

(三) 衣食礼俗

美国人的衣着,其特征是自由严谨两分明。他们的日常穿着自由自在,无拘无束,全凭自己的爱好,甚至穿泳装也可招摇过市。但在正式场合,美国人衣着又非常讲究,非常严谨。男士都穿较深颜色的西装,打领带,给人一种沉稳、可靠的印象。女士穿套裙,颜色多为深蓝色、灰色或大红色。

在饮食方面,美国人力求简单与快捷,通常都用快餐或冷冻食品。代表性的食物是热狗、汉堡包。美国人不爱吃肥肉,不吃清蒸和红烧的食品,忌食各种动物内脏及奇形怪状的食品,如鸡爪、猪蹄、海参等。一般不饮烈性酒,即使饮,通常将烈性酒中加进冰块后再喝。

(四) 禁忌

美国人忌"3""13"和星期五;忌谈个人私事;忌说"老";不喜欢黑色,偏爱白色和黄色,喜欢蓝色和红色。

(五) 主要节日

美国人的重要节日有元旦(1月1日)、华盛顿生日(2月22日)、复活节(3月21日)、国庆日(7月14日)、劳动节(9月第一个星期一)、感恩节(11月最后一个星期四)、圣诞节(12月25日)。此外,还有一些没有公共假期的全国性节日,如情人节(2月14日)、愚人节(4月1日)、母亲节(5月第二个星期日)、父亲节(6月第三个星期日)等。

二、欧洲主要国家的文化习俗

(一) 英国

1. 概况

英国主要由英格兰人、威尔士人、苏格兰人和爱尔兰人组成,居民多数信奉基督教和天主教。官方语言为英语。首都伦敦被称为"世界雾都",货币为英镑,国花为玫瑰,国石为钻石,主要名胜有大英博物馆、圣保罗大教堂等。

2. 交往礼俗

英国人性格内向,遇事谨慎,感情不外露,比较保守,但自信,大多数人追求绅士、淑女风度,讲文明,重礼节。

英国讨厌过问私事。如果您去英国旅游,千万不能像在国内一样,问人家"您去哪儿?""吃饭了吗?"这类问题,中国人认为很热情,英国人会认为你很粗鲁,他们讨厌别人过问他们的个人生活,英国人更忌讳别人谈论男人的工资和女人的年龄,就连他家的家具值多少钱也是不该问的,这些是他们的隐私,绝不允许别人过问。

在英国购物,最忌讳的是砍价。英国人不喜欢讨价还价,认为这是很丢面子的事情。如果你购买的是一件贵重的艺术品或数量很大的商品时,你也需要小心地与卖方商定一个全部的价钱。英国人很少讨价还价,如果他们认为一件商品的价钱合适就买下,不合适就走开。

在交际中,初次见面行握手礼。英国人不喜欢见面拥抱,一般只是点头致意或用手指碰一下帽檐儿,彼此寒暄几句。英国人喜欢别人称呼他的荣誉头衔,如某某爵士。

英国人很注意尊重妇女,女士优先已成为社会的风气。

对英国人来说,未经预约拜访是非常失礼的。到英国人家中作客一般的礼品有高级巧克力、名酒、鲜花或客人自己国家的民间工艺品,但礼物价值不宜过高。

3. 衣食礼俗

英国人对衣着很讲究。他们崇尚绅士、淑女风度,强调矜持庄重。上等家族人穿燕尾服,戴礼帽,持手杖或雨伞,其他人多穿三件套式西装。

大多数英国人一日四餐:早餐、午餐、茶点、晚餐。英国人口味清淡,喜喝清汤,爱喝酒,也特别喜欢喝茶,真正的英国人特别喜爱喝早茶。

4. 禁忌

英国人忌讳数字"3""13"和星期五;忌用一次火点3支烟;忌讳4人交叉握手;忌询问对方个人情况,英国人的生活戒条是"不管闲事";忌以王室的家事作为笑话题材;忌称对方为"英国人",因为"英国人"原意为英格兰人而对方或许是苏格兰人、威尔士人或爱尔兰人,正确的叫法应是"不列颠人";忌佩戴条纹领带;忌用人像作服饰图案或商品包装;忌大象、孔雀、猫头鹰等图案;讨厌墨绿色;忌过分表露喜、怒、哀、乐的感情;忌手背朝外,用手指表示"二"这种"V"形手势,是蔑视别人的一种敌意动作;忌讳在众人面前相互耳语;忌讳把食盐碰撒;忌讳百合花;忌打碎玻璃;忌直接提"厕所"这个词。

5. 主要节日

国庆日(6月第二星期的星期四)、圣诞节(12月25日)和新年(1月1日)最为隆重。英国人有一个习俗,就是把新的一年是否吉祥如意,寄托在第一个来访者身上。

(二)法国

1. 概况

法国主要由法兰西人、布列塔尼人、巴斯克人、科西嘉人组成,居民多信奉天主教,官方语言为法语。首都巴黎,是世界著名的花都、世界著名美城、"浪漫之都",也是一座世界闻名的历史文化名城。其货币为法郎,现为欧元。国花为鸢尾花、玫瑰,国鸟为雄鸡。主要名胜有蓬皮杜文化中心、埃菲尔铁塔、凯旋门、巴黎圣母院、凡尔赛宫、罗浮宫等。

法国素有"奶酪之国""葡萄之国""艺术之邦""时装王国""名酒之国"等美称。

2. 交往礼俗

法国人性格爽朗热情,谈吐幽默风趣。双方见面时,通常行握手礼,同时说一声"先生,幸会"。如是亲朋好友相遇,则以亲吻或拥抱代替握手。两个相识的人在路上相遇时,可互相点头致意。

传统的法国公职人员习惯别人称呼其姓而不是名,在会议开始和结束时都要例行握手致意。同法国人约会应事先商定好,按时赴约是讲求礼貌的做法。法国人不喜欢把公司业务往来同个人生活搅在一起,因而到法国人家中作客,切忌送本公司产品或带有本公司标志的礼品给法国商界的朋友。在交谈中,除不谈私人问题外,还应避免谈及政治和金钱。会谈期间不可开玩笑。在旅游中,不少法国人喜欢了解异国的历史、风情和接触人。

应邀到法国人家中作客,应带上小礼品,如送小孩一些糖果、送女主人鲜花,送花通常为单数。

3. 衣食礼俗

法国人的衣着十分讲究,尤其是妇女,可以说是世界上最喜欢打扮的人。在法国从事商务活动宜穿保守式西装。

法国烹饪享誉全球。法国人把就餐视为人生一大快事。法国菜的特点,偏重于鲜嫩。法国人的早餐比较简单,但非常重视晚餐。就餐时,要把碟中的食物吃完,否则会冒犯女主人或厨师。因此,人们总结在吃法上的讲究是:英国人"注意着礼节吃",德国人"考虑着营养吃",意大利人"痛痛快快地吃",而法国人则是"夸奖着厨师的技艺吃"。

法国是香槟、白兰地的故乡。法国人饮酒是惊人的。他们喝酒就像英国人喝茶那样,想喝就喝。

4. 禁忌

法国人忌数字"3"和"13"。忌黑桃图案(不吉利)、仙鹤图案(淫妇的代名词)和大象图案(意为蠢汉);忌黄色的花(意为不忠诚)、菊花(代表哀伤);忌墨绿色;忌送刀、剑、刀叉等餐具(此类礼品表示双方断绝关系);忌问对方家事和其他个人问题。

5. 主要节日

主要节日有元旦(1月1日)、复活节(3月21日)、国际劳动节(5月1日)、贞德就义日(5月8日)、国庆节(7月14日)、诸圣节(11月1日)、圣诞节(12月25日)。

法国人过年有一种习俗,家中不能有剩余的酒,否则,会被认为来年要交厄运。因此他们在除夕晚上要将家中的酒全都喝光,以致许多人喝得酩酊大醉。

(三)德国

1. 概况

德国位于欧洲中部,居民以信仰基督教和天主教为主。官方语言为德语,首都柏林。货币为德国马克,现为欧元。国花为矢车菊,国鸟是白鹤,国石是琥珀。主要名胜有勃兰登堡门、奥林匹克体育场、波茨坦广场等。

德国有"经济巨人""酒花之国""啤酒王国""运河之国"等美称。

2．交往礼俗

德国人勤劳,有朝气,守纪律,好清洁,爱音乐,比较注重礼仪。

德国人在社交场合与客人见面时,一般行握手礼;亲朋好友见面时,一般惯用拥抱礼。在称呼别人时,一般不喜欢直呼其名,而要称头衔。在街上两人并行,以右为尊;三人并行,以中间为尊。宴会上,男士坐在女士或职位较高者的左侧,当女士离开饭桌或回来时,男士要站起来表示礼貌。喝啤酒时,一般不碰杯,一旦碰杯,则必须一口气喝完,为别人斟酒时,一定要斟满,否则为失礼。

到德国人家中作客,通常以鲜花为礼物,且必须是单数,但不可送玫瑰花,因为它表示你暗恋女主人;其他礼物如威士忌酒、高质量的纪念品等都受欢迎,但不可送葡萄酒,因为此举说明你认为主人选酒的品位不高。德国人对礼品包装很讲究,但忌讳用白色、黑色和咖啡色的包装纸。与德国人交谈时,不宜涉及纳粹、宗教与党派之争。

3．衣食礼俗

德国商人喜欢穿三件套西装,并喜欢戴上呢帽。

德国人主食为肉类、马铃薯、色拉等。大多数德国人不爱吃鱼。德国人饮食口味较重,偏油腻,也很喜欢中国菜。

4．禁忌

德国人忌讳"13"和星期五;忌吃核桃;忌蔷薇花、菊花;忌红色、茶色和深蓝色;忌交谈时将手插在口袋里。

5．主要节日

国庆日(10月3日)。啤酒节是慕尼黑的一个民间传统节日,每年从9月最后一个星期至10月的第一个星期。狂欢节是德意志民族自古以来就有的一个传统节日。从每年11月11日开始,到第二年复活节4月4日前止。

三、亚洲主要国家的文化习俗

(一) 日本

1．概况

日本意为"日出之国""太阳升起的地方"。民族主要为大和族,居民多信奉佛教、神道教。官方语言为日语。首都东京。其货币称日元。国花为樱花,国鸟为绿雉。主要名胜有东京塔、富士山、琵琶湖等。

日本有"樱花之国""造船王国""贸易之国"等美称。

2．交往礼俗

日本人性格内向,感情不外露,爱面子,自尊心强,重视人际关系,讲信用,重礼节。

日本人见面时相互行鞠躬礼,并致"您好""请多关照"的谦辞。第二次世界大战时,握手礼逐渐成为日本常用的礼节,但通常与对方握手后还要行鞠躬礼,特别是道别时。

人们初次见面时,要交换名片。在正式场合要称呼其全名。对男子可在姓后加"君",只有对教师、医生、年长者、上级和有特殊才能的人才称"先生",对德高望重的女子也称"先生"。对其他人均以"桑"相称。

到日本人家中作客要事先约定时间并按时赴约。按惯例要带礼品。日本人送礼时,不送双数,而喜欢送奇数礼物。不要给日本人送有动物图案的礼品。梳子在日本不宜作礼品(日语谐音"苦""死")。到日本人家中不可参观主人卧室,男士不可进入厨房,上卫生间必须征得主人同意。交谈时,令人不愉快的话题是你对日本和日本文化、垒球、高尔夫球、食品和旅行的印象。交谈时,应看着对方的脖子,盯着对方被认为是不礼貌的。

3. 衣食礼俗

在日本从事商务活动宜穿保守式西装,参加娱乐活动可穿便装。

日本民族服装为和服。日本人在举行婚礼、庆祝重要节日、出席茶道等活动时常穿和服。

日本人的饮食分为三种:和食(日本饭菜)、洋食(西餐)、中华料理(中餐)。

日本人十分重视茶道。茶道会多为款待尊贵客人而举行,正式的茶道会要在专用茶室中举行。茶室中间放着用以烧水的陶制炭炉和茶壶,炉前放着各种十分精致的茶具。在日本,茶道被认为是对一个人身份、修养的肯定。一般茶道中,饮茶方式有两种:一种是每位客人各饮一碗;另一种是一碗茶每人只饮一口,由全体客人轮着饮用。

4. 禁忌

日本人忌数字"4"和"9"以及由它组成的数字;忌黑白相间色、绿色、深灰色、紫色,喜爱红、白、蓝、橙、黄色;忌送菊花、荷花、仙客来、山茶花等。忌3人合影(中间人有受制于人的兆头);忌獾和狐狸;忌头朝北睡觉(在日本死人头朝北);忌倒贴邮票(暗示断交);忌妇女盘腿而坐;忌舔筷、迷筷、移筷、扭筷、掏筷、跨筷、剔筷。

5. 主要节日

主要节日有元旦(1月1日)、成人节(1月15日)、建国纪念日(纪元节、日本纪元的开始,2月11日)、春分节(3月21日)、樱花节(3月15日)、国庆日(12月23日)。

(二) 沙特阿拉伯

1. 概况

沙特阿拉伯的得名,来自目前统治该国的沙特家族之名,沙特意为"幸福",阿拉伯则含有"沙漠"之意。由于沙特阿拉伯的石油储备量极丰富,它在世界上有"石油王国"之称。

沙特阿拉伯的麦加,是伊斯兰教创始人穆罕默德的诞生地,故此地被称为该国的"宗教之都"。

沙特阿拉伯的国教是伊斯兰教,国家实行政教合一制度。全国居民有98%信仰伊斯兰教,其中大部分属于逊尼派。

沙特阿拉伯的官方语言是阿拉伯语,通用英语,货币为沙特里亚尔。

沙特阿拉伯如今实行的是君主政体。国旗格言:万物非主,唯有真主;穆罕默德,真主使者。

2. 交往礼俗

1) 总体风俗

在交往中,沙特阿拉伯人大都表现得热情大方,只是由于伊斯兰教规的限制,沙特阿拉伯妇女少抛头露面,并且不得与异性进行接触。所以,与沙特阿拉伯人打交道,必须注意以下两个方面的问题。

(1) 遇到沙特阿拉伯妇女时,不宜主动向其问候或行礼。如果是男士就更要注意这一点。与沙特阿拉伯男士交往，切勿问候其夫人或恋人，并注意不要向她们送礼品。

（2）由于沙特阿拉伯人普遍重男轻女，因此，尽量不要派女性与其接触或交际。不然很有可能事与愿违，事倍功半。

2）见面礼节

外国人到沙特阿拉伯，在行礼时要入乡随俗。异性之间最好不要当众拥抱亲吻，在公共场合表现得过分亲昵，也是应避免的。

拜访沙特阿拉伯人之前要预约。与他人相会时，沙特阿拉伯人往往要晚到一会儿，在他们看来，这是做人的一种风度。

3．衣食礼俗

1）服饰

沙特阿拉伯男子的传统服装是一种长垂及地的大袍，它宽松肥大。平时，袍子以白色为主，只有在参加丧葬活动时，才穿黑色的袍子。

按照伊斯兰教规，妇女的全身均须被长袍和面纱遮盖起来。她们头上所戴的黑色面纱有三角形、正方形、五角形等多种形状，但都必须严密地遮盖住面容，仅允许双眼露在外面。

前往沙特阿拉伯的人，不要过分随便，不要过分暴露身体的服装，妇女要特别牢记这一点。

由于天气炎热，沙特阿拉伯人大都习惯穿拖鞋，有的人会赤脚。只有在隆重的活动时，人们才会穿皮鞋。

2）饮食

沙特阿拉伯人的主食有面饼、面包、面条等。在肉类上，多以牛肉、羊肉、鸡肉为主。在他们看来，羊眼是席上之珍，美味之最。

按照伊斯兰教规，沙特阿拉伯人忌食猪肉，忌食狗、马、骡、蛇、虾、蟹、龟、无鳞鱼、贝类海鲜以及其他一切含有酒精的饮料，并且不得吸烟。

在饮料方面，沙特阿拉伯人爱喝驼奶、红茶、咖啡。在拜访沙特阿拉伯人时，主人劝饮的咖啡是不可不喝的。

用餐之时，沙特阿拉伯人一般席地而坐，以右手取用食物。有些时候他们也会设置桌椅，只不过绝对禁止用脚蹬踩。

在每年的斋月，沙特阿拉伯人白天不许进食，白天所有的餐馆也不准开业。

4．禁忌

与沙特阿拉伯人交往必须记住以下事项。

（1）不提倡娱乐。沙特阿拉伯人认为，娱乐令人堕落，所以，切莫与之谈论休闲、娱乐，邀请其参加舞会之类。

（2）宜回避以色列。

（3）禁止偶像崇拜。按照伊斯兰教规，沙特阿拉伯人禁止偶像崇拜。因此，那里的人不看电影，不喜欢拍照、录像，并且对雕塑、洋娃娃等礼品十分忌讳。

（4）男女授受不亲。不论坐车、乘电梯，还是在银行，男女往往要各自分开。

（5）不下国际象棋，他们认为，那种玩法对国王有失恭敬。

（6）与沙特阿拉伯人交谈，不要谈中东政治、宗教矛盾、女权运动、石油政策等。

(7)向沙特阿拉伯人送礼品时,忌送酒类、雕塑、猪皮与猪毛制成品、美女照,带有熊猫图案的东西。

第四节 跨文化沟通的基本原则和策略

一、跨文化沟通的基本原则

上述所论述影响沟通的因素都可能成为跨文化沟通的障碍。要成为有效的跨文化沟通者,必须努力跨越这些障碍。这涉及一些跨文化沟通的原则。

1. 因地制宜原则

来自不同文化背景的沟通者,要根据当地的实际情况来制定沟通策略。对于在国外投资办厂的企业和与外方合作经营的企业,一定要针对东道国的宏观环境,考虑企业的情况和员工的接受、适应能力,因地制宜地确立适合本企业的跨文化沟通模式。

2. 平等互惠原则

管理沟通与一般的人际沟通的不同之处在于它有很强的目的性,总是为了获取一定的利益。在这个过程中,要坚持平等互惠的原则。平等互惠有利于保护各自利益,有利于沟通双方建立长期的合作关系。

3. 相互尊重原则

相互尊重是沟通过程中树立诚意和信誉的保证。相互尊重不仅要尊重彼此的人格,还要尊重彼此的文化、思想和行为表现。当然,尊重并不等于违背自己的利益,对对方的差异给予接受和采纳,对于不正确的或不合理的要坚决予以抵制。

4. 相互信任原则

相互信任是在沟通双方相互理解和相互尊重的基础上,在合作共事的过程中达到的。相互信任能促进相互学习、共同的发展。对于合资企业来说,相互信任是共同管理的重要机制。

5. 相互了解原则

跨文化沟通过程中的障碍,很多都是由于相互不了解造成的。只有相互了解才可能因地制宜、相互信任。相互了解原则还要求沟通双方敞开心扉,采取积极的姿态来促进对方了解自己。

例如许多外方投资者不理解中方企业要设立党委。一些企业主动向外方经理介绍、说明党委的性质及工作原则,从而得到了外方的理解和支持。广州的"中国大酒店"刚成立时,外方就反对设置党组织。但经过相互了解,他们把党的干部视为"管理专家",主动提出要加强"党团工青妇"的组织建设。

二、跨文化沟通的总体策略

1. 正视差异,求同存异

跨文化冲突是不可避免的,关键在于如何在跨文化冲突的背景下以积极的心态来寻求发展。冲突往往带给人不适的心理感觉,因此人们往往不愿正视冲突,甚至逃避冲突。其结果,不但冲突得不到解决,而且个人目标也难以实现。如果我们正视文化冲突的存在,以求同存异的理念去解决冲突问题,反而可以实现双赢。

小贴士

> **了解自己的文化背景,有助于我们去研究别人的文化**
>
> 不同文化背景的人们在交际时,经常出现的一个现象就是套用自身所在社会的行为规范来判定对方行为的合理性,由于双方的行为规范存在差异,常常会产生误解、不快甚至更坏的结果。比如说中国人轻拍小孩子的头部表示一种友好,而在西方国家,这是一种极不尊重小孩子的做法,父母会对此非常愤怒。所以说在跨文化交际中是否能够正确地识别和运用行为规范是保证跨文化交际顺利进行的重要因素。要保障跨文化交际的顺利进行,就必须理解对方的行为规范,尤其是什么行为是被禁止的,最好的办法就是遵循入乡随俗的原则。

2. 取长补短,兼收并蓄

具有较高跨文化沟通素质的人,在跨文化沟通中,既懂得宣传自身文化的优点,又懂得赞美其他文化的优点;碰到文化差异时,既有能力设法消除文化壁垒,又能理解和尊重文化差异;既能够较好地掌握外语、了解当地的风土人情,又具有较高的跨文化沟通技能。在跨文化沟通中,最关键的是能够敏锐地意识到文化差异,并积极面对挑战和变化。

3. 兼顾多元,差别管理

在进行跨文化沟通活动中,由于文化的多元化,会导致方法和途径的多样化。随着经济全球化的加快,文化多元化现象将越来越明显。在同一企业内部,可能有来自世界各地的员工;在国际商务活动中,一个企业可能会同时与不同国家的商人打交道。在这样的背景下,差别化管理将是跨文化沟通中一个有效的途径。

差别化管理,首先要求管理者为所有不同文化背景的员工、客户、合作者提供平等的机会和公平的意愿,而不考虑他们在性别、种族、年龄和其他方面特征的差异。其次要注意遵守法律和制度,按照既定的为大家所公认的规则行事,避免因疏忽法律规定而出现投诉行为和相关损失。最后要根据工作地所处的社会主流和非主流文化的特征,考虑双方的文化偏好,选择相应的沟通方式和方法。

三、锻造跨文化沟通能力

既然跨文化沟通能力如此重要,那么公司的管理者应该如何培养这种能力呢?从世界各大公司的实践中,我们发现许多可行的方法。

1. 不同文化背景的经理人体验工作和相互学习

为了提高跨文化管理能力,许多公司将经理人派到海外工作或者学习,让他们亲身体验不同文化的冲击,或者把他们留在自己的国家,与来自不同文化背景的人相处,外加一些跨文化知识和理论的培训。

例如日本富士通公司(Fujitsu)为了开拓国际市场,早在1975年就在美国檀香山设立培训中心,开设跨文化沟通课程,培训国际人才。现在,该公司为期四个月的跨文化管理课程(Intercultural Management Program,ICMP)除了用于培训本公司的人员,还用于其他公司和国家跨文化管理人才的培训。

韩国三星公司(Samsung)每年派出有潜力的年轻经理到其他国家学习,学习计划由学员自己安排。但是公司提出一些要求,例如学员不能坐飞机,不能住高级宾馆,除了提高语言能力外,还要深入了解所在国家的文化和风土人情等。通过这样的方法,三星公司培养了大批谙熟其他国家市场和文化的国际人才。

2. 设立全球服务项目

例如,可口可乐公司(Coca-Cola)成立"全球服务项目",这个项目由500位中高级管理人员组成,每年约有200人调动工作岗位。这些人一方面为公司的全球发展做出贡献,一方面提高自己的国际经验。这个项目的最终目的之一,是建设一个具有国际头脑的高层经理团,公司的高层管理人员将从这些人中进行选拔。

高露洁公司(Colgate-Palmolive)从1987年开始,就设立全球性强化培训项目,项目成员是美国的商学院MBA毕业生,他们至少会讲一门外语,并且在国外生活过,他们中有很大一部分是外国公民。受训者要在美国培训24个月。在每项为期三个月的培训中,他们除了学习商务和产品外,还要参加语言和跨文化知识教育。项目成员完成项目培训后,被派到世界各地担任助理产品经理。

许多著名的跨国公司都设立类似的特殊项目来培养高级国际人才,如花旗银行(Citibank)的全球管理人才项目(Global Management Associate Program)、渣打银行(Standard Chartered Bank)的国际毕业生项目(International Graduate Program)。

3. 设立企业学院

大部分跨国公司都在内部设立企业学院,培训国际人才,如摩托罗拉大学、西门子大学、海尔大学,等等。在这些企业学院中,最有名的要数通用电气公司(GE)的Crotonville管理学院,通用电器前行政总裁Jack Welch每月都要花两天时间亲自到Crotonville给他的经理们讲课,十几年风雨无阻,Crotonville成为通用电气全球发展的"引擎"。

本 章 小 结

(1) 不同国家,不同地区,由于自然地理状况、历史发展过程的差异,使不同国家和地区的价值观、生活习俗等文化表现出差异性。

(2) 所谓跨文化沟通,是指拥有不同文化背景的人们之间的沟通。从广义上讲,凡属于不同文化特征的主体之间的沟通都属于这一范畴,无论是国与国之间,还是同一国内的不同民族之间,都存在跨文化沟通的问题。

(3) 跨文化沟通的原则:因地制宜原则、平等互惠原则、相互尊重原则、相互信任原则、相互了解原则。

(4) 跨文化沟通的总体策略:正视差异,求同存异;取长补短,兼收并蓄;兼顾多元,差别管理。

复习思考题

(1) 跨文化沟通的意义是什么?
(2) 缺乏跨文化沟通能力有哪些表现?
(3) 影响跨文化沟通的因素有哪些?
(4) 有效跨文化沟通的策略是什么?
(5) 如何提升自己的跨文化沟通的技能?
(6) 试述不同地域或国家的文化习惯对跨文化沟通的影响。
(7) 从跨文化沟通角度分析你如何体会"入乡随俗"的含义。

案 例 分 析

送礼为什么遇到不快

国内某家专门接待外国游客的旅行社,有一次准备在接待来华的意大利游客时送每人一件小礼品。于是,该旅行社订购制作了一批纯丝手帕,是杭州制作的,还是名厂名产,每个手帕上绣着花草图案,十分美观大方。手帕装在特制的纸盒内,盒上又有旅行社社徽,显得是很像样的小礼品。中国丝织品闻名于世,料想会受到客人的喜欢。

旅游接待人员带着盒装的纯丝手帕,到机场迎接来自意大利的游客。欢迎词致得热情、得体。在车上他代表旅行社赠送给每位游客两盒包装甚好的手帕,作为礼品。

没想到车上一片哗然,议论纷纷,游客显出很不高兴的样子。特别是一位夫人,大声叫喊,表现得极为气愤,还有些伤感。旅游接待人员心慌了,好心好意送人家礼物,不但得不到感谢,还出现这般景象。中国人总以为送礼人不怪,这些外国人为什么怪起来了?

原来,在意大利和西方一些国家有这样的习俗:亲朋好友相聚一段时间告别时才送手帕,取意为"擦掉惜别的眼泪"。在本案例中,意大利游客兴冲冲地刚刚踏上盼望已久的中国大地,准备开始愉快的旅行,你就让人家"擦掉离别的眼泪",人家当然不高兴那位大声叫喊而又气愤的夫人,是因为她所得到的手帕上面还绣着菊花图案。菊花在中国是高雅的花卉,但在意大利则是祭奠亡灵的。人家怎不愤怒呢?

问题:在人际交往中了解并尊重外国人的风俗习惯的重要意义是什么?

实 践 课 程

衡量一下你与部分国家人们的沟通技能

(1) 同外国人交往,有时选择合适的话题非常重要,下面哪项是正确的?
① 同英国人交往最安全的话题不是天气。
② 同法国人谈论"性"很随便。如果碰到这种情况,比较合适的处理方式是佯装听不懂。
③ 在土耳其,我们可以随便地谈论有争议的国际问题。

④ 巴西是个多民族国家,因此种族问题是个合适的话题。
(2) 许多文化中都有数字的禁忌与偏爱,下面哪一项是错误的?
① 日本人忌讳"4"和"9"。
② 英国人喜欢"7"。
③ 西欧人普遍不喜欢"13"。
④ 韩国人不忌讳"4"。
(3) 送礼是国际交往中的重要手段。但如何恰当送礼却大有学问,以下哪一项是不正确的?
① 日本人送礼盛行,但如果中方管理人员出差日本先于日本人送礼,则会令日本人感到突然,其实日本人并不指望你这么做。恰当的做法是:等日本人先送礼,之后再根据职位高低准备好不同的礼品回赠日本人。
② 沙特阿拉伯人喜欢比较贵重的礼物,他们喜欢比较谁更慷慨,他们希望对方送的礼物也很值钱。
③ 如果送给英国人的礼物太贵重,会有行贿之嫌;法国人富有审美情趣,所以唱片、艺术画册、书籍等都是受人欢迎的礼品。
④ 应邀到阿根廷人家里作客,空手上门更能体现宾主的友情。
(4) 商务活动应避开当地假期,否则会找不到沟通对象。以下哪一项是不正确的?
① 法国:圣诞节及复活节前后两周不宜造访,法国人一般在7月15日至9月15日度假。
② 巴西:狂欢节前后一周商业活动几乎完全停顿,每年12月至次年2月为当地"暑假"度假期,商务访问最好避开这两段时间。
③ 土耳其:最佳商务活动的时间为每年9月至次年5月,6—8月许多人会休假,而且一休就是一个月。
④ 南非:除了避开犹太节日外,一年四季都宜前往。
正确答案:(1) ②   (2) ④   (3) ④   (4) ④

衡量一下你的对外沟通能力

约翰是一位60多岁的新西兰人,他对守时赴约的要求极其严格。一天有个广告代理商与他约好来谈一个广告的设计问题。由于司机不熟悉来广告公司的路线而且又遇到堵车,广告代理商迟到了半个小时。当广告代理商匆匆忙忙赶来时,约翰却没有与他谈论广告之事,反而起身离开了办公室。约翰的中国助理知道,老板平时就是这样对待约会迟到的人。但是今天这项广告的设计工作事关后面好几件工作,他虽然很生气,但是又拿老板没办法。你对这件事的看法是怎样的?

(1) 老板的助理有一定的责任,他既然知道外籍老板对时间的苛刻的要求,就应事先提醒广告代理商。这样他就会事先做好准备,即使遇到堵车这样的不可控事件,他一定会在路上进行联系,说明缘由,不至于最后闹得不欢而散。
(2) 责任主要在广告代理商对此事不够重视,准备不足。
(3) 约翰的做法不太近人情。
结果说明:选(1)得5分,选(2)得3分,选(3)得1分。
得5分说明你有良好的对外沟通技能;得3分表明你对外沟通能力还存在某些不足,需要改进;得1分表明你的对外沟通能力还不尽如人意,需要全面锻炼,提高自己。

参考文献

1. 哈特斯利.管理沟通——理论与实践[M].北京：机械工业出版社,2008.
2. 窦然.国际商务谈判与沟通技巧[M].上海：复旦大学出版社,2009.
3. 郭台鸿.高效沟通24法则[M].北京：清华大学出版社,2009.
4. 应届生求职网.应届生求职简历全攻略[M].上海：上海交通大学出版社,2009.
5. 卢森堡.非暴力沟通[M].北京：华夏出版社,2009.
6. 陈乾文.别说你懂职场礼仪[M].上海：龙门书局,2010.
7. 陈乾文.别告诉我你会做简历[M].上海：龙门书局,2010.
8. 杰纳兹.组织中的人际沟通技巧[M].北京：中国人民大学出版社,2011.
9. 刘埔.创造双赢的沟通[M].北京：文化文艺出版社,2011.
10. 杨连顺.职场人际关系与沟通技巧[M].天津：天津大学出版社,2012.
11. 麻友平.人际沟通艺术[M].北京：人民邮电出版社,2012.
12. 科里·帕特森.关键对话[M].北京：机械工业出版社,2012.
13. 李炎炎.国际商务沟通与谈判[M].北京：中国铁道出版社,2012.
14. 甘利.跨文化交际与沟通[M].北京：北京师范大学出版社,2013.
15. 李家龙.沟通谈判与社交礼仪[M].北京：清华大学出版社,2013.
16. Varne.跨文化沟通[M].5版.大连：东北财经大学出版社,2014.
17. 玛丽·蒙特.管理沟通指南：有效商务写作与演讲[M].北京：清华大学出版社,2014.
18. 李元授.人际沟通训练[M].武汉：华中科技大学出版社,2014.
19. 崔晓文.人际沟通与社交礼仪[M].北京：清华大学出版社,2014.
20. 韦克俭.公关礼仪与交流沟通技巧[M].北京：清华大学出版社,2014.
21. 王振翼.商务谈判与沟通技巧[M].大连：东北财经大学出版社,2015.
22. 张岩松,孟顺英.人际沟通艺术[M].北京：清华大学出版社,2015.
23. 康青.管理沟通[M].4版.北京：中国人民大学出版社,2015.
24. 李占文,钟海.人际沟通与交往[M].北京：科学出版社,2016.
25. 卢冬明.大学生人际关系与沟通能力培养[M].北京：北京理工大学出版社,2016.
26. 廖雪梅,徐桂莲.护理人际沟通[M].武汉：华中科技大学出版社,2016.
27. 宋卫泽.职场沟通与写作训练教程[M].北京：机械工业出版社,2016.
28. 徐珍.商务礼仪与沟通技巧[M].北京：电子工业出版社,2016.
29. 苏珊娜·杰纳兹.组织中的人际沟通[M].北京：中国人民大学出版社,2016.
30. 赵洱崟.管理沟通[M].北京：高等教育出版社,2017.
31. 王建华.沟通技巧[M].2版.北京：电子工业出版社,2017.

推荐网站：
1. 人民网,http://www.people.com.cn/.
2. 中华心理教育网,http://edu.xinli110.com/Index.html.
3. 个人简历网,http://www.gerenjianli.com/.
4. 演讲口才,http://gzknj.cn/.
5. 中国礼仪网,http://www.welcome.org.cn/.

6. 中国教育文摘,http://www.eduzhai.net/zhichang/44/zhiye_6378.html.

7. 学沟通网,http://www.xuegoutong.com/.

8. 前程无忧网,http://www.51job.com/?from=baidupz.

9. 中国人力资源网,http://www.hr.com.cn/.

10. 世界经理人网站,http://www.ceconline.com/.

11. 应届生求职网,http://www.yingjiesheng.com.

附 录

APPENDIXES 人际沟通与交流（第4版）

附录1 沟通能力自我评价——协商一致（商务）

	问　　题	经常	有时	很少
1	立即就座，加以讨论			
2	尽力做出一个对大多数人都有利的决定			
3	参加讨论时，中途离开			
4	即使很费时间，也乐意帮助他人解决问题			
5	尽力去理解别人的观点			
6	常常有人带着问题来征求意见			
7	告诉别人存在什么样的问题			
8	以事实为依据，从不冒犯别人			
9	不强迫别人改变主意			
10	为了避免尴尬，回避任何可能引起争议的问题			
11	先让别人讲述自己的观点			
12	即便别人说的话带有偏见，也不提出异议			

评分标准：

1、3、7、9、10、12题，1分、2分、3分；2、4、5、6、8、11题，3分、2分、1分；32分以上，具备很强的能力与别人协商并解决问题，但在某些方面或许还有提高的余地；26～32分，具备一定的技能，但有待进一步提高；26分以下，技能有待全面提高。

附录2 沟通能力自我评价——团队里的面对面交流

	问　　题	经常	有时	很少
1	面对一些人说话时，我很紧张			
2	如果必须主持一个集体会议，我会让与会成员事先了解会议内容			
3	一些成员没有出席会议			

续表

	问题	经常	有时	很少
4	我事先准备好了会上的发言			
5	在会上,只有我一个人说话,没有人参与			
6	我分派工作之后,他们从不提问			
7	会上,我允许大家畅所欲言			
8	我允许大家讨论以澄清问题			
9	我总是会问:"大家还有什么问题吗?"			
10	我总是用同样的方式与不同的人交谈			

评分标准:

1、3、5、7、8、10题,1分、2分、3分;2、4、6、9题,3分、2分、1分;26分以上,直接交流的能力很强,但在某些方面还有提高的余地;20~26分,具备一定的技能,但有待进一步提高;20分以下,技能有待进一步提高。

附录3 沟通能力自我评价——面对面交流

	问题	经常	有时	很少
1	别人曾经误解你的意思吗?			
2	当与别人谈话时,你经常离开谈话的本意而跳到别的话题上吗?			
3	有人曾经让你进一步确认你的意思吗?			
4	你嘲笑过他人吗?			
5	你总是尽量避免与他人面对面交流吗?			
6	你总是尽量表达你的意思,并且以你认为合适的方式与他人交谈吗?			
7	交谈时,你注视着对方的眼睛吗?			
8	谈话结束时,你是否询问他或她明白了你的意思吗?			
9	你总是找一个合适的时间和地点与他人交谈吗?			
10	你总是把事情的前因后果都澄清给别人吗?			
11	如果你要表达的意思很复杂,令人难以明白,你会事先考虑吗?			
12	你征求过别人的观点吗?			

评分标准:

1~5题,1分、2分、3分;6~12题,3分、2分、1分;32分以上,具有很强的与他人面对面交流的能力,但在某些方面或许还有提高的余地;26~32分,具备一定的能力,但有待提高;26分以下,技能有待全面提高。

附录4 沟通能力自我评价——提出意见,表明态度

	问题	经常	有时	很少
1	仅仅具体评论相关工作			
2	只是发表描述性的主观评论,而不利用具体数字进行客观评估			
3	宁愿暂时不发表意见,而等到年终总评时才进行详细讨论			
4	最后确认大家是否很好地了解了我的意见			
5	提出建议的同时,也给出批评,以便他们更快地提高			
6	意见着眼于过去的成绩,而没有放眼于未来的发展			
7	即使存在问题,也只是给出表扬意见			
8	询问别人的观点,以便我更好地提出意见			
9	仅仅告诉相关人员希望他们将来怎么做,而不经过协商讨论			
10	先询问他们如何看待自己的业绩,然后再给他们提出意见			
11	很难在适当的时候给出批评性意见			
12	只要做得好,从不吝啬表扬下属			

评分标准:

2、3、6、9、11题,1分、2分、3分;1、4、5、7、8、10、12题,3分、2分、1分;32分以上,具有很强的批评指正的能力,但在某些方面或许还有提高的余地;26~32分,具备一定的技能,但有待进一步提高;26分以下,技能有待全面提高。

附录5 沟通能力自我评价——电话的运用

	问题	经常	有时	很少
1	铃声响过5次,拿起听筒			
2	首先报出姓名、部门,接着说:"要我帮忙吗?"			
3	边听电话边看备忘录或信件,以节省时间			
4	核实一下对方当时是否方便交谈,然后再开始话题			
5	中途打断对方以尽快结束交谈			
6	不明白对方的意思时,请求再次澄清一下			
7	某个电话谈话时间很长或涉及的事情很复杂时,不能集中注意力			
8	从不记录谈话内容			
9	定期检查并更新电话录音			
10	电话结束之后,总是立刻记下具体事情			

评分标准:

1、3、5、7、8题,1分、2分、3分;2、4、6、9、10题,3分、2分、1分;26分以上,直接交流的能力很强,但在某些方面还有提高的余地;20～26分,具备一定的技能,但有待进一步提高;20分以下,技能有待全面提高。

附录6 沟通能力自我评价——书面交流

	问题	经常	有时	很少
1	即使条件允许,也尽量避免做记录			
2	经常有人不明白记录的内容,要求解释			
3	先仔细考虑,然后再动笔记录			
4	对所做记录,不做修改就递交上去			
5	记录中含有难以理解的术语			
6	记录内容简明扼要			
7	请同事核实一些重要内容			
8	如果能够进行语言交流,那么就避免进行书面交流			
9	他人能理解记录的内容			
10	很容易完成一份书面记录			

评分标准:

1、2、4、5、8题,1分、2分、3分;3、6、7、9、10题,3分、2分、1分;26分以上,具备很强的写作能力,但在某些方面或许还有提高的余地;20～26分,具备一定的技能,但有待进一步提高;20分以下,技能有待全面提高。

附录7 沟通能力自我评价——听的技巧

	问题	经常	有时	很少
1	听别人说话时,注视着他的眼睛			
2	通过对方的外表和讲话内容及方式来判断是否有必要继续听下去			
3	说服自己接受讲话人的观点或看法			
4	着重听取具体事例而不注意全面的陈述			
5	不但注意听取事实的陈述,而且还参考事实背后别人的观点			
6	为了澄清一些问题,经常向别人提问			
7	知道别人结束一段话,才对他的发言发表看法			

续表

	问　题	经常	有时	很少
8	有意识地去分析别人所讲内容的逻辑性和前后一致性			
9	别人说话的时候，预测他的下一句话，一有机会就插话			
10	等到别人说完后才发言			

评分标准：

2、4、9、10题,1分、2分、3分；1、3、5、6、7、8题,3分、2分、1分；26分以上,具备很强的倾听能力,但在某些方面或许还有提高的余地；20～26分,具备一定的技能,但有待进一步提高；20分以下,技能有待全面提高。

以上测试,均有评定沟通能力强弱的标准,根据个人的习性和能力,来判断个人沟通能力的优势和劣势,从而发扬优势,弥补不足。

附录8　沟通技能综合测试

一、沟通技能测试

评价标准：

非常不同意/不符合(1分)　　　不同意/不符合(2分)
比较不同意/不符合(3分)　　　比较同意/符合(4分)
同意/符合(5分)　　　　　　　非常同意/符合(6分)

测试问题：

(1) 我能根据不同对象的特点提供合适的建议或指导。

(2) 当我劝告他人时,更注重帮助他们反思自身存在的问题。

(3) 当我给他人提供反馈意见,甚至逆耳的意见时,能坚持诚实的态度。

(4) 当我与他人讨论问题时,始终能就事论事,而非针对个人。

(5) 当我批评或指出他人的不足时,能以客观的标准和预先的期望为基础。

(6) 当我纠正某人的行为后,我们的关系能够得到加强。

(7) 当我与他人沟通时,我会激发出对方的自我价值和自尊意识。

(8) 即使我不赞同,我也能对他人观点表现出诚挚的兴趣。

(9) 我不会对比我权力小或拥有信息少的人表现出高人一等的姿态。

(10) 在和与自己有不同观点的人讨论时,我将努力找出双方的某些共同观点。

(11) 我的反馈是明确而直接指向问题关键的,避免泛泛而谈或含混不清。

(12) 我能以平等的方式与对方沟通,避免在交谈中让对方感到被动。

(13) 我以"我认为"而不是"他们认为"的方式表示对自己的观点负责。

(14) 讨论问题时我更关注自己对问题的理解,而不是直接提建议。

(15) 我有意识地与同事和朋友进行定期或不定期的私人会谈。

自我评价：

80～90分,你具有优秀的沟通技能。

70~79分,你略高于平均水平,有些地方需要提高。

70分以下,你需要严格训练你的沟通技巧。

二、果断程度测试

在下面每个问题后面记下0、1、2、3或者4,然后得分相加。看看你最后的分数以评价你的果断程度。

0=从不,1=很少,2=有时,3=经常,4=总是

(1) 当有人对你的判断、决定、选择或者感受提出质疑时,你有没有觉得因胆怯而失语或者觉得受到了冒犯?

(2) 你会不会让人们利用你的好心,或者让你为没能帮助他们摆脱困境而觉得内疚?

(3) 你有没有因为不敢拒绝老板或同事提出的要求,从而让自己的工作陷入被动?

(4) 你有没有因为朋友或者家庭的批评而不能做出自己的决定或者不能追求自己的梦想?

(5) 推销员有没有曾经说服过你购买其实并不需要的商品或者服务?

(6) 对你来说批评别人的行为是不是很难,哪怕对方已经严重地影响到了你?

(7) 在你生气的时候,你有没有不想告诉朋友或者家里人的心理?

(8) 你在面对一群人或者一对一交谈时,有没有难以表达自己想法的情况?

(9) 在吃饭或购物时,你有没有遇到糟糕的服务,但却不愿意向主管投诉的情况?

(10) 在交谈中,你是不是几乎一言不发,你觉得这样才不会因为说错话而冒犯对方?

评分:

0~10分,你的果断技巧非常出色。你是个充满信心的人,知道如何在要求交谈技巧的谈话中坚持自我立场。

11~16分,你的果断技巧很好。多数情况下你能够忠实于自己,但是你仍然会让自己在压力更大的情况下受别人的摆布。

17~25分,你的果断技巧还可以。你一般情况下会说出自己的想法,但是经常会在交谈结束后回想自己应该说的话。

26~34分,你的果断技巧需要更多的练习。你没有为自己充分考虑,人们知道如果他们对你的催逼时间足够长、力度足够强,你就会屈服并做他们想让你做的事情。你需要运用坚持的力量。

35~40分,你需要学习基本的果断技巧。人们把你看作可以呼来喝去的小人物,总会占你的便宜,其原因就是你放任他们这样做了。你要以成为果断沟通者为目标,让他们改变对你的看法。

三、同理心测试

对现有的沟通方式进行仔细反思是提高沟通能力的一种途径。每一个"了解你自己"知识框都会为你提供一些自测量表,帮助你更好地了解自己现在的沟通方式。阅读下面的句子,看看它们在哪种程度上符合你自身的情况,评分的标度分别从1(一点也不符合)~7(非常符合)。

(1) 在一群人中看见一个非常孤独的人时,我会感到不好受。

(2) 如果周围的人很紧张,我也会随之变得紧张起来。

(3) 我会深刻体会朋友的烦恼。
(4) 有时候,我会对情歌里的歌词颇有感触。
(5) 我的情绪很容易受到周围人的影响。
(6) 看见别人哭,我会很难受。
(7) 看见别人受到虐待,我会义愤填膺。
(8) 如果周围的人很抑郁,我很难做到处之泰然。
(9) 看到动物遭受痛苦的时候,我会感到很难过。
(10) 看到那些无助的长者时,我会感到很不好受。

完成自测题以后,算算自己的得分。你的总分会在 10～70 分之间。

得分如果在 10～25 分之间,则说明你仍需要继续培养自己的同理心。

得分如果在 25～55 分之间,则说明你已经具有一定的同理心了,你对他人的情感有比较好的理解能力。

得分如果在 55 分以上,则说明你已经具备十足的同理心了,这种能力在人际沟通方面对你而言大有裨益。

四、自尊程度测试

你对下面的陈述是否同意?请根据你的实际情况,按照 1～7 分的计分方法,给每个陈述打一个分数。分数越高,代表你越赞同该陈述的说法。

(1) 总的来说,我对自己很满意。
(2) 多数情况下,我认为自己是一个好人。
(3) 我认为自己有很多优良的品质。
(4) 我做事可以做得和大多数人一样好。
(5) 我觉得自己有很多值得自豪的地方。
(6) 我从来都不会感到一无是处。
(7) 我认为自己是个有价值的人,至少与别人不相上下。
(8) 我很尊重自己。
(9) 总的来说,我认为自己是一个成功者。
(10) 我对自己持乐观的态度。

当你完成量表以后,把分数加起来看看总分是多少。你的得分应该在 10～70 分之间,这个得分反映了你的自尊水平。

如果你的得分在 10～30 分之间,说明你是一个低自尊的人。

如果你的得分在 31～50 分之间,说明你拥有中等的自尊水平。

如果你的得分在 51～70 分之间,则说明你是一个高自尊的人。

五、宽容度测试

请对下列问题做出"是"或"否"的选择。

(1) 有很多人总是故意跟我过不去。
(2) 碰到熟人,当我向他打招呼而他视若无睹时,最令我难堪。
(3) 我讨厌和整天沉默寡言的人一起生活、工作。
(4) 有的人哗众取宠,说些浅薄无聊的笑话,居然能博得很多人的喝彩。

(5) 生活中充满庸俗趣味的人比比皆是。

(6) 和目中无人的人一起共事真是一种痛苦。

(7) 有很多人自己不怎么样却总是喜欢嘲讽他人。

(8) 我不能理解为什么自以为是的人总能得到领导的重用。

(9) 有的人笨头笨脑、反应迟钝,真让人窝火。

(10) 我不能忍受上课时老师为迁就差生而把讲课的速度放慢。

(11) 有不少人明明方法不对,还非要别人按着他的意见行事。

(12) 和事事争强好胜的人待在一起使我感到紧张。

(13) 我不喜欢独断专行的领导。

(14) 有的人成天牢骚满腹,而我觉得这种处境全是他们自己造成的。

(15) 和怨天尤人的人打交道使自己的生活也变得灰暗。

(16) 有不少人总喜欢对别人的工作百般挑剔,而不顾及别人的情绪。

(17) 当我辛辛苦苦做完一件工作却得不到别人的认可和赞赏时,我会大发雷霆。

(18) 有些蛮横无理的人常常事事畅通无阻,这真令我看不惯。

每题答"是"记 1 分,答"否"记 0 分。各题得分相加,统计总分。

13~18 分,说明你需要在生活中加强自己的灵活性,培养宽容精神。

7~12 分,表明你具有常人的心态,尽管时时碰到难相处的人,有时也会被他们的态度所激怒,但总的来说尚能容忍。

0~6 分,说明外界的纷繁复杂很难左右你平和的心态。